国家社科基金项目研究成果（06BJL057）
华中科技大学文科著作出版基金资助

中国的城市化与区域协调发展

——基于生产和人口空间分布的视角

范红忠 著

中国社会科学出版社

图书在版编目（CIP）数据

中国的城市化与区域协调发展：基于生产和人口空间分布的视角/范红忠著．—北京：中国社会科学出版社，2010.7

（新型工业化道路与产业结构优化升级研究丛书）

ISBN 978 - 7 - 5004 - 9017 - 3

Ⅰ．①中…　Ⅱ．①范…　Ⅲ．①城市化—发展—研究—中国　Ⅳ．①F299.21

中国版本图书馆 CIP 数据核字（2010）第 147244 号

策划编辑　卢小生（E - mail：georgelu@ vip. sina. com）
责任编辑　卢小生
责任校对　修广平
封面设计　杨　蕾
技术编辑　李　建

出版发行　中国社会科学出版社
社　　址　北京鼓楼西大街甲 158 号　　　邮　编　100720
电　　话　010 - 84029450（邮购）
网　　址　http：//www. csspw. cn
经　　销　新华书店
印　　刷　北京新魏印刷厂　　　　　　　装　订　广增装订厂
版　　次　2010 年 7 月第 1 版　　　　　印　次　2010 年 7 月第 1 次印刷
开　　本　710×1000　1/16　　　　　插　页　2
印　　张　16.25　　　　　　　　　　印　数　1—6000 册
字　　数　262 千字
定　　价　36.00 元

自　序

在整个 2008 年 5—9 月，笔者不顾武汉的酷热，日夜工作，撰写笔者主持的国家社科基金项目的研究报告。终于在 2008 年 10 月前向社科规划办提交了本书的初稿——近 30 万字的项目研究总报告。之后，笔者大病一场，至今未能完全康复。到 2009 年 6 月，笔者收到了社科规划办组织的项目评审专家的匿名评审意见，根据专家的修改意见，笔者对研究报告进行了第一次修改以便出版。由于社科基金尾款不足支付出版费用，笔者于 2009 年 11 月申请了华中科技大学文科著作出版资助，再次接受我校文科处组织的专家匿名评审，专家评审意见转到笔者手中后，笔者根据专家评审意见对书稿进行了再次较大的修改。

关于本书的创新点和研究特色，本书的导论和结论部分已经阐述，在此，笔者想要说明的是一些学者对本书观点可能存在的一些异议。过度集中问题是本书研究的一个重点，一些学者认为，市场机制可以使城市找到其最优规模，因此政府不应干预大城市的扩张。在政策层面，一些学者认为，应该充分利用上海、北京等东部大城市的聚集经济，提高产业竞争力，并通过人口向东部大城市的转移实现城市化。这些看似有理的观点实际上存在一个很大的理论漏洞。笔者认为，该理论漏洞正是本书的一个重要理论发现：聚集经济和聚集不经济承受者的非匹配性。

传统的城市经济学理论认为，城市有效规模反映了生产和人口集中所产生的更高生产效率和更高生活成本之间的一种平衡关系，随着城市规模的增加，聚集经济呈"S"形曲线变化，聚集不经济呈"U"形曲线变化，聚集经济和聚集不经济相等时的城市规模为城市最优规模。按此理论观点，似乎市场机制可以使城市找到其最优规模。但是，聚集经济（主要指生产效率）的主要承受者是厂商，而聚集不经济（主要包括住房和交通成本）的主要承受者是工人和消费者，在许多现实情形下（如就业形势严峻的情况下），工人并不能将聚集不经济通过工资谈判转嫁给厂商，厂商可以无视大城市的聚集不经济持续向大城市投资，这就必然造成过度集中。

"过度集中的标准是什么？上海、北京等大城市的过度集中是否意味着把这些城市的制造业向第三产业的转换？"本书对这些问题进行了初步的回答，尽管这些问题还有待更深入的研究。首先，过度集中的标志主要是过高的住房、交通成本，其判断标准是资源的空间合理配置，这一标准并不简单直接，但在一定条件下可以通过比较大、小城市工人考虑生活成本的真实收入来判断。一个大城市的过度集中并不一定意味着该城市的制造业向第三产业的转换，而是所有产业向其他城市以及中、小城市的分散或对进一步投资的控制。在过度集中理论研究基础上，本书研究了我国农村剩余劳动力存在形式、农民工市民化、多中心大都市区的形成、国家产业中心的布局等问题。

本书是张建华教授主持的"新型工业化道路与产业结构优化升级"研究丛书的一部。资源环境的现实约束和国际产业竞争的现实背景要求中国的城市化和区域协调发展不能走发达国家过去走过的工业化道路，必须走新型工业化的道路，也只有在产业结构优化升级的过程中才能实现，而中国的产业结构优化升级和新型工业化也必须在城市化和区域协调发展的基础上才算得上真正完成。如果仅仅是东部地区或某些大城市实现了新型工业化和产业结构优化，而广大中西部地区仍然处于落后的产业结构和落后的工业化阶段，那么我们国家就不能算是真正实现了新型工业化和产业结构优化。因此，中国的新型工业化道路和产业结构优化升级与中国的城市化和区域协调发展是相辅相成的，具有内在的一致性。

如果我们要实现区域协调发展，如果我们要实现东部城市和中西部城市的协调发展，本书第三章认为，仅靠市场的力量是无法实现的，其主要原因是聚集经济和聚集不经济承受者的非匹配性，市场无法将聚集经济和聚集不经济自动匹配起来，东部城市绝大多数产业的竞争力超过了中西部城市的产业竞争力，因此，本书第八章和第九章认为，必须采取倾斜性政策打造中西部明星城市，必须面向未来空缺定位，选择朝阳产业作为中西部城市的主导产业，实现我国产业结构的空间优化。如果只是将东部城市落后的产业向中西部城市转移，区域协调发展可能永远无法实现。

愿本书对我国生产和人口合理布局、区域协调发展和城市化的健康推进有所贡献！

范红忠

2010 年 3 月 28 日于华中科技大学经济学院大楼 336 室

目　　录

第一章 导论

第一节 我国的城市化和区域协调发展
面临的理论和现实挑战

一 生产和人口过度集中与农村剩余人口大量存在的矛盾

地区差距和城乡差距是我国区域发展不协调的两个重要症状。近年来，在国家采取多种惠农措施的情况下，城乡收入比例由 2003 年的 3.23 小幅下降到 2004 年的 3.21，但在此短暂下降后，城乡收入比例又从 2004 年的 3.21 上升到 2006 年的 3.28。如果考虑到城市居民享受到的社会福利和公共服务，如医疗、住房、教育、社会保障，等等，城市收入的真实差距会更高。另一个重要事实是，我国城市人口的地区分布很不平衡，2006 年我国东、中、西部的城市化率分别为 54.6%、40.4%、35.7%，东部地区的城市化是中部地区的 1.4 倍、西部地区的 1.5 倍。我国城市人口的 49.1% 分布在东部地区，将近全国城市人口的一半，而全国农业人口的 67.7% 分布在中西部地区，其中中部和西部各占 36.2% 和 31.5%。由此可见，我国的地区差距、城乡差距与各地区在城市化进程上的差距本质上是一回事，扼制和减少地区差距、城乡差距，实质就是通过城市化来吸引和消化农村人口，把数以亿计的中西部农村剩余人口转变为城市人口。

2006 年，我国城市化率为 43.9%。可以说，我国的城市化进程才刚刚完成了一半，把数以亿计的中西部农村剩余人口转移出来，既是区域协调发展的客观要求，也是全面实现城市化不可回避的历史进程。然而，就在我国城市化道路刚刚走到一半的时刻，我国的生产和人口过度集中问题突出地显现出来，并成为一个十分严重且引起广泛关注的社会热点问题。

所谓生产和人口过度集中问题，是指经济活动和人口在一些大城市高度集中，引发了房价过高、交通拥挤、城市环境恶化等城市病。近年来，几乎我国外来农民工比较集中的所有大城市房价都快速上涨，使得房价已经远远超过普通城市居民的购买力，外来农民工更是只能"望房兴叹"。

从理论上讲，如果一国劳动力能够自由流动，那么各地区的人均劳动力收入水平就不会有明显的差距。否则劳动力就会由低收入地区向高收入地区流动。正因为此，许多学者提出废除户口制度，消除劳动力市场的制度性扭曲，构建全国统一的劳动力市场，促进中西部农村劳动力向东部城市转移，以减少地区差距，实现区域协调发展（Cai et al.，2002[1]；Lu，2002[2]；姚枝仲、周素芳，2003[3]；岳修虎，2005[4]）。然而，城市住房困难成为中西部农村剩余劳动力向东部城市转移的巨大障碍。

近年来，绝大多数城市政府在制度上放宽了农民工落户条件，允许具有"合法固定住所和稳定收入来源"的外来农民工落户为城市户口，其中"合法固定住所"是指拥有使用权证的公有住房和自有住房。许多农民工在城市已经工作多年，稳定收入来源这一条件较易达到，但他们中绝大多数根本买不起住房，更不可能拥有公有住房的使用权证。如果城市政府进一步放宽落户条件，只把具有稳定收入来源作为农民工落户条件，那么，农民工的大量涌入和昂贵的房价很有可能引发大规模的类似拉美国家大城市的城市贫民窟，进而导致本已严峻的城市交通、治安、贫富差距等社会问题更趋恶化。这就违背了区域协调发展的本意。

在这种形势下，"哪里能容纳下数以亿计的中西部农村剩余人口？在空间上把农村剩余人口转移到何处？"就成为我国实现区域协调发展和全面城市化所急需回答的重大问题。

二　生产和人口过度集中的易发性、普遍性和我国的城市化

从各国城市化的实践经验来看，不乏生产和人口过度集中问题的案例。日本东京市中心的 4 个特别区，面积 60.33 平方公里，白天人口330.6 万人，人口密度近 5.5 万人每平方公里。在整个东京大都市区内，每个工作日有 500 多万人上下班，尽管东京有着很发达的城市轨道交通系统，但东京人均通勤时间是 3 个小时，上下班时间地铁十分拥挤，有"通勤地狱"之称（张善余，2002[5]；Huraya Hiroka，2000[6]）。东京也是世界上房价最高的城市之一，虽然东京人均 GDP 和人类发展指数在日本 47 个都、府、县中名列第一位，但由于房价高，东京人的主观幸福感排名 16 位，而且在 2002 年日本官方举办的调查中发现，只有 41% 的东京人对生活感到幸福或很幸福，大多数东京人没有感受到生活的幸福（Kusago，2007[7]）。

　　另外一个生产和人口十分集中的著名案例是韩国首尔地区。首尔地铁有 5 条线，全长 286.9 公里（截至 2008 年 10 月北京地铁全长 200 公里），居世界第 5 位，地铁拥有最先进的设施，售票和收费系统全部实现自动化。以首尔为中心包括仁川和京畿道的韩国首都圈，面积 1.17 万平方公里（比北京少 43.7%），占韩国国土面积的 11.7%，2005 年集中了韩国 48% 的人口和 GDP；占韩国国土面积 0.6% 的首尔市，集中了韩国 20.8% 的人口、22.6% 的 GDP（数据来自韩国官方统计局网站）。无独有偶，同东京一样，首尔地区通勤交通也十分拥挤，其房价也居世界前列，并且在 1997 年以来增长迅速，节节攀高的房价引起市民不满，2006 年韩国建设交通部长官秋秉直也因房价过高辞职（《南方都市报》2006 年）[8]。

　　拉美国家也普遍存在生产和人口过度集中的问题（Henderson，2002）[9]，大多数拉美国家最大的城市（往往是首都）比第二大城市大 5—20 倍，过度集中使得大城市交通拥挤、房价过高、城市环境恶化、贫民区治安混乱等城市病（韩琦，1999）[10]。此外，正如本书后面将要说明的，菲律宾、印度尼西亚都存在严重的过度集中问题。这些事例表明，在一国城市化过程中，生产与人口的过度集中问题具有易发性。而且一旦一国发生了生产与人口过度集中问题，要改变或解决这一问题就十分困难，否则，这一问题就不存在了。

　　我国正处于走向成熟阶段的经济快速增长和城市化过程中，这一过程的城市发展政策将通过对资本与人口流动方向的深刻影响，在很大程度上决定未来城市化完成以后，我国城市体系的空间形态，也将决定未来我国生产与人口空间分布的形态。如果我们把"特大城市 + 快速交通系统 +

远郊区睡城"的城市化模式称为日、韩城市化模式，把"特大城市 + 贫民窟"的城市化模式称为拉美城市化模式，那么我们并不希望在未来我国实现了全面城市化以后，我国人民普遍容忍"地狱般的通勤交通和支付不起的房价"，更不希望我国人民居住在城市贫民窟内。这就要求我们不仅要深入研究生产和人口过度集中的影响因素，而且要研究我国的城市化模式。

三　比较优势或比较成本理论难以指导区域协调发展

不少学者主张将东部的劳动密集型产业迁移到中西部地区，以便利用中西部廉价而丰富的劳动力资源。但这一主张忽略了"报酬递增、规模效益和外部经济"的作用。"在报酬递增条件下，特别是当这些报酬递增以外部经济形式存在时，历史的作用非常关键。某种分工模式也许是因为历史上的偶然事件或者这个地区的最初经济特点所形成的，然后随着生产规模扩大形成优势的积累，使这一分工得以固定下来。"（Krugman，1990）[11]在我国东部沿海地区，劳动密集型产业如服装业、电子业、鞋帽业、纺织业、皮革业，具有很强的外部规模经济，这些行业往往以产业集群的形态分布于东部沿海地区的城镇密集地区。在我国当前劳动力供给弹性很大且农民工流动比较便利的情况下，要想把主要集中于东部沿海地区的这类产业移向中西部地区无疑存在巨大的障碍。

此外，比较成本理论还有一重要的假设前提，即生产要素根据其在区域间的流动性分为可流动要素和不可流动性要素（或流动困难的要素）两大类，比较优势是由不可流动要素决定的。在国与国之间，商品、资本等要素是可流动的，可从密集地区流向稀缺地区，不决定比较成本；而土地、普通劳动力等要素是不可流动的，决定比较成本。比如在我国，劳动力要素丰富，发展劳动密集型产业具有比较优势。但在一个国家内部，劳动力是可流动的，而土地等自然资源对经济增长的贡献也在不断下降，对于一个国家内部的各区域经济发展而言，比较优势的作用在不断降低，而竞争优势的作用不断强化。因此，比较优势理论难以指导我国区域协调发展的实践（金碚，2005）[12]，我们需要探寻新的理论视角，建立新的理论框架，来研究和指导我国的区域协调发展的实践。

第二节　本书的研究视角和研究特色

通过对生产与人口分布、资本与人口流动的考察，不仅有助于研究生产和人口的合理分布问题、地域分工问题，也有助于研究生产和人口的过度集中问题及其解决办法，进而回答"哪里能容纳下数以亿计的中西部农村剩余人口？在空间上把农村剩余人口转移到何处？如何避免日韩城市化模式和拉美的城市化模式并实现区域协调发展"等重大问题。

从生产与人口分布的视角，本书的研究具有如下特色：

（一）将城市化、过度集中和区域协调发展问题统一起来进行研究

我国地区经济社会发展差距与地区城市化差距有着内在的联系，一方面我国城市化进程还刚刚走过一半；另一方面，我国大城市尤其是东部大城市的中心城区生产和人口局部过度集中问题已经有所显现。要实现区域协调发展，我们既要处理好中西部剩余劳动力转移问题，又要处理好东部大城市中心城区生产和人口过度集中问题，这就需要我们将城市化、过度集中和区域协调发展问题统一起来进行研究。

（二）将不同空间层次的区域协调问题统一起来进行研究

关于我国区域协调发展问题，现有研究分别以大区级、省级、省区内部各地区级、大都市区级地域空间层次为研究对象［如张敦富、覃成林（2001）[13]，刘树成、张晓晶（2007）[14]］分别研究了我国东、中、西部三个大区之间或各省区之间的协调发展问题；肖金成（2006）[15]研究了我国省区内部各区域的协调发展问题；陈振光、宋平（2002）[16]研究了我国珠江三角洲、长江三角洲城镇密集地区内部各城市之间的协调发展问题。

本书将不同空间层次的区域协调发展问题统一起来进行研究，因为从生产和人口分布的角度来看，这些空间层次的生产和人口分布有着紧密的内在联系。例如，大都市区是一个省内生产和人口的主要聚集地区，如果大都市区内部的生产和人口分布不合理，该省区内部的生产和人口的分布就难以形成合理的分布格局，进而影响国家层面和大区层面的生产和人口的合理分布。这表明大都市区内部生产和人口的合理分布是省区、国家层面生产和人口合理分布的基础，要解决国家层面生产和人口的合理分布问

题，必须研究解决大都市区内部生产和人口的合理分布问题。因此，将不同空间层次的区域协调发展问题统一起来，有助于研究解决我国总体的区域协调发展问题。

（三）提出了关于生产与人口分布的过度集中理论

从第二次世界大战后实现城市化的日本、韩国及拉美等国的城市发展经验来看，生产和人口在一些大城市过度集中问题具有易发性和普遍性，我国生产和人口过度集中问题已经显现，并严重影响了我国中西部农村剩余人口的城市化，进而影响了区域协调发展问题。但是，关于生产和人口过度集中问题的理论研究还属空白，为此本书对生产与人口过度集中问题的成因进行了深入研究，并提出了关于生产与人口分布的过度集中理论。

（四）揭示了农村剩余劳动力的主要存在形式——农村"剩余家庭"

根据江西、湖北一些村落的案例分析，发现就整个农村而言，存在着大量剩余家庭（每个家庭有若干劳动力），如果能够把这些剩余家庭转移出去，农村总的纯收入不会降低，甚至会有所上升，也就是说这些家庭的边际生产率很低，甚至为负。但是，就单个家庭而言，每个家庭未外出打工的劳动力已经不是剩余劳动力了，他们对家庭总体效用而言有着非常重要的贡献。总体上看，一方面我国农村还有大量的剩余家庭和剩余劳动力；另一方面由于单个农户家庭已经没有剩余劳动力，这些因素综合作用，引发了2003—2007年我国农村剩余劳动力和"民工荒"并存现象。

（五）提出了关于中西部城市主导产业选择和区域协调发展的新的理论分析框架

本书认为，主要根据比较优势理论来选择区域和城市的主导产业，具有很大的局限性。在现有文献中，通常采用区位商为指标来判断一个地区的比较优势，某地区某产业区位商越高，说明该地区在该产业越具有比较优势，该地区应该选择具有比较优势的产业为主导产业。然而，研究发现江苏、浙江的纺织业区位商较高，如果根据区位商来判断比较优势产业（贾晓峰、张晓丽，2006[17]；周建华等，2006[18]），那么江苏、浙江两省就不应该放弃纺织业，而是应该进一步发展纺织业。而根据中西部劳动力资源丰富的现实，中西部地区应该发展纺织业才符合比较成本理论。这进一步表明，比较成本理论和区位商指标在实际研究中往往会出现矛盾，难以指导我国区域协调发展的实践活动。此外，应用区位商来选择地区主导产业，实际上是以静态的比较优势来选择地区未来的产业发展。由于地区比较优势是会发生动态变化的，过去的比较优势很可能成为未来的比较劣势，这也是区位商指标应该受到质疑的地方。

从生产和人口分布的视角，本书提出了国家功能集中度、国家行业中心和明星城市的概念，指出要实现区域协调发展，必须在中西部打造承担国家行业中心功能的明星城市。在中西部明星城市主导产业的选择上要做到两点：一是着眼未来，二是错位发展，避免国家功能和国家行业中心过度集中在少数大城市。所谓着眼未来，是指中西部重要城市主导产业的选择，不能局限于等待东部劳动密集型产业的转移，国家要采取倾斜性政策，鼓励中西部一些有条件的重要城市承担起国家行业中心的重要功能，选择符合我国未来市场需要的新型制造业和现代服务业作为主导产业，否则中西部地区将永远落后于东部地区。所谓错位发展，是指东部地区如上海、北京等城市，要善于放弃一些现在看来很具有竞争优势和比较优势，而且有很大发展前景的重要产业，使得中西部城市能够发展起一些先进的产业，并承担起国家行业中心的重要功能，否则凭借上海、北京等东部城市的竞争优势，我国所有的新型制造业和现代服务业都可能在东部城市集中起来。其结果必然是，我国生产和人口在东部大城市的进一步过度集中，一方面，东部城市的房价远远超过居民的购买力，人民不堪重负；另一方面，中西部经济发展长期落后，无法实现区域协调发展。

（六）注重从生产和人口分布空间的层次性和结构性视角，进行理论和经验分析

第二章将生产和人口分布的理论研究，划分为宏观层面（大区级）、中观层面（大都市区级）和微观层面（大都市区内某个城市内部）三个空间层面的理论研究。第四章又从宏观、中观、微观三个空间层面分析了我国生产与人口分布的现状、问题。第七章将深圳、苏州等大都市区中心城区和郊区区分为不同等级城市，研究了不同等级城市农民工市民化的成本。第八章按照生产和人口分布的空间结构，将多中心都市区的形成划分为莱茵—鲁尔模式、台北模式和巴黎模式，将我国大都市区划分为三类，其中每一类都市区适宜采用一类多中心都市区的形成模式，促其形成多中心都市区。这种生产和人口分布空间的层次性和结构性的研究视角，有助

于我们对空间经济现象的认识和理解，有助于提出促进区域协调发展的有效建议。

第三节　研究的思路和结构安排

一　研究思路

本书的研究目标是，将城市化、过度集中和区域协调发展三个问题统一起来，研究在避免生产和人口在大城市中心城区局部过度集中的前提下，如何安全有序、合理高效地将中西部数以亿计的农村剩余劳动力转移出来，实现城市化和区域协调发展。按照这一目标，本书研究的思路如图1－1所示。首先，研究总结生产和人口分布演变的一般规律，明确我国生产和人口分布的现状、问题和趋势；然后，分析了农村剩余劳动力的存在形式，厘清了我国当前民工荒的成因和农民工市民化的成本，在此基础上，研究培育东部多中心都市区、中西部明星城市，以及我国农村剩余人口吸纳池的理论和政策措施。

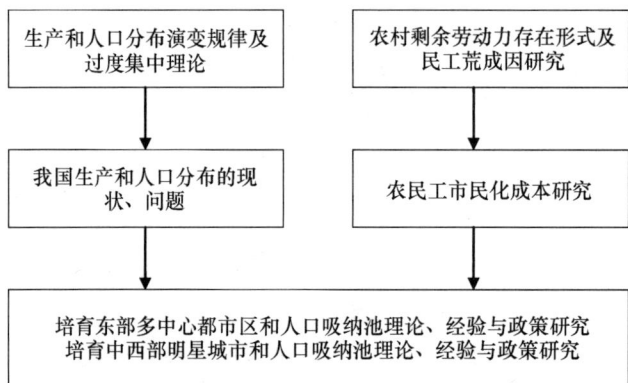

```
┌──────────────────┐        ┌──────────────────┐
│ 生产和人口分布演变规律及 │        │ 农村剩余劳动力存在形式及 │
│    过度集中理论     │        │   民工荒成因研究    │
└──────────────────┘        └──────────────────┘
          │                            │
          ▼                            ▼
┌──────────────────┐        ┌──────────────────┐
│ 我国生产和人口分布的现 │        │  农民工市民化成本研究  │
│    状、问题      │        │                  │
└──────────────────┘        └──────────────────┘
          │                            │
          └────────────┬───────────────┘
                       ▼
┌──────────────────────────────────────────┐
│ 培育东部多中心都市区和人口吸纳池理论、经验与政策研究   │
│ 培育中西部明星城市和人口吸纳池理论、经验与政策研究   │
└──────────────────────────────────────────┘
```

图1－1　本书研究思路

二　结构安排

（一）　生产和人口分布演变规律的研究

这一研究包括第二章和第三章。第二章首先将现有关于生产和人口分布的理论研究，按其研究对象的空间层次划分为宏观、中观和微观三个层面的理论研究，然后，按此划分对现有关于生产与人口分布的理论研究进行了梳理。在此基础上，对日本、韩国、墨西哥、巴西、菲律宾、印度尼西亚、中国台湾和美国生产和人口分布的演变进行了经验分析。研究发现，一国在其起飞和走向成熟阶段的经济快速增长和城市化过程中，生产和人口的空间分布将发生巨大的演变，这一演变具有"宏观上持续聚集、微观上先集中后分散"的规律性，而且，在此演变过程中，生产和人口在少数大城市的过度集中现象具有易发性和普遍性。

第三章运用数理模型的方法，对生产和人口过度集中问题进行了理论研究，发现在城市发展的规模上，市场机制并不是有效的。人人都渴望事业成功并变得富裕，大多数人都觉得大城市的发展和成功的机会多，但到大城市工作的人只有少数能获得成功，根据成功机会预期进行就业地决策将引发成功幻觉。在就业形势十分严峻的环境下，面对渴望的就业机会，人们对通勤时间、通勤费用和住房成本的容忍性提高了，这就是对交通和住房成本的不敏感性。成功幻觉和对交通与住房成本的不敏感性，是产生生产与人口在大城市过度集中的两种市场机制。

在存在大量待就业人员，而又不控制投资和人口流动的条件下，大城市政府出台降低交通和住房成本、提高投资补贴、改善城市环境舒适度等政策，都将促使生产与人口的进一步集中，交通和住房成本的进一步上升，大多数人口的实际收入和福利进一步下降。生产与人口的过度集中可能会导致虚假繁荣，即名义 GDP 快速上升，但大量社会劳动被交通成本和住房成本所消耗，大多数人的实际收入和福利上升缓慢。

过度集中，一方面造成少数大城市房价过高、交通拥挤、上下班通勤时间过长、城市环境恶化；另一方面，造成其他地区经济发展相对停滞，因此，过度集中严重阻碍了区域协调发展。

（二）　我国生产和人口分布的现状、问题和趋势研究

这一研究包括第四章和第五章。第四章根据宏观、中观、微观三个层

面的生产和人口分布的理论,对我国生产和人口分布的现状,在宏观、中观和微观三个层面上进行了分析。所谓宏观层面,是指一国核心区与边缘区层面的生产和人口分布;所谓中观层面,是指一国大都市区内部中心城区与郊区层面的生产和人口分布;所谓微观层面,是指一个城市内部的生产和人口分布。本书主要是指我国大城市的新区、新城或开发区内部的生产与人口分布。

第四章研究发现,从宏观而言,我国生产与人口分布的主要问题是,一方面我国生产在东部核心区的集中程度已经很高;另一方面,我国人口在东部核心区的集中程度却很低。从中观而言,我国大城市生产与人口分布存在的问题是,大城市的中心城区人口过度集中,而大城市的郊区和郊县人口集中度不够,缺乏人口集中的城市亚中心。从微观而言,我国大城市的新城或新区,普遍存在城市蔓延、缺乏明确的城市中心等问题,这严重影响了新城的发展,也是造成中心城区过度集中的重要原因。

第五章通过实证研究,发现我国投资和生产向东部及东部核心发达区进一步集中的趋势已经得到初步遏制,但我国的大部分投资仍然集中在东部地区,我国东部地区仍将创造更多的就业机会,东部地区仍将是吸纳农村剩余劳动力、大学毕业生及其他新增城市就业人口的主要地区。在今后一个时期,鼓励东部城市吸纳农村剩余人口,仍是减少地区经济差距的一条有效途径。从各省区内部来看,在今后一个时期,除少数东部省区外,我国大多数省区生产有进一步向各省首要城市集中的趋势。

(三) 关于农村剩余劳动力存在形式及民工荒成因的研究

农村剩余劳动力有两种存在形式:一种是存在于单个农户家庭内部的剩余劳动力;另一种是以"剩余家庭"形式存在的家庭外部的剩余劳动力。第六章通过对江西新余姚圩万全村、湖北汉川中洲农场和二河镇部分村庄的农户调查,发现家庭内部的剩余劳动力已经很少,但对于整个乡村而言,还存在大量的以"剩余家庭"形式存在的家庭外部剩余劳动力。如果能把这些"剩余家庭"转移出去,使剩下的农户实现土地规模经营,农业净收入的总值同分散经营相比并不会下降。

同家庭内部的剩余劳动力相比,以"剩余家庭"形式存在的家庭外部剩余劳动力外出打工的成本非常高。如子女上学成本、住房成本、子女抚养成本,等等,这些成本对于家庭内部的单个劳动力转移基本可以不考虑。这是导致 2004 年开始 2008 年第三季度结束的"民工荒"的重要原因。为了促进我国农村剩余劳动力的转移，我们既要防止新的农村"剩余家庭"的产生，还要尽力减少老的农村"剩余家庭"。而要做到这一点，首先是要使现在已经在城市打工的农民工（尤其是夫妻双方都在城市打工的农民工）实现市民化。

（四）农民工市民化研究

第七章首先根据农民转化为农民工这一过程的特征，将这一过程界定为两栖式城市化，然后分析了两栖式城市化对区域协调发展的利与弊。指出两栖式城市对区域协调发展的主要作用，没有像一些拉美国家那样，在我国大城市形成大面积的贫民窟，同时提高了农户家庭的总收入，改善了农村居民的住房、生产和生活条件。但是，两栖式城市化对区域协调发展有十大不良影响，包括过早引起了民工荒、生产在东部地区的过度集中、城乡社会治安问题、地区差距等。并且，随着城市化进程的深入，两栖式城市在进一步提高农户家庭收入方面的有益作用正在减少，而其弊端却有加重的趋势。

在上述研究的基础上，第七章对深圳、苏州等地区不同等级城市农民工市民化的成本进行了分析，对农民工市民化过程中解决住房问题的国际经验进行了总结。研究发现东部大城市郊区的中、小城镇具有实现农民工市民化的资源条件，建议不同都市区不同等级城市，针对夫妻一方、夫妻双方，以及新婚的夫妻双方都在城市工作的农民工，要采取不同的市民化政策，促进区域协调发展。

（五）培育东部多中心都市区和农村剩余人口吸纳池的研究

第八章在理论与经验研究的基础上，首先提出了多中心都市区形成的三种模式：即莱茵—鲁尔模式、台北模式和巴黎模式。接着，根据我国大都市区生产与人口分布的空间结构，将我国东部大都市区分成三类，这三类都市区可以分别采用莱茵—鲁尔模式、台北模式和巴黎模式，建设成多中心都市区，进而使其成为农村剩余人口的吸纳池。

（六）打造中西部明星城市和农村剩余人口吸纳池的研究

这一研究包括第九章和第十章。第九章通过中美国家功能集中程度的比较，得出两个结论：一是中国各行业的国家功能、重要的行业中心和总体国家功能过度集中在北京、上海、深圳和广州，这不利于中西部城市的发展。二是我国承担重要国家功能的城市过少，空间上过度集中于东部。

　　第十章在第九章的基础上，通过城市对大学生吸引力的问卷调查，提出了明星城市的概念，在对打造中西部明星城市进行理论和国际经验研究的基础上，提出了打造中西部明星城市和农村剩余人口吸纳池的一系列政策建议。

第二章 生产与人口分布的演变规律 及过度集中现象

罗斯托在 1960 年提出了著名的经济增长阶段论[19]，他把一国由传统社会向现代化社会转变的历史进程划分为传统社会、起飞前提条件、起飞、走向成熟和大众高消费时代五个阶段。其中，起飞和走向成熟两个阶段，是一国经济快速增长期。罗斯托总结发达国家的历史经验发现，一个国家从开始起飞经过走向成熟阶段，转变为成熟的大众高消费时代，大约需要 60 年时间。此期间经济持续快速增长，当达到成熟时，一方面，该国大多数人能达到较高的消费水平；另一方面，该国将实现城市化和工业化。当一个国家由人口分散的农业国，经过经济快速增长的起飞和走向成熟阶段，转变为城市化后的现代化国家，其生产与人口的空间分布无疑将发生巨大而深刻的变化，大城市、超大城市及城市群取代了原来分散的村庄，成为生产和人口的主要载体。因此，一国的起飞和走向成熟阶段，不仅是一国的经济快速增长和城市化过程，也是一国生产与人口空间分布发生快速演变的过程。我国正处于走向成熟的经济快速增长和城市化过程中，探寻并认清这一过程中生产与人口空间分布的演变规律，对于实现我国生产与人口的合理布局和区域协调发展有着十分重要的理论指导意义。

关于生产与人口分布及其演变的现有理论研究，如核心—边缘区理论、城市郊区化理论、过度集中理论等，散见于新经济地理学、城市经济学、区域经济学等不同的研究领域，缺乏必要的提炼和总结，以形成比较系统的关于生产与人口分布的理论体系。为了对现有文献作必要的补充，本书首先对现有关于生产与人口分布的理论研究作了梳理，接着具体分析了日韩、拉美和东南亚一些具有代表性的国家和地区，在起飞和走向成熟这两个阶段的生产与人口空间分布演变，以期通过理论和实践两个方面的研究，得到在起飞和走向成熟阶段生产与人口分布的演变规律。本章还考察了第二次世界大战后，美国人口分布的演变，以分析在现代信息社会的条件下，生产与人口分布的演变趋势。

第一节　关于生产与人口分布的现有理论研究

现有关于生产与人口分布的理论研究主要从三个层面来进行，首先是从宏观层面，研究一国核心区与非核心区之间的生产与人口空间分布；其次是从中观层面，研究一个大都市区内部的生产与人口空间分布；最后是从微观层面，研究一个城市内部的生产与人口空间分布。下面我们就这三个层面的研究分别予以阐述。

一　关于宏观层面生产与人口空间分布的理论研究

克鲁格曼（Krugman，1991）[20]在其开拓性论文《规模递增和新经济地理》中提出了这样一个问题：假设一国可以分为自然条件、初始条件完全相同的 A、B 两个地区，那么工业生产是集中分布于其中一个地区，还是均衡分布于两个地区？这个问题是对一个普遍的经济地理现象：所谓"核心—边缘区"经济地理结构的提炼。世界各国的生产与人口分布都是极不平衡的，所谓"核心—边缘区"经济地理结构普遍存在。例如，日本东京都、大阪府、神奈川县三地区占全国面积的 1.8%，却集中了全国31.2%的 GDP，拥有全国 22.9%的人口；英国伦敦、曼彻斯特、西米特兰三地区占全国国土面积 1.1%，却生产 25.8%的 GDP，集中了 20.9%的人口；美国制造业就业密度最高的 14 个州，国土面积占全国的13.0%，而制造业就业人口却占全国的 50.0%。

早期的经济学者用"工业区位论"、"循环累积因果"理论、"不平衡增长"理论等理论概念解释这种普遍存在的经济地理现象。韦伯的工业区位论认为，工业区位的选择依次取决于运输成本、劳动成本和聚集经济三个因子。佩鲁的增长极理论认为，城市作为区域经济发展的增长极，具有极化效应和扩散效应，通过自身的发展和对其他地区与部门的影响，推动整个地区的经济发展。缪尔达尔的循环积累因果理论指出，增长极理论忽视了增长极对其他地区发展的消极影响，并提出了"地理上的二元经济"结构理论，利用扩散效应和回波效应概念，阐释了经济发达地区优先发展对其他落后地区的促进作用和不利影响。赫希曼的"不平衡增长"理论认为，经济进步不会在所有地方同时出现，而且它一旦出现，强有力的因素必然使经济增长集中于起始点附近地域，一国经济要提高其国民收入水平，必须首先发展其内部一个或几个地区中心的经济力量。赫希曼认为，核心地区的增长动力主要源于所产生的聚集经济，但核心区的聚集由于涓滴效应和极化效应不可能无限的进行下去。弗里德曼的"核心—外围"论认为，核心区是具有较高创新变革能力的地域社会组织子系统，外围区则是根据与核心所处的依附关系，而由核心区决定的地域社会子系统，核心区与外围已共同组成完整的空间系统，其中核心区在空间系统中居支配地位。

克鲁格曼（1991）首次运用主流经济学的研究工具对上述问题进行了更深入的理论研究，发现在工业品占主导的社会里，资本与人口的流动和聚集，将扩大聚集地的最终消费品市场和中间投入品市场，使厂商降低成本、获得规模效益，消费者也从聚集中得到更多样化更廉价的商品和服务。而且，由于聚集经济的存在，各种产业和人口的聚集是一种自我加强的过程，即使初始条件完全相同的地区，也会因一些较小的变化引发"因果循环累积"机制，使得工业生产集中分布，而不是均衡分布，从而内生形成工业化的核心区和非工业化的边缘区。克鲁格曼（1991）的研究既是对普遍存在的"核心—边缘区"生产与人口分布格局的一种理论解释，也是对"核心—边缘区"经济地理结构具有经济效率上合理性的一种证明。藤田（Fujita）和克鲁格曼（1995）[21]对克鲁格曼（1991）的模型进行了扩展，他们研究发现当一国人口和土地规模超过某一临界值，就会形成多个核心区，这一研究是对"核心—边缘区"生产与人口分布格局更深入的解释。

威廉姆森（Williamson，1965）[22]使用变差系数对24个国家的区域人均收入差异进行了剖面分析，并对10个国家的历史资料进行分析，以探索经济发展水平与区域差异变动的相互关系，由此提出了倒"U"形理论：一国区域差异随着经济发展水平的提高而呈倒"U"形变化。在经济发展初期，地区间的差距表现为逐步扩大的趋势；当这种差距达到一定界限后，地区间的差距保持相对稳定；在一国经济发展进入成熟阶段，地区差距则趋于缩小。其内在机制是：在经济发展的初期，经济较发达地区基础设施和投资环境相对较好，极化效应大于扩散效应，资本和素质较高的劳动力会从落后地区向较发达地区流动，而政府为了能使经济较快发展，也往往采取非均衡发展战略，对较发达地区采取倾斜性的优惠政策，从而在一国内形成单个核心区，这些都会扩大地区经济差距。但当经济发展到一定阶段后，从政府层面来看，一方面，日益严重的地区差距所引起的社会问题，给政府部门带来了减少地区差距的压力和动力；另一方面，政府也有了足够的财力对落后地区进行财政支持，改善那里的基础设施和投资环境。从资本和劳动力层面来看，发达地区的土地成本、交通成本和劳动力成本等聚集不经济因素对资本的影响，将超过规模经济等聚集经济因素对资本的影响，资本和高素质的劳动力将逐渐向落后地区流动，而且一旦这种流动开始发生，这种趋势将逐渐加强，并在落后地区开始形成一个或多个核心区，使得地区间经济差距逐渐减少。在威廉姆森（1965）的基础上，汉森（Hansen，1990）[23]以城市发展为背景，提出一国城市人口集中度也随着经济发展呈倒 U 形曲线变化。其内在机制是，在一国经济发展初期，生产与人口的空间集中（通常在沿海一些城市），可以节省基础设施投资和管理资源，加强技术溢出效应，实现规模经济，这导致城市人口集中度上升，但随着经济的发展，由于聚集不经济的原因和政府对内陆地区的政策支持，城市人口集中度将下降。我们把一国城市人口集中度也随着经济发展呈倒 U 形曲线变化称为威廉姆森—汉森（Williamson－Hansen）假说。

二　关于中观层面生产与人口空间分布的理论与实证研究

中观层面的理论研究旨在分析核心区内部生产与空间分布的格局。关于中观层面的生产与人口分布的理论研究包括城市郊区化理论、多中心都市区形成理论、城市体系理论以及关于大都市内部存在的过度集中问题的实证研究。

（一）城市郊区化理论、多中心都市区形成理论和城市体系形成理论

对城市郊区化的解释有两种理论：一种可称为自然演进理论，该理论强调居民的通勤成本以及对宽敞的新住宅和土地的需求。在城市发展初

期，就业主要集中在中心市区，为了节省上班时间和交通费用，人们也居住在拥挤的中心市区。随着经济的发展，城市郊区建起更大更现代化的住宅，能买得起这些住宅的高收入群体开始移居郊区。随着交通工具不断进步，道路设施的改善，通勤成本的降低，越来越多的人由中心市区移居郊区（Mills and Price，1984[24]；Straszheim，1987[25]）。第二种理论强调中心市区的社会问题，认为市区的拥挤、环境质量的下降、社区学校较低的教育质量、少数民族的增多、较高的犯罪率以及高税收等一系列社会问题导致了高收入群体移居郊区。在郊区高收入群体居住在一起，组成高收入群体社区，这有利于满足他们对高质量社会公共品的共同需求（Oates et al.，1971[26]；Bradford and Kelejian，1973[27]）。两种理论并不是相互矛盾，而是相互补充的（Mieszkowski and Mills，1993[28]）。

多中心都市区内生形成理论强调在没有政府参与下，市场机制可以使多中心都市区内生形成。该理论认为，城市亚中心的形成主要是两种力量的作用结果，一方面由于中心城市人口规模扩大导致土地稀缺、城市拥挤以及其他聚集不经济，对生产和人口产生了排斥力；另一方面厂商与消费者都希望离中心城市较近，以便利用中心城市的聚集经济带来的各种便利，如各种专业化的中间投入品、各种文化与信息服务及技术外溢，这对厂商与消费者产生了吸引力。于是生产与人口就在中心城市的郊区某一区位条件较好的地方聚集起来，形成了城市亚中心。此外，跨地区交通干线的建设也一定程度上促进了城市亚中心的形成（Fujita and Ogawa，1982[29]；Herderson and Mitra，1996[30]）。生产与人口向城市亚中心的迁移和聚集，必然扩大亚中心的市场规模，产生聚集经济，一些区位条件较好的亚中心会因此引发"累积因果循环"机制，导致生产与人口持续聚集并发展成为较大的城市。这样中心城市与周边大、中、小城市及乡镇构成了多中心都市区（Fujita et al. 1997[31]）。例如，中国台湾的大台北都市区包括台北市、基隆市、板桥市、永和市、新店市等一系列大、中、小城市。东京大都市区共计面积1.3万平方公里（与天津面积相近），不仅包括东京都地区，还包括与之联系紧密的神奈川、千叶、琦玉三县，这三个县内形成了横滨、川崎、千叶、浦和等一系列大、中、小城市。

大都市区城市亚中心的形成，不仅可以吸引原本集中在中心城市的人口向城市亚中心分散，而且也将吸引都市区以外地区的人口向城市亚中心集中，后者可能更为重要。这样，对外都市区作为整体继续保持对人口的吸引力，但在都市区内部，人口由原来的高度集中分布逐渐向较为分散的分布格局演变。这种微观上先集中后分散的人口分布格局的演变，是宏观上人口持续向大都市区聚集所必需的，也是形成"核心—边缘区"经济地理结构所必需的。

　　城市体系形成理论由中心地理论和大城市带理论两个理论来解释。德国经济学家克里斯塔勒提出的中心地理论指出，不同等级中心地的影响范围大小不一，中心地为周围地区提供的货物越多，服务的范围越广，则所要求的门槛人口越多，中心地的等级就越高；反之，中心地的等级就越低。按照这一规律可形成合理的大中小城市等级体系（沃尔特·克里斯塔勒，1933）[32]。法国地理学家戈特曼根据对美国东北海岸地区的城市考察提出的"大城市带理论"认为，在美国东北海岸这一巨大的城市化区域内，支配空间经济的不再是单一的大城市或都市圈，而是聚集了若干个都市圈，并在人口和经济活动方面有密切联系的巨大整体（Jean Gottmann，1957）[33]。

　　（二）关于生产与人口过度集中的实证研究

　　亨德森（Henderson，2003[34]）认为，生产与人口一定程度的集中，有利于利用规模经济，促进经济发展，但过度集中，会促使政府将本来可以投资和科技创新等生产活动的资源，用于减轻因环境污染、交通拥挤、房价过高等聚集不经济给生产和生活带来的不利影响，这扭曲了资源配置。通过实证研究发现一国生产与人口的集中度有一最优值，该最优值随着一国的人口规模和土地规模不同而不同，低于或高于这些最优值，都会严重损害一国的经济发展。

　　另有一些实证研究，尝试从政府倾斜性优惠政策、国家的政治经济体制等视角，来研究一国生产与人口过度集中的原因和机制。其基本思想是，一国中央政府对个别城市（通常是首都）采取优惠政策，使得城市之间缺少了公平竞争的舞台，导致过度集中。这些研究的主要结论有：（1）投资兴建区域间的交通设施，有利于减少偏远城市的投资成本，进而减少生产和人口的过度集中（Ades and Glaeser，1995[35]；Davis and Henderson，2003[36]）；（2）减少偏远城市进入国际市场的成本，扩大其贸易开放度，有利于减少生产和人口的过度集中（Krugman and Elizondo，

1996[37]）；（3）联邦制、财政分权制比独裁制、财政中央集中制，更有利于减少生产和人口的过度集中（Henderson, 2002[38], 2003[39]；Ades and Glaeser, 1995[40]）。

亨德森（2002）[41]认为，除了上述一些主观原因外，还存在一些造成过度集中的客观原因。他研究发现发展中国家的城市化比发达国家过去的城市化面临着更多的挑战。主要原因是因为信息化、科技化和全球化的不断深入，技术信息传播更快，使得发展中国家的城市化速度要比发达国家过去的城市化速度快得多。例如，美国 1900 年的城市化率为 40%，1960 年的城市化率为 70%，1990 年的城市化率为 75%，而韩国 1970 年的城市化率为 40%，1990 年的城市化率为 78%，美国用 70 年走过的城市化道路，韩国用 20 年就完成了，拉美大国巴西也仅用了 30 年就走完这一道路。较慢的城市化速度，可以使政策制定者有充裕的时间制定合理的政治和经济制度、设计市场工具，以规避过度集中问题，这包括对地区间交通通信基础设施建设的金融政策、融资工具以及管理制度、区域和城市规划专业人才的形成、地方政府间有效的合作机制、对城市的管理及金融政策。如果城市化速度过快，则政策制定者没有时间把原来适应于管理乡村的各种制度，改革成适宜于管理城市的制度。这也是造成过度集中的重要原因。

三　关于微观层面生产与人口空间分布的理论研究

微观层面的理论研究旨在分析单个城市生产与空间分布的格局。关于微观层面的生产与人口分布的理论研究包括城市蔓延理论、边缘城市、新城市主义、紧凑新城和精明增长理论等，新城市主义、紧凑新城和精明增长理论都是针对城市蔓延所出现的各种城市问题而相继提出的生产和人口分布理论。

（一）城市蔓延理论

美国经济学家和城市学家安东尼·当斯（Anthony Downs）在其所著的《美国大城市地区最新增长模式》（*New Visions for Metropolitan America*）将城市蔓延表述为"郊区化的特别形式，它包括以极低的人口密度向现有城市化地区的边缘扩展，占用过去从未开发过的土地"（黄亚平，2002）[42]。莫（Moe, 1995）[43]进一步把蔓延定义为"低密度地在城镇边缘地区的发展"（张庭伟，1999[44]）。最后，伯切尔等（Burchell et al.,

1998）[45]将对于城市蔓延的诸多解释总结为以下 8 个方面：低密度的土地开发；空间分离、单一功能的土地利用；"蛙跳式"或零散的扩展形态；带状商业开发（Strip Retail Development）；依赖小汽车交通的土地开发；牺牲城市中心的发展进行城市边缘地区的开发；就业岗位的分散；农业用地和开敞空间的消失。除了深受小汽车主导的交通方式的影响之外，有学者指出其产生的政治经济学背景，谷凯（2002）[46]认为，城市蔓延的出现与西方战后福特式大工业生产方式密切相关，新的基础设施建设、倾向于低密度发展的区划法规和支持独立家庭住宅的财政政策，充分推动了私人汽车这一典型的福特工业产品的普及和高速公路大规模的蔓延形态。

城市蔓延造成了许多影响，尤文（Ewing, 1997）[47]认为，城市蔓延将导致高额的支出以承担过度的出行、能源消耗、空气污染、市政基础设施的投资、占用农田以及对中心城市和人们精神上的损失。他发现蔓延程度越高，平均汽车拥有量越大，人均每天行驶里程越长，每年交通致死率越高，臭氧浓度越高，采用公交和步行通勤的人比例越低①。

城市蔓延的发展给人们带了新的城市发展模式的同时，引发了许多城市问题。在对城市蔓延思考的基础上，西方提出了大量新的可持续城市发展理念，如"精明增长"、"增长管理"、"填充式发展"、"新城市主义"、"都市更新"、"区域城市"、"城市增长边界"、"紧凑城市"等（方创琳、祈巍峰，2007）[49]。

（二）边缘城市

"边缘城市"这一概念最早是由美国华盛顿报的记者乔埃尔·嘎罗（Joel Garreaul）于 1991 年提出②，它与传统城市不同，是在老城区周边扩散形成的新城市，它具备就业场所、购物、娱乐等作为城市应具备的所有功能。其特点有：（1）没有密集的高层塔状建筑群，而是低层宽立面的建筑分散布置在广阔的地域内。（2）停车场完备的现代化大楼被绿色环绕，为了创造宽敞的空间，多数拥有一个大的中庭。（3）配置机场或高速公路，飞机和汽车是对外交通的主要手段。为了方便小汽车，建筑物之间通

---

① 关于城市蔓延理论的叙述引自马强、徐循初（2004）[48]。

② Garreaul, Joel, 1991, Edge City: Life on the New Frontier, New York: A Division of Bantam Doubledy Dell Publishing Group Inc..

常有多车道的道路网和停车场分割。（4）在中心地区设有企业总部、大型商场、健身中心等核心设施。（5）大多数人居住在被绿色草坪环绕的别墅型住宅中。

"边缘城市"作为一种全新的城市郊区开发理念，以其良好的自然环境、完备的基础设施与办公环境、便利的快速交通及综合化的城市功能，吸引了大量的内城人口与产业向郊区扩散，而在扩散的同时，人流、物流又在郊区低密度集聚，最终形成大大小小的"边缘城市"。20 世纪 80 年代"边缘城市"因其自身特点在一定程度上适应了美国社会经济发展的需要，尤其是适应高科技企业对区位的新要求，因而得到了迅速发展。目前，全美大约已有 200 多个"边缘城市"，有 2/3 的写字楼建在了"边缘城市"，且其中 80% 都是在 80 年代中期以后建成的。

但是，"边缘城市"理念在解决传统城市问题上仍存在一定的局限性。（1）由于其规划理念过度强调以小汽车为中心，未能很好地解决交通混杂与大气污染问题；（2）由于步行空间少，住房间隔距离较大，加之过分依赖现代通信设施，缺乏人与人当面交流的机会，被认为在缺乏生活情趣意义上的生活质量低下；（3）由于边缘城市以低密度向城市郊外扩散蔓延，造成土地、能源等资源的大量浪费，增大了基础设施的投资成本。"边缘城市"的实质仍未脱离现代城市对资源的一种掠夺性的利用与占有（吴林海，刘荣增，2002[50]）①。

（三）新城市主义

"新城市主义"是 20 世纪 90 年代以来西方城市发展规划领域出现的一个新的流派。其基本理念是以人为本和可持续发展。其设计思想和作品已对当今美国新型社区的建立和城市机理的重构产生了一定影响。"新城市主义"的出现是建立在对第二次世界大战后占主流的郊区城市化模式（包括边缘城市在内）反思的基础上，它是人们为解决城市蔓延提出来的新的理念。

90 年代兴起的"新城市主义"思潮，在某种意义上是对近半个世纪的美国社区传统的复兴，又被称为"新传统主义"。它并没有彻底否认边缘城市模式，而是提倡从传统的城市规划和设计思想中发掘灵感，与现代

---

①　关于边缘城市和新城市主义的阐述引自（吴林海、刘荣增，2002）。

生活特征相结合，以具有地方特色、重视历史文化传统，居民具有强烈归属感和凝聚力的社区取代缺乏吸引力的郊区化模式。"新城市主义"始终贯穿这样一种设计理念：城市发展或建设必须将公共领域的重要性置于私人利益之上。"新城市主义"在强调以人为本思想的同时，认可科技发展的重要性。例如，在处理社区的街道、街区时，"新城市主义"认为街道的组成和等级应该同时为小汽车和行人提供方便，才能保持其生机和活力。街道建筑高度与道路宽度的比例，人行道、车道的宽度，景观分隔带的设计以及停车场的安排，都要既能提供居民步行、休息和会面场所的良好公共环境，也能满足小汽车的通行和停放的需要。这和可持续发展社区中提倡减少对小汽车的依赖，多考虑步行易达空间相比，可能更务实一些。"新城市主义"还强调城市和它的邻区及其自然环境应该被视作一个经济、社会和生态相协调的整体。整个区域的任何地方，无论是在郊区、新生长的地区还是城市中心，都应该以邻里设计的相似原则进行设计；城市增长应该有明确的边界；公共交通系统应该支持整个区域范围内人们的出行；城市公共空间和商用的私人空间应该形成一个互补的系统；区域内的人口和功能应该具有多样性，而且要建立有机联系而不是互相隔离；"新城市主义"注重城市发展规划中的公众参与，通过与各种社会力量的密切合作来实现自己城市建设的理想。

但是，我们也应清醒地看到，"新城市主义"的设计比较注重视觉形态，容易被人误认为是以传统风格进行的住宅设计和在小城镇上进行的邻里规划，而其中从社会学角度出发以人的情感和需要考虑的以人为本的规划思想受到了忽视。另外"新城市主义"并没有涵盖大都市开发的所有基本问题（吴林海、刘荣增，2002[51]）。

（四）紧凑城市

紧凑城市是高密度的，功能混用的城市形态。它的优点在于对乡村的保护、出行较少依靠小汽车、减少能源的消耗、支持公共交通和步行自行车出行、对公共服务设施有更好的可达性、对市政设施和基础设施供给的有效利用、城市中心的重生和复兴等。

紧凑城市的主要特征，从空间尺度分析，紧凑城市可以在宏观层面——城市及城市群、微观层面——社区和居住区展开研究。戈登和理查森（Gordon and Richardson，1997）[52]对紧凑城市概念指代的不同空间尺度作了划分：（1）宏观层面，在以城市甚至都市区范围的高平均密度的，也有可能适合于那些独立的小城镇；（2）微观层面的，在居住区或社区层面的反映是高密度；（3）空间结构层面的，强调集聚的单中心的而不是多中心或分散的城市空间结构模型。从城市形态分析，紧凑城市的主要特征为城市高密度、功能混用和紧凑以及密集化。城市高密度即为人口和建筑的高密度，功能混用即为城市功能的紧凑和复合，而密集化即为城市各项活动的密集化。从政策层面分析，紧凑城市的建设需要政策的引导，包括社会、经济、规划、交通、环境等相关政策。

迈克尔（Michael，2005）[53]阐述了紧凑城市其他一些特征，包括高度的居住密度、土地的混用、土地使用的颗粒化（各种不同用途的土地和相对较小的地块）、增加社会和经济的相关性、用地的邻近发展、划定合理的城市发展界限、多模态的城市运输系统、对当地的高度可达性、道路内外联系的高度连接性（包括人行道和自行车道）、低比例的开放空间、土地开发规划的单一控制或紧密协调的控制、政府有足够的资金和能力来资助城市公共设施和基础设施的开发等①。

（五）精明增长

20世纪90年代初期，大量全国性组织几乎同时认识到城市蔓延所产生的问题。为改变过去50多年城市蔓延产生的严重的社会、经济和环境问题，人们提出了精明增长理论。"精明增长"理念是对紧凑城市思路系统的归纳总结。它的目标是通过规划紧凑型社区，充分发挥已有基础设施的效力，提供更多样化的交通和住房选择来努力控制城市蔓延。"精明增长"强调必须在城市增长和保持生活质量之间建立联系，在新的发展和既有社区改善之间取得平衡，集中时间、精力和资源用于恢复城市中心和既有社区的活力，新增加的用地需求更加趋向于紧凑的已开发区域，精明增长是一项将交通和土地利用综合考虑的政策，促进更加多样化的交通出行选择，通过公共交通导向的土地开发模式将居住、商业及公共服务设施混合布置在一起，并将开敞空间和环境设施的保护置于同等重要的地位（Geoff Anderson，1998[55]；Victoria Transport Policy Institute，2003[56]）。总之，精明增长是一项与城市蔓延针锋相对的城市增长政策。

---

① 关于紧凑城市的阐述引自方创琳、祁巍峰（2007）[54]。

　　"精明增长"是一项涵盖多个层面城市发展原则的综合策略，首先改变了以城市发展为主导的区域发展目标，将城市的发展融入区域整体生态体系的均衡和公平，提出"城市边界的增长原则"，即城市对于土地需求的增长应当受到所在区域整体生态系统的制约（沈清基，2001[57]）；在这种生态均衡发展的原则基础上，需要城市紧凑发展，一方面通过建立公共交通和土地利用之间的有机联系，设计功能复合的社区以及加强城市内部废弃土地的再利用来减少用地的外延扩展；另一方面特别强调通过设置"城市增长边界"保持土地的集约化使用，城市新增用地需求尽量分配至已有城市建设区域内，尽量减少对农业和生态区域的侵入①。

　　长期实行精明增长最显著的结果在于它有效地遏止了城市的蔓延，保护了土地和生态环境。此外，它还有助于保护与改善社区生活质量、保持老中心与商业区的活力，并确保各社区间财政与社会公平；地方政府及各州、区域性机构还借助增长管理拓宽了住房和就业机会、降低了公共及私人投资在开发过程中的风险。

四　上述理论研究的推论

　　根据宏观层面生产与人口分布的研究结论，工业化国家生产与人口的合理分布将呈现"核心—边缘区"格局；根据中观层面生产与人口分布的研究结论，核心区内部生产与人口的合理分布将呈现多中心都市区的格局，而这种生产与人口分布格局，正是一国在起飞和走向成熟两个阶段的经济快速增长和城市化过程中形成的。因此，我们可以推断，一国起飞和走向成熟的阶段，其生产与人口分布的演变具有"宏观上持续聚集、微观上先集中后分散"的规律性，即宏观上，一国生产与人口在其起飞和走向成熟阶段，将不断向一些区位条件较好的地区聚集，并形成核心区；在核心区内，生产与人口先向中心城市集中，以利用聚集经济，后向中心城市的周边地区分散，以规避聚集不经济，从而形成多中心都市区。但是，由于倾斜性政策和缺乏区域与城市经济管理经验，起飞时间较晚的国家在其起飞和走向成熟阶段的阶段，容易造成过度集中问题。下面我们将考察日本、韩国、菲律宾、印度尼西亚、墨西哥、巴西、中国台湾等国和

---

　　① 关于精明增长理论的阐述引自马强、徐循初（2004）[58]。

地区起飞及走向成熟阶段生产与人口分布的演变，总结其历史经验和教训，以进一步验证上述从文献总结中得出的理论推论。我们还将研究美国1963 年后生产与人口分布的演变，以验证"宏观上持续聚集、微观上先集中后分散"的规律性，在现代技术条件下是否仍然成立。

有关微观层面生产与人口分布的理论，阐述了在一个城市内部进行生产与人口布局的诸多新理念，我们将在第八、第十两章多中心都市区形成中，用到这些理论。

第二节　日本和韩国生产与人口分布的演变与过度集中

一　日本起飞及走向成熟阶段生产与人口分布的演变

1868 年"明治维新"废除封建制度后，日本经济得到了较快发展。到 1919 年，日本实现工业产值 67.4 亿日元，农业产值 41.6 亿日元，工业产值首次超过农业产值。表明日本已初步实现了工业化（刘国平、蒋宝恩，2001[59]）。随着经济的发展，日本人口和生产分布发生了重大变化。工业不断向沿海集中，到 20 世纪 20 年代逐渐形成京滨、阪神、中京和北九州四大工业带。第二次世界大战后，日本政府有重点开发整治国土，调整地域经济结构，生产与人口进一步向沿太平洋的工业带集中。从东京到大阪城市群逐渐形成大城市带，通称东海道大城市带，人口占全国的一半，工业产值占 70%，成为日本政治、经济、文化活动的中枢地带（刘德生等，1988[60]）。

根据日本各县生产占全国的比重，本书把日本东京都、大阪府和神奈川县界定为日本小核心区，把小核心区再加上千叶县、琦玉县与爱知县界定为日本中核心区，把中核心区再加上兵库和福冈两县界定为大核心区。小、中、大核心区分别占全国国土面积的 1.75%、5.53%、9.14%。由图 2-1 可知，在实现初步工业化的 1920 年，日本核心地区人口占全国的比重已经较高。从工业化早期的 1920 年一直到日本成为第三经济大国的 1970 年，日本大、中、小核心区的人口百分比迅速增大。这期间的 1945

年由于第二次世界大战战败的原因，日本经济陷于全面崩溃，核心地区人口百分比有一剧降。随着战后经济的恢复和发展，各核心区人口百分比在1960年已超过战前最高水平，在1960—1970年继续保持较快的增长。从1970年后直到2000年，日本小核心区人口百分比基本保持稳定。日本中、大核心区的人口百分比虽有上升，但十分缓慢。简言之，日本的经验表明，在起飞和走向成熟的经济快速增长和城市化过程中，核心区的生产与人口比重保持持续增长。

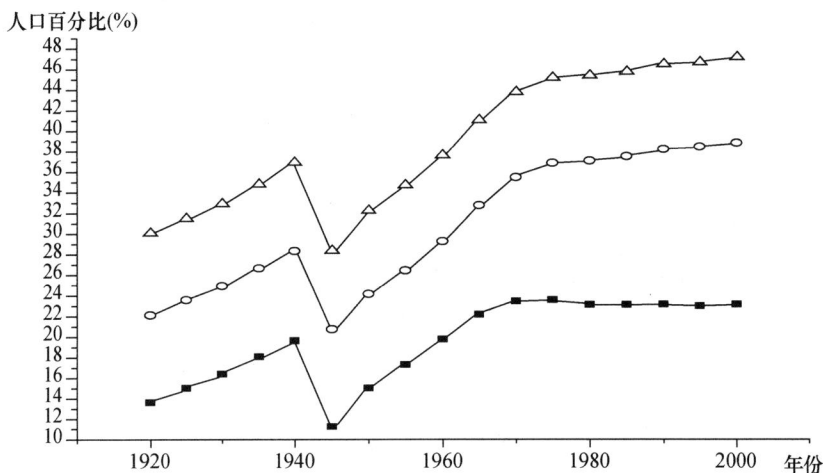

图 2 - 1　日本核心地区人口占全国的百分比变化

注：三角形、圆形、方形分别表示日本大、中、小核心区占全国人口的百分比。

资料来源：根据《日本统计年鉴》（2007）数据整理。

　　表 2 - 1 给出了由东京都及其周边神奈川、千叶、琦玉三县组成的东京大都市区净迁移人口数据。1945—1970 年，是日本经济从第二次世界大战后的全面崩溃到成为世界第二大资本主义经济强国的经济高速增长期。由表 2 - 1 可知，从 1945—1965 年的 20 年间，每年约有 27.2 万净迁入人口，由日本各地移居面积 2102 平方公里，仅占全国面积 0.56% 的东京市。尤其是从 1945—1960 年的 15 年间，每年约有 31.7 万净迁入移民流向东京市。由表 2 - 1 还可知，东京与周边地区并不是同时发展的。在

东京市大量吸纳移民的初期，周边地区的人口也部分流向东京市，随着东京人口规模的不断上升，1955—1965 年期间，周边地区对移民的吸纳能力逐渐超过了东京市。1965 年后，东京市开始成为净移民流出地区，而周边地区仍大量吸纳来自全国各地的移民。

表 2-1　　　　　　　　　东京大都市区净迁移人口数　　　　　单位：万人

地区 ＼ 年份	1945—1950	1950—1955	1955—1960	1960—1965	1965—1970	1970—1975
东京市	224.7	124.0	127.0	68.1	-5.9	-52.7
周边郊区	-21.9	5.4	44.7	154.2	199.9	178.0
东京都市区	222.6	129.4	171.7	222.3	194.0	125.3

资料来源：根据各年《日本统计年鉴》数据整理。

二　韩国起飞和走向成熟阶段生产与人口分布的演变

根据韩国各省市生产占全国的比重以及地缘关系，我们把由首尔市及其周边的京畿道、仁川构成的首尔大都市区界定为韩国的核心区。首尔大都市区面积 1.17 万平方公里（天津市土地面积是 1.18 万平方公里，与之十分接近），占韩国土地面积的 11.7%。

由表 2-2 可知，从 1955—1989 年的韩国经济快速增长期，每年约有 19 万移民从韩国各地流向面积仅 605.52 平方公里，占全国面积仅 0.6% 的首尔市，此期间首尔市人口由 1955 年的 156.9 万人增加到 1990 年的 1060.3 万人，首尔大都市区人口由 392.8 万人增加到 1857.0 万人。1960—1980 年的 20 年是韩国实现经济腾飞和城市化的重要时期，平均每年约有 24.6 万净迁入人口移居首尔都市区。韩国的城市化水平也由 1960 年的 28% 上升到 1980 年的 52.2%。由表 2-2 还可知，首尔及其周边区地区不是同时发展的。从 1955—1980 年，移民主要流向首尔市；在 1955—1970 年期间，周边地区也是净移民流出地区；随着首尔人口规模的不断上升，从 1970 年开始，周边地区才大规模吸纳移民；1980 年后，周边地区吸纳移民的数量远远超过了首尔市。根据韩国统计局数据，1990 年后，首尔市的净迁移是负值，而周边地区仍大量吸纳移民。总体而言，1990—2000 年，整个首尔都市区仍大量吸纳移民。

表 2 - 2   首尔大都市区净迁移人口数   单位：万人

年份 地区	1955—1960	1961—1966	1967—1970	1971—1975	1976—1980	1981—1985	1986—1989
首尔	62.2	94	143.6	147.3	106.8	58.8	37.7
周边地区	0.66	- 10.5	0.89	52.1	75.4	97.7	86.8
首尔都市区	63.0	83.5	144.5	111.9	150.8	145.3	

注：1. 周边地区指京畿道和仁川，1981 年以前，京畿道包含仁川，以后分为两个地区。

2. 人口迁移数来自韩国统计局网站 www. nso. go. kr。

图 2 - 2 给出了 1970—2003 年首尔市与其周边地区的人口迁移，从中可得知两个重要事实：（1）从 1970—2003 年，在首尔市和其郊区之间平均每年有 66.3 万人口双向迁移，但其净结果是平均每年有 13.0 万共计 441.8 万人口从首尔市净迁入其郊区。（2）从 1970 年开始到 2003 年，平均每年约有 7.4 万共计 253 万首尔都市区以外其他地区的人口净迁入首尔郊区。这说明首尔郊区人口规模的扩大得益于首尔市区人口的郊区化和其他地区人口的迁移。

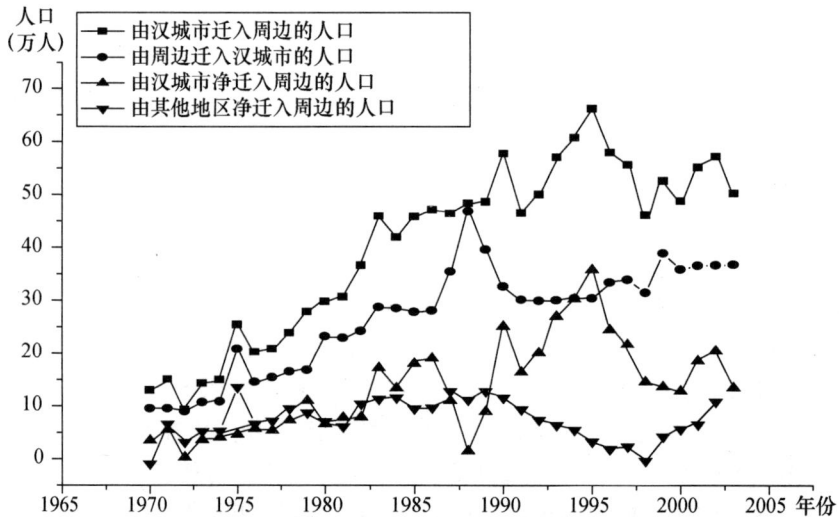

图 2 - 2 1970—2003 年首尔市郊区（含京畿道和仁川市）的人口迁移

资料来源：韩国统计局网站 www. nso. go. kr。

三 日、韩的过度集中问题[①]

经过起飞和走向成熟的经济快速增长和城市化过程，日本生产与人口出现了较严重的过度集中问题。日本东京市中心的 4 个特别区，面积 60.33 平方公里，白天人口 330.6 万人，人口密度近 5.5 万人每平方公里。在整个东京大都市区内，每个工作日有 500 多万人上下班，尽管东京有着很发达的城市轨道交通系统，但东京人均通勤时间是 3 个小时，上下班时间地铁十分拥挤，有"通勤地狱"之称。东京也是世界上房价最高的城市之一，尽管东京人均 GDP 和人类发展指数在日本 47 个都、府、县中名列第 1 位，但由于房价高，东京人的主观幸福感排名 16 位，而且在 2002 年日本官方举办的调查中发现，只有 41% 的东京人对生活感到幸福或很幸福，大多数东京人没有感受到生活的幸福。

2005 年首尔大都市区集中了韩国 48% 的人口和 GDP；占韩国国土面积 0.6% 的首尔市，集中了韩国 20.8% 的人口、22.6% 的 GDP（数据来自韩国官方统计局网站）。首尔地铁有 5 条线，全长 125.7 公里（北京地铁现全长 114 公里），居世界第 7 位，地铁拥有最先进的设施，售票和收费系统全部实现自动化，但同东京一样，首尔地区通勤交通也十分拥挤，其房价也居世界前列，并且在 1997 年以来增长迅速，节节攀高的房价引起市民不满，2006 年韩国建设交通部长官秋秉直也因房价过高辞职（参见《南方都市报》2006 年 11 月 15 日）。韩国其他地区由于人口的不断流失，逐步失去活力，造成了首都圈和其他地区之间的恶性循环。

第三节 拉美及东南亚一些国家生产与人口分布的演变及过度集中

一 墨西哥的生产与人口分布演变及过度集中问题

（一）墨西哥的生产与人口分布演变分析

我们主要研究墨西哥城、墨西哥州和瓜达拉哈拉这几个经济发达、人

---

① 日韩的过度集中问题，在第一章导论部分已经阐述，这里简单重复，以保持本节内容的完整性。请读者原谅。

口密集的地区。墨西哥的首都墨西哥城（也称联邦区），是墨西哥最重要的经济、工业和文化中心，也是墨西哥人口最密集的城市。联邦区的产值占全国 GDP 的 21.8%，城区面积 1499 平方公里，仅占全国面积的 0.076%。2006 年城市人口 872.09 万人，密度 5741 人/平方公里。墨西哥城大都市区则包括属于墨西哥州的 58 个毗连的城市和一个在伊达尔戈（Hidalgo）州的城市（根据最新的被联邦和州政府认可的定义）。2006 年，墨西哥城大都市区有 1920 万人，使它成为西半球最大的大都市区和世界上第二大的都市区。2005 年，它的 GDP（PPP）为 3150 亿美元，在世界上的城市集聚里排第 8 位，在拉丁美洲是最富有的。墨西哥州与墨西哥城接壤，墨西哥州面积为 21355 平方公里。根据 2005 年的人口普查，墨西哥州人口为 1400.75 万人，大多数集中在围绕着联邦区的墨西哥城大都市区，是墨西哥人口最多的州。墨西哥人口密度最大的地区是墨西哥城，其次就是墨西哥州。哈利斯科（Jalisco）州的首府瓜达拉加拉市拥有 160.09 万人，是墨西哥的第二大人口密集城市。瓜达拉加拉大都市区包括其他毗邻的城市，它的人口数是 411.23 万人，使它成为墨西哥城大都市区之后墨西哥第二大人口密集的大都市区。瓜达拉加拉在文化、经济、历史、工业和宗教方面，都对墨西哥的其他区域有深刻影响。

　　表 2-3 展示的是墨西哥城和瓜达拉加拉城这两个核心区（与墨西哥城大都市区、瓜达拉加拉大都市区相区别）从 1950—2000 年的人口演变。1950—1980 年，墨西哥城和瓜达拉加拉城人口占全国的百分比直线上升，与在这段时间被称为"墨西哥奇迹"的经济高速增长相吻合，城市化过程和经济增长应该是相互促进的过程。城市人口增长有两个原因：一是城市居民本身的自然增长；二是农村人口向城市的迁移，而且一定时期内，后者往往构成首要因素。20 世纪 80 年代后，墨西哥城的人口比重开始下降，瓜达拉加拉和墨西哥城的人口总和比重仍旧上升；90 年代后墨西哥城和瓜达拉加拉城的总人口比重也开始下降，但是墨西哥城的人口比重下降减缓。80 年代以后，以墨西哥城为代表的市区吸收移民的作用受到影响，墨西哥城不仅不能吸引移民，反向外迁移民。在此期间，中型城市对人口的吸纳的作用增强，如坎昆、蒂华纳成为人口增长率最高的城市。

表 2 - 3　　　　墨西哥两个经济发达地区人口占全国的百分比变化　　单位:%

年份	1950	1960	1970	1980	1990	2000
墨西哥城	12.2	14.8	18.5	20.8	18.5	18.2
墨西哥城和瓜达拉加拉城	13.9	17.3	21.5	24.2	26.7	24.5

资料来源: United Nations Economic Commission for Latin American and the Caribbean http: // www.eclac.cl。

由表 2 - 4 可看出，从 1950—1970 年，联邦区人口增加 380 万，墨西哥州人口增加 240 万；1970—1990 年，联邦区人口增加 270 万，墨西哥城人口增加 600 万；1990—2000 年，联邦区人口增加 400 万，墨西哥州人口增加 330 百万。在这三个时间段，联邦区人口增加数由 3.8 到 2.7 再到 0.4 依次减少，而墨西哥州的人口数从 1950—2000 年，每 10 年的数据增幅（0.5、1.9、2.8、2.2、3.3）除 1980—1990 年外，都在依次上升。因为墨西哥城和墨西哥州毗邻，且墨西哥都市区包含在墨西哥州内，我们可以近似的将墨西哥州看成墨西哥城的一个大郊区。可以看出，在墨西哥大都市区内，人口是由墨西哥城向周边地区分散的。

表 2 - 4　　　　联邦区和墨西哥州 1950—2000 年人口数　　单位：百万人

年份	1950	1960	1970	1980	1990	2000
联邦区	3.1		6.9		8.2	8.6
墨西哥州	1.4	1.9	3.8	7.6	9.8	13.1

资料来源: http: //cuentame.inegi.gob.mx/default.aspx 和 http: //cuentame.inegi.gob.mx/default.aspx。

（二）墨西哥的城市过度集中问题

1900—1990 年，墨西哥总人口数由 1361 万增至 8125 万，增长近 5 倍，而同时墨西哥城人口由 54 万增至 1458 万，增长了 26 倍。1990 年，墨西哥的城市首位度是 8.84，说明墨西哥生产力布局失衡，各级城市差异很大，人口城市化发展畸形。墨西哥城固然是一座现代化大都市，但是城市的就业、教育、医疗、住房、交通、污染等问题的严重程度也是触目惊心的。由于城市基础设施普遍不足，公共服务机构严重缺乏，没有足够的住房以满足失去支付能力的居民的需求,因而擅自占地、营建违章住房的现象很严重,1980 年墨西哥城的非正规住宅区占全市住房比重达到 40%,一半以上的居民住居在"贫民区"或者"棚户区"。所谓"棚户区"指新来的农村移民,由于无力建造或购买住宅,只能用纸板、树枝、芦席等材料搭成窝棚,暂时栖身,这里没有电灯、自来水和下水道,更没有学校和医院,往往是各种传染病和社会犯罪的滋生场所。墨西哥城的汽车和工厂每天排出的大量废气,使城市上空常常笼罩着一层灰色烟雾,四面群山环抱,烟气不易走散,空气污染异常严重。墨西哥城的臭氧水平已接近被认为不安全的洛杉矶的 4 倍,接近世界卫生组织规定的可接受标准的 6 倍。在上下班的高峰期,居民深感"行路难"。据统计,全市因交通阻塞每天要浪费 314 万人时。由于普遍贫困和绝望,抢劫、吸毒、强奸事件在墨西哥城,尤其是贫民区有增无减(韩琦,1999[61];张家唐,2003[62])。

二　巴西的生产与人口分布演变及过度集中问题

(一)巴西的生产与人口分布演变分析

巴西东南部地区是最富有也是人口密度最高的地区,它拥有巴西最大的两个城市:圣保罗和里约热内卢。根据 2007 年的 BIGS(Brazilian Institute of Geography and Statistics)统计,里约热内卢州有 1559.3 万居民,人口密度为 3561 人/平方公里,2004 年 GDP 占巴西的 12.6%。里约热内卢市的城市面积 1260 平方公里,2007 年人口为 609.34 万人,人口密度 4781 人/平方公里,2005 年城市的 GDP 为 11897.98 亿美元,人均收入为 19524 美元。里约热内卢大都市区人口 1171.40 万人。

圣保罗州 2007 年人口为 4116.4 万人,人口密度 1654 人/平方公里,2005 年其产值占全国 GDP 的 33.9%。圣保罗市是巴西最大的城市,也是巴西和南美的工业、金融、商业中心。面积 1523 平方公里,人口数为 1088.65 万人,使其成为巴西人口最密集的地方。2005 年它的 GDP 约占巴西的 12.26%,占圣保罗州的 36%(巴西统计局网站,2007[63])。

由市区和卫星城组成的大圣保罗区包含很多毗邻的城市,具有接近 2000 万的人口数,面积为 8055 平方公里,使其成为世界上最大的大都市区之一,最富裕的城市均围绕着大圣保罗区,像坎皮拉斯、洪迪艾、保利

尼亚、亚美利加纳、因达亚图巴、圣若－泽杜斯坎普斯、桑托斯等
（Campinas, Jundiaí, Paulínia, Americana, Indaiatuba, São José dos Campos, Santos, etc.）。

表2－5　巴西圣保罗和里约热内卢大都市区人口占全国的百分比变化　　单位:%

年份	1950	1960	1970	1980	1990	2000
圣保罗	4.5	5.7	8.4	10.2	10.2	10.1
圣保罗和里约热内卢	10.0	12.0	15.7	16.4	16.9	16.6

资料来源: United Nations Economic Commission for Latin American and the Caribbean（http://www.eclac.cl）。

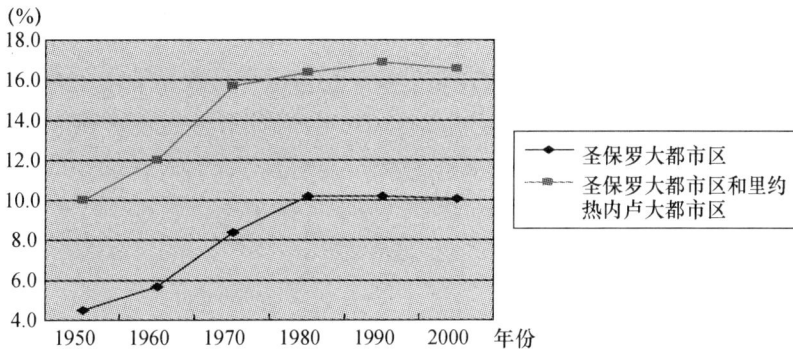

图2－3　巴西核心发达地区人口占全国的百分比变化

资料来源: 根据表2－5绘出。

（二）巴西的城市过度集中问题

巴西城市化的特点是大城市化，农村人口集中进入大都市。在巴西城市化进程中，城市经济发展所创造的就业机会远远满足不了不断扩张的城市人口的就业需求，1998年以来，巴西的失业率保持在两位数以上。城市化过程中存在的突出问题是贫富差别过大，贫困人口多数集中于城市。巴西城市贫民大部分住在贫民窟。贫民窟在巴西被称为"法维拉"，指临时搭建的简陋住房的集中地。根据巴西地理统计局的界定，贫民窟是指50

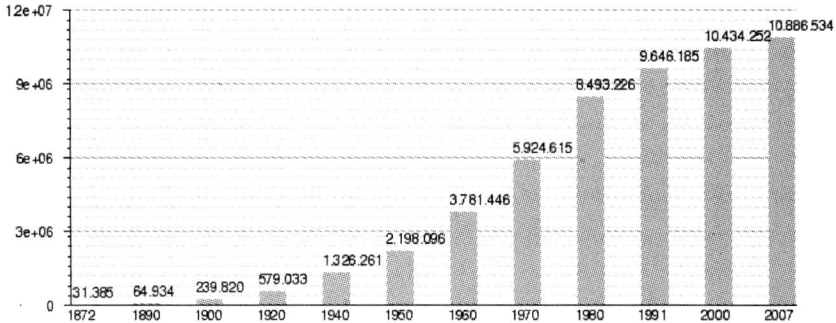

图 2 - 4　圣保罗市人口变化图

资料来源：巴西国家统计局网站（http：//www.ibge.gov.br/english/）。

户以上的人家汇住一起，房屋建筑无序，占用他人或公共土地、缺乏主要
卫生等服务设施的生活区。1987 年全国约有 2500 万人居住在贫民窟。近
几年有 加剧发展的趋势，据 2000 年的人口普查，巴西有贫民窟 3905 个，
比 1991 年增加 717 个。贫民窟遍及巴西所有的大城市，现在已发展到中
等城市。圣保罗州是贫民窟最多的州，有 1548 个。贫民窟带来的社会问
题主要是：一方面，贫民窟居民大部分人处于贫困线以下，居住、出行、
卫生、教育条件极差，不仅影响当代人，也影响下一代人的发展。另一方
面，生活水平的巨大差异造成国民感情隔阂，加之贫民窟游离于社区和正
常社会管理之外，影响社会安定。另外由于城市规划的滞后和人口的迅速
膨胀，城市环境遭到严重破坏，圣保罗已成为世界第四大受污染严重的城
市（李瑞林、李正升，2006[64]）。根据圣保罗市交通局、圣保罗大学和里
约热内卢联邦大学对圣保罗市交通拥堵问题进行的研究表明，目前圣保罗
市日常拥堵路段总长度达到 80 公里，高峰时段超过 200 公里。据估计，
堵车过程中，机动车燃料消耗和交通事故等造成的直接经济损失平均每年
达 41 亿雷亚尔（1 美元约合 1.7 雷亚尔）。如考虑堵车带来的环境污染和
对市民生活的不利影响等因素，损失则远远超过这一数字（新华网，
2008[65]）。

三　菲律宾的生产与人口分布演变及过度集中问题

（一）菲律宾的生产与人口分布演变分析

菲律宾的首都马尼拉（Manila City）面积 38.55 平方公里，2007 年人口为 166.07 万人，约占全国人口的 15%，人口密度 43079 人/平方公里，包含在大马尼拉区内。大马尼拉区或首都区（Metropolitan Manila/National Capital Region）面积为 636 平方公里，约占全国面积的 0.2%。2007 年人口为 1155.34 万人，约占全国人口的 13%，人口密度 18650 人/平方公里，2005 年其 GDP 为 1080 亿美元，约占全国 GDP 的 1/3。甲米地（Cavite）、拉古纳（Laguna）和黎刹（Rizal）三省均邻近首都区，而且人口较为密集，经济较为发达，我们将这三个省份以及大马尼拉区统称为马尼拉都市区。马尼拉都市区总面积为 4880 平方公里，约占全国面积的 1.7%，2007 年总人口为 1917 万，占全国总人口的 21.6%，人口密度为 3835.7 人/平方公里。

从表 2－6 中可以看出，全国的人口有向马尼拉都市区聚集的趋势，从 1990—2007 年，马尼拉都市区的人口占菲律宾的比重逐年上升，1990 年占 18.9%、1995 年占 20.4%、2000 年占 20.5%、2007 年占 21.6%。马尼拉市由于已经达到了容纳人口的极限，其人口近些年来基本维持在 160 万左右，没有多大变化，但是其占全国人口的比重却一直在下降。首都区的人口逐年递增，1995 年以前占全国的人口比重在上升，人口在聚集，而 1995 年以后首都区的人口开始分散，其占全国人口的比重在下降。

表 2－6　　　　马尼拉市、首都区和马尼拉都市区的人口及其比重

年份		1990	1995	2000	2007
马尼拉市	人口（万人）	160.123	165.476	158.108	166.071
	比重（%）	2.6	2.4	2.1	1.9
首都区	人口（万人）	794.839	945.404	993.256	1155.343
	比重（%）	13.1	13.8	13.0	13.0
马尼拉都市区	人口（万人）	1144.858	1400.794	1566.881	1916.777
	比重（%）	18.9	20.4	20.5	21.6
菲律宾	人口（万人）	6070.321	6861.654	7650.408	8857.461

资料来源：菲律宾国家统计局网站（http：//www.nscb.gov.ph/以及 http：//www.census.gov.ph）。

（二）菲律宾的城市过度集中

近400年的殖民统治使得菲律宾大量的土地集中在少数大地主的手中，绝大多数的农民没有或只有少量土地；政府对农业扶持不力，银行对农业的贷款利息高达26%，有的甚至达到32%；由于该国过度开放其农产品市场，大量便宜的外国农产品冲击了本国农产品的价格，使得务农几乎无利可图；这些因素导致菲律宾的农民处于没有土地、没有资金、没有市场的破产边缘，去大城市寻找机会自然就成了他们有限选择中最具诱惑力的一个。可是城市薄弱的经济基础和有限的吸收能力并不能给所有的移民提供工作机会，从而进一步加深了城市的贫困化。城市贫困化表现为城市贫民缺乏谋生机会、缺乏受教育机会、缺乏合适的社会保障机制，不得不住在环境和卫生状况堪忧的贫民窟里等现象。以马尼拉为例，该市的供电供水都非常紧张，只有11%的人口可以接通排污管道。而棚户区的卫生状况更是十分堪忧，由于缺乏合理的规划，许多棚户就建在天然河道或沼泽地的上方，没有下水道和垃圾处理设施，河道和屋后的空地就成了垃圾场。每当雨季来临时，被垃圾堵塞的污水常常造成水淹，污水孳生的蚊虫又将登革热带给棚户区。

大马尼拉区是亚洲快速城市化带来"城市病"的典型例子。由于无节制的发展，大马尼拉的城市人口从1964年的250万增长到2000年的近1000万，其中35%的人口居住在贫民窟里。城市居民因落后的交通体系而不得不忍受长时间的上下班通勤交通、高交通事故发生率、汽车尾气造成的污染等。城市经济也因交通不畅而承受巨大的经济成本（漆畅青、何帆，2004[66]）。

四　印度尼西亚的生产与人口分布演变及过度集中问题

（一）印度尼西亚的生产与人口分布演变分析

爪哇岛在印度尼西亚经济中有举足轻重的地位。面积126700平方公里，约占国土的7%，2006年人口有1.3亿人，约占全国人口的58.51%，其人口密度1026人/平方公里，是世界上人口最多的岛屿，也是世界上人口密度最大的地区之一。它的产值占全国GDP的将近60%。这里集中了首都雅加达、第二大城市泗水、第三大城市万隆、第三大港口三宝垄以及著名历史名城日惹、茂物等全国的主要工商业、旅游城市。爪哇岛上有雅加达、万丹、西爪哇、中爪哇、东爪哇和日惹等省份，其中万丹和日惹特区分别是从西爪哇和中爪哇省先后独立出来的。雅加达是印度尼西亚的首府，也是印度尼西亚最大、人口最密集的城市，面积 661.52 平方公里，2001 年的人口为 970 万，人口密度为 14663 人/平方公里。经济次发达的就是西爪哇，西爪哇面积为 36940 平方公里，占全国面积的 1.93%，人口 2001 年为 3754 万，占全国 16%，人口密度为 1016 人/平方公里，2003年其 GDP 总额为 272.6 亿美元，占全国的 15%。

表 2 - 7　　　　　　　　　爪哇岛人口及其占印尼比重

年份		1971	1980	1990	1995	2000	2005
爪哇岛	人口（万）	7609	9127	10758	11473	12135	12847
	比重（%）	0.638	0.619	0.600	0.589	0.588	0.587
雅加达与西爪哇（含万丹）	人口（万）	2620	3396	4364	4832	5222	5685
	比重（%）	0.220	0.230	0.243	0.248	0.253	0.260
雅加达	人口（万）	458	650	826	911	839	886
	比重（%）	0.038	0.044	0.046	0.047	0.041	0.040
印尼人口（万）		11921	14749	17938	19475	20626	21887	

资料来源：印尼国家统计局网站（http://www.bps.go.id/index.shtml）。

印度尼西亚的人口流动有两大趋势：（1）如表 2 - 7 所示，从宏观上看，1971—2005 年间存在人口由经济发达、人口密集的爪哇岛向经济不发达、人口稀少的外岛地区流动的趋势。爪哇岛占全国的人口比重从1971 年的 0.638 逐年降低到 2005 年的 0.587。而印度尼西亚经济最为发达、人口密集度最高的两个地区雅加达和西爪哇（由于万丹独立出来的时间较晚，为了保持数据的前后一致性，我们仍然将万丹和西爪哇合并统称为西爪哇）占全国的人口比重则仍逐年上升，由 1971 年的 0.22% 上升到 2005 年的 0.26%。这说明全国的人口持续向这两个核心发达地区聚集。（2）是在爪哇岛内部，人口有先向雅加达聚集而后分散，并且岛内人口向西爪哇持续聚集的趋势。由表 2 - 7 中我们可以看出在 1995 年以前雅加达占全国的人口比重是持续上升的，1995 年以后则开始下降，而与此同时雅加达与西爪哇的人口比重则一直持续上升，这表明雅加达经历了人口先聚集后分散的历程，而其分散的人口以及外部流入核心发达地区的人口则可能被西爪哇所吸收。这一现象在表2－8中也可以得到说明。在1995年以前岛内人口主要向雅加达和西爪哇聚集，而1995年以后则人口只向西爪哇聚集，其他地区的人口占全岛人口比重均在下降。

表2－8　　　　　　　爪哇岛内部各省人口占全岛人口比重　　　　　单位:%

年份	1971	1980	1990	1995	2000	2005
雅加达	0.060	0.071	0.077	0.079	0.069	0.069
西爪哇	0.284	0.301	0.329	0.342	0.361	0.374
中爪哇	0.288	0.278	0.265	0.258	0.257	0.249
日惹	0.033	0.030	0.027	0.025	0.026	0.026
东爪哇	0.335	0.320	0.302	0.295	0.287	0.283

资料来源：印尼国家统计局网站（http://www.bps.go.id/index.shtml）。

（二）印度尼西亚的城市过度集中问题

印度尼西亚城市化的快速发展在20世纪80年代后期开始遇到一些阻力和暴露出一些问题，首先是城市人口过于集中在爪哇岛的主要大都市区，造成城市的拥挤，基础设施跟不上。城市化发展过于集中，导致城市住房严重不足，导致城市环境成本增高。在印度尼西亚，几乎所有的大城市（如雅加达），由于缺少排污设施，导致生活用水严重不安全；城市过于集中，还导致大城市周围地区严重缺水。其次是在印度尼西亚广阔的未开发外岛地区，城市人口很稀少，造成地区间的发展不平衡，引发了一些政治或民族间不安定因素。因而至90年代，印度尼西亚的城市化发展进入了一个调整发展时期，其基本特点是：政府意欲采取措施调整全国城市化的发展，但调整的措施因以前积累的问题而未能真正完全到位，使整个城市化进程相对缓慢。在此期间，政府曾鼓励人口迁移，试图促成人口从内岛（爪哇）迁向东部外岛，但由于交通限制和外岛的发展滞后，反而造成爪哇岛内的人口流动，尤其是农村人口的岛内流动。政府也曾通过采取更优惠的政策鼓励外资向外岛投资，但受资源和国际市场竞争制约，外资多投向资本密集而非劳动密集的产业。因而，在外岛以产业带动城市化发展的收效亦甚微。

第四节 中国台湾生产与人口分布的演变

台北市、高雄市是中国台湾省的两大城市。台北市是中国台湾政治、经济、文化中心。面积 272 平方公里，人口 263.4 万人（2001 年年底），占中国台湾人口的 11.8%。下辖 12 个行政区，其中松山、信义、大安、中山、中正、大同、万华为市区，文山、南港、内湖、士林、北投为郊区。区下辖 435 个里。

高雄市是中国台湾第二大都市，也是"行政院"辖市，更是著名港口，有中国台湾"港都"之称，是南中国台湾的政治、经济、文化中心。面积 153.6 平方公里，人口 149.4 万人（2001 年年底）。下辖 11 个区，其中盐埕、前金、新兴、苓雅、前镇、旗津、鼓山为市区，三民、左营、楠梓、小港为郊区。表 2-9 和表 2-10 分别是 1980—1989 年台北市、高雄市人口迁徙的统计数据。

表 2-9　　1980—1989 年台北市移入人口来源地与移出人口目的地　　单位:%

	移入人口来源地						移出人口目的地					
	1980 年	1981 年	1982 年	1987 年	1988 年	1989 年	1980 年	1981 年	1982 年	1987 年	1988 年	1989 年
总计	100.00	100.00	100.00	100.00	100.00	100.00	100.00	100.00	100.00	100.00	100.00	100.00
北部	40.48	31.43	43.10	55.42	42.60	45.65	71.69	67.32	69.13	73.97	63.41	59.89
其中台北县	18.16	15.50	21.18	36.71	20.86	24.15	60.57	59.21	53.92	63.22	54.33	45.42
中部	23.32	30.53	17.76	18.63	19.84	22.29	15.76	11.96	16.70	14.24	15.14	21.10
南部	31.40	35.00	34.23	23.38	33.66	28.16	10.82	20.08	13.46	10.11	19.29	18.11
东部	4.80	3.04	4.91	2.58	3.91	3.91	1.73	0.63	0.71	1.68	2.15	0.90

资料来源：根据《"中华民国台湾地区国内"迁徙调查报告》与《台湾都市的内部结构》[67]中的数据整理。

表 2 – 10　　　1980—1989 年高雄市移入人口来源地与移出人口目的地　　　单位:%

年份	移入人口来源地						移出人口目的地					
	1980 年	1981 年	1982 年	1987 年	1988 年	1989 年	1980 年	1981 年	1982 年	1987 年	1988 年	1989 年
总计	100.00	100.00	100.00	100.00	100.00	100.00	100.00	100.00	100.00	100.00	100.00	100.00
北部	9.85	34.05	17.07	22.75	13.75	33.04	41.13	53.69	53.86	40.08	47.19	48.70
其中 台北市	3.85	14.84	6.79	9.06	9.88	13.42	16.17	35.94	41.60	18.88	33.81	29.05
台北县	0.76	6.59	6.52	6.05	0.96	2.98	22.15	11.20	3.24	13.94	7.69	6.76
中部	13.77	4.40	8.46	12.06	6.32	9.85	12.17	5.48	9.29	16.95	9.71	7.86
南部	73.76	58.54	66.36	62.85	77.84	56.80	44.92	38.77	35.94	41.80	43.10	42.23
其中高雄县	37.18	26.09	29.05	29.70	51.49	28.63	19.69	20.95	3.70	24.05	18.66	25.69
东部	2.63	2.71	8.12	2.34	2.167	0.31	1.79	2.60	0.91	1.17	—	1.21

资料来源:根据《"中华民国台湾地区国内"迁徙调查报告》与《台湾都市的内部结构》[68]中的数据整理。

从表 2 – 9 可发现,台北市的移入人口以北部地区为最多,占到了近一半。中部和南部地区的移入人口合成占了另一半。而台北市的移出人口中有六七成移入了其周边地区,其中移入台北县的人口占约 60%。我们可以由此推断,台北市一方面吸引着全中国台湾的人口,而台北市的人口又大量向台北县流动,呈现出"宏观聚集,微观分散"的人口流动特征。这种人口流动特征有助于大台北地区中小城市的发展和多中心都市区的形成。

表 2 – 10 的数据意味着,高雄市的移入人口来自其周边地区的占六七成,其中来自高雄县的就占到了两三成。其移出人口移往北部和南部经济发达地区的居多,几乎达到了 90%。其移出人口最大目的地不是南部区域,而是北部,并且移往北部的最大部分是集中在台北市和台北县。而高雄市的移出人口流入高雄县的居多。

从表 2 – 11 可以看出,从宏观上看中国台湾人口有 40% 左右集中在北部地区;从中观上看,北部地区的人口又分散在由台北市、台北县、桃园县、基隆市四个地区。

表 2－11　　　　　中国台湾北部地区主要县市历年人口变动　　　　单位：万人

年份	1987 年		1988 年		1989 年		1990 年		1991 年	
	人口数	比例(%)	人口数	比例(%)	人口数	比例(%)	人口数	比例(%)	人口数	比例(%)
中国台湾	1967	100.00	1990	100.00	2011	100.00	2035	100.00	2054	100.00
台北市	264.18	13.43	264.33	13.28	264.84	13.17	263.57	12.95	264.38	12.87
台北县	345.86	17.58	350.99	17.64	356.69	17.74	360.93	17.74	364.04	17.72
桃园县	164.97	8.39	169.00	8.49	173.13	8.61	176.16	8.66	179.12	8.72
基隆市	38.28	1.95	38.59	1.94	38.91	1.93	39.18	1.93	39.22	1.91

　　资料来源：根据历年之各县市统计要览资料来源和《台湾都市的内部结构》[69]中的数据整理。

　　综上所述，我们可以总结出中国台湾人口流动的规律：总体来看，人口逐渐向经济发达的大城市流入，如台北市，大台北地区是全中国台湾人口流动的最大吸纳池。从中国台湾两大都市的人口迁徙情况来看，都有从都市中心地带向其外围地区（郊区）流入的趋势，这种"宏观聚集，微观分散"的人口流动特征，对多中心都市区的形成具有重要作用。

　　中国台湾在城市化过程中采取了一系列有助于大都市郊区形成城市亚中心的政策，如宽松的人口流动政策、对外来人口尤其是农村转移人口实施帮扶政策（包括对外来人口的社会保障和对外来人口的就业培训、就业咨询等）、综合性的城市亚中心发展规划政策、县辖市的行政体制和财政分税制度，以及对城市亚中心的生产与生活服务设施的投资政策等，成功地避免了人口过度集中于大城市中心城区的过度集中现象，并在台北市周边地区发展形成了许多中、小城市，不仅有效地利用了大城市（如台北市）的市场规模、信息外溢等聚集经济效应，而且还分散了大城市（如台北市）中心城区的人口，吸引了大量其他地区的农村劳动力，并使得大都市地区成为台湾地区农业剩余人口的吸纳池。有关大台北都市区对局部过度集中规避的详细讨论，请见本书第八章第四节"多中心都市区的形成：大台北模式"。

　　综上所述，理论研究与各国发展经验证明，一国在其起飞和走向成熟阶段的经济快速增长和城市化过程中，其生产与人口空间分布的演变具有"宏观上持续聚集、微观上先集中后分散"的规律性，即宏观上，一国生产与人口在其起飞和走向成熟阶段，将不断向一些区位条件较好的地区聚集，并形成核心区；在核心区内，生产与人口先向中心城市集中，以利用聚集经济，后向中心城市周边的中、小城市聚集，以规避聚集不经济，从而形成多中心都市区，使得生产与人口分布由集中的分布格局向分散的格局逐渐演变；但起飞和走向成熟的阶段，容易造成生产与人口在核心区或者在核心区的中心城市过度集中问题。

本章的研究还发现，生产与人口在少数大城市过度集中现象具有普遍性和易发性。日本、韩国、巴西、墨西哥、菲律宾、印度尼西亚以及在第十章要分析的法国都存在过度集中问题。过度集中，一方面造成少数大城市房价过高、交通拥挤、上下班通勤时间过长、城市环境恶化；另一方面，造成其他地区经济发展相对停滞，因此，过度集中严重阻碍了区域协调发展。

第三章 关于生产与人口分布的
过度集中理论研究

　　前章研究发现，生产和人口在少数大城市过度集中现象具有普遍性和易发性。当前，我国一些大城市生产与人口过度集中问题已经有所显现。一方面深圳、北京、上海、广州、天津、杭州、青岛等大城市房价快速上涨，当地的人们似乎不堪重负；另一方面，作为我国城市新增人口主要来源的进城农民工和应届大学毕业生，又大量涌进这些城市。与此同时，这些城市仍然受资本的青睐，它们依然是投资的热土，根据中国统计年鉴数据计算，2005 年我国 19 个副省级城市固定资产投资占全国的百分比为29.9%，比上年增加了 3 个百分点；35 个省会城市和计划单列市固定资产投资占全国的百分比为 38.1%，比上年增加了 2.9 个百分点。资本和人口的持续流入，提醒着人们，这些城市将会更加拥挤。

　　有学者认为，一个城市无论人口规模及人口密度是高还是低，只要它还持续增长，就说明它的空间聚集效应大于城市病所带来的经济成本（丁成日等，2005[73]）。然而，通过上一章对各国生产与人口分布的经验研究，我们发现生产与人口在少数大城市过度集中现象具有普遍性和易发性。我们不禁要问，在城市发展规模上，市场机制一定是有效的吗？

　　不少人建议通过建设快速轨道交通系统，促进城市亚中心的形成，把中心市区人口分流到郊区的亚中心，以此来改善我国大城市交通拥挤和房价过高状况（吴范玉、高亮，2001[74]；范红忠，2004[75]）。可是，为什么东京及首尔大都市区有着世界上最完善的轨道交通系统，同时又具有世界最高的人均通勤成本？完善的交通系统与东京、首尔位于世界房价最高、人口最密集的城市之列是否有内在的联系？我国人口众多，未来30—40 年里，有 4 亿—5 亿农民要实现城市化，这一城市化规模是世界上前所未有的，中国的城市化能否、且是否应该沿着日本与韩国走过的发展道路来发展？

也有不少人建议通过经济适用房、廉租房、限价房建设、物业税和住房补贴等手段，来抑制大城市房价上涨的压力，然而，这些政策建议会有效果吗？这些政策的公平性和福利经济学含义又如何呢？所有这些问题都是我国国民经济持续健康发展面临的重要而急需回答的问题，而且这些问题都和发展中国家在其快速经济增长和城市化过程中，资本与人口流动及生产与人口过度集中问题密切相关，这就需要深入研究生产与人口过度集中的产生机制。

现有关于过度集中问题的研究主要从政府政策失灵的层面，来分析过度集中问题产生的原因，而很少有文献关注微观市场机制，也鲜有文献涉及交通住房政策与生产和人口过度集中的关系问题。搞清这些问题，对我国该如何借鉴日韩、拉美及其他国家城市化过程中的经验教训，探索形成适合中国国情的城市化和区域协调发展模式，具有重大意义。

第一节　我国劳动力流动特征与过度集中问题

在对待城市发展规模的问题上，学术界通常认为市场机制是有效的。城市经济学理论中著名的最优规模理论认为，随着生产和人口的聚集，聚集经济使厂商的边际收益呈倒 U 形曲线变化，而聚集不经济使厂商的边际成本呈 U 形曲线变化，厂商边际收益与边际成本相等时的城市人口规模为城市最优规模（周起业等，1989[76]）。然而，在现实社会里市场机制常常是不完善的，市场失灵的情况也时有发生，那么，在市场机制不完善（如城市居民流动成本较高）的现实条件下，市场机制在城市发展规模上就不一定是有效的。本节通过分析我国劳动力市场的特征，对市场机制下生产与人口的过度集中问题进行初步研究。

一　厂商和工人承受聚集外部性的非对称性

聚集外部性包括聚集经济和聚集不经济，是区域和城市经济学的十分重要的概念，城市的形成与发展依赖于生产与人口聚集所产生的聚集经济和聚集不经济（M. Fujita, 1989[77]）。从微观基础来看，聚集经济有如下几种形式：（1）生产和人口的集中，产生了信息溢出效应，减少了有关技术、供应者、购买者和市场条件方面的信息成本。（2）市场规模的扩大，使原本不值得贸易的中间品市场化生产成为可能，从而降低了中间投入品的生产与交易成本。（3）生产和人口的集中，市场规模的扩大，对区域出口商品制造商提供的中间投入品实现了多样化，从而提高了效率。（4）生产和人口的集中，减少了劳动市场上的信息成本，厂商与工人的匹配效率得以提高。（5）由于买卖双方的地理接近性，减少了运输成本。

　　尽管大城市提供了更高生产效率，但大城市的居民却承受着更高的生活成本，如更高的房价、更长的通勤时间、噪音与环境污染，等等。亨德森（2002）[78]研究指出，在美国和拉美国家，大城市的生活成本是小城市的2倍多。鲁索（Rousseau, 1995）[79]发现，巴黎的生活成本比法国其他地区高89%—94%。Zheng（2001[80]）的研究发现，日本东京大都市区生产和人口聚集不经济主要表现为过高房价、过长通勤时间和低环境质量，而聚集经济主要源于公司总部、政府组织和金融产业的集中。

　　从上述文献回顾可知，聚集经济主要是生产和人口的集中为厂商带来了更高的生产效率，而聚集不经济主要是生产和人口的集中，通过房价、交通和环境等渠道，提高了居民的生活成本。在市场经济条件下，生活成本的提高，首先会影响工人的名义工资，进而影响厂商的投资成本。因此，城市有效规模反映了生产和人口的集中所产生的更高生产效率和更高生活成本之间的一种平衡关系（Davis and Henderson, 2003）[81]。

　　总结上述文献的结论，可以得到一个重要推论：厂商是聚集经济的主要的直接受益者，工人是聚集不经济的主要的直接受害者，但在市场机制完善和充分就业（或接近充分就业）的条件下，大城市工人可以向厂商索取更高的名义工资作为补偿，否则工人将选择向其他中小城市迁移。这样，工人较高的生活成本就可以传导给厂商，并转嫁为厂商的投资成本，这种成本的传导与转嫁过程，将有效地防止生产与人口在大城市的过度集中问题。

　　值得注意的是，要实现大城市工人较高生活成本传导并转嫁为厂商的投资成本，有两个重要的前提条件：一是市场机制完善，这里主要是指工人可以无成本或成本很小地在不同城市之间进行迁移及工作选择；二是充分就业（或接近充分就业），此时工人有足够的与厂商就工资问题进行讨价还价的能力。在现实社会里，大城市工人较高的生活成本传递并转嫁给厂商的这两个重要的前提条件，常常是难以满足的。例如，对于大多数发展中国家而言，由于大量农村剩余劳动力的存在，大城市工人的就业压力很大，这使得工人对较高的生活成本不具备充分的敏感性。为了得到或保住就业机会，工人们宁愿忍受较高的生活成本，如环境质量恶化、交通拥挤、通勤时间过长，甚至也宁愿居住在城市的贫民窟内，因为在就业压力下，工人们在相当大的程度上，丧失了与厂商讨价还价的能力。此外，如果工人城市间的迁移成本很大，那么，工人面对上升的生活成本也将不得不采取忍受的策略，并不能通过向厂商要求更高的名义工资来转嫁其生活成本的上升。只有生活成本超过迁移成本的部分，厂商通常才愿意以增加名义工资的方式，对工人进行补偿。

总之，在市场机制不完善及不充分就业的条件下，聚集不经济导致的工人生活成本的上升，并不能畅通地传导并转嫁为厂商的投资成本，此时，厂商享受着大城市较高的聚集经济带来的高效率，却不用对工人较高生活成本进行完全补偿，本书把这一现象定义为厂商和工人承受聚集外部性的非对称性。从下面分析可知，我国劳动力流动的特征，将引发厂商和工人承受聚集外部性的非对称性，从而导致生产与人口的过度集中。

二　我国劳动力流动的特征

我国大城市劳动力市场可以划分为大城市农民工劳动力市场、大城市大学应届毕业生劳动力市场和大城市居民劳动力市场。我们将从这三个劳动力市场劳动力的流动特征，来分析厂商和工人承受聚集外部性的非对称性。

（一）农民工工资与城市生活成本的非相关性

根据国务院研究室（2006a[82]）的研究，我国农民工总数大约2亿人，我国农村还有1.5亿剩余劳动力需要转移。根据刘易斯的无限劳动供给理论，农民工的工资是农民工到城市打工的机会成本决定的。农民工到城市打工的机会成本，就是农民工在农村的农业收入。由于农村富余劳动力的农业边际生产率很低甚至低到零，所以农民工到城市打工的机会成本和农民工的工资非常低，并且只要农村还有剩余劳动力，农民工的工资就不会有多大提高。据国务院研究室笔者的调查，沿海有的地区农民工工资过去10年年均提高不到10元，扣除物价上涨因素实际上是负增长。

由于上述工资的决定机制，再加上户籍制度、土地制度和社会保障制度，农民工一般形成了"城市打工挣钱，农村消费"的生活模式。农民工到城市打工的目的，往往是"挣钱回家结婚盖房"，他们并不奢望在城市买房置业，因此农民工对城市的房价和交通成本的上升极不敏感，他们愿意居住在工地、简陋的集体宿舍，甚至城市的贫民窟，以便积攒更多的钱回家乡农村消费。

综上，尽管农民工具有很强的流动性，他们对大城市聚集不经济导致的房价过高、交通拥挤等城市病并不敏感，厂商主要依据农民工来城市打工的机会成本来决定农民工的工资，农民工工资与城市生活成本具有非相关性。在这样的情况下，厂商既享受了大城市聚集经济带来的收益，却不用为聚集不经济带来的房价过高、交通拥挤等城市病完全付费。

（二）大学应届毕业生对城市病的不敏感性

我们可以把生活成本分为日用生活成本、交通成本和住房成本。人们对日用生活成本的敏感性非常高，相比之下，人们对交通和住房成本的敏感性要低得多。原因如下：（1）住房价格上升，人们可以选择暂缓购房，也可选择购买面积较小的住房。（2）在就业形势严峻的背景下，对于待就业人员如应届大学毕业生而言，就业机会可能比房价在其就业地的选择决策中更为重要。（3）虽然在许多经济学文献中，交通成本包括交通时间和交通费用两部分，而交通时间按其与工资的乘积计入总的交通成本，但实际上，在就业形势严峻的背景下，相对于就业机会而言，人们对交通时间的经济价值并不看重。

为了验证上面的分析，笔者对我校30名应届本科毕业生进行了问卷调查，专门设计了下面两个问题：（1）就业地的房价对于您的就业地选择处于何种程度的重要性？（2）就业地的交通堵塞和拥挤状况，对于您的就业地选择处于何种程度的重要性？每个问题有下面5个可选择答案：a. 首要考虑因素；b. 重要考虑因素；c. 较重要考虑因素；d. 不重要考虑因素；e. 未考虑因素。调查发现，只有23%的大学生把交通和房价成本，作为就业地选择的首要和重要考虑因素。这一调查结果证明了，我国新增城市人口的主要来源之一大学毕业生，在选择就业地时，对住房和交通成本存在明显的不敏感性。

　　总之，在严峻的就业压力下，我国大学应届毕业生对生活成本中的住房和交通成本具有不敏感性，这使得在很大程度上，厂商不用对大城市过高的住房和交通成本进行补偿，也可以招聘到足够的大学毕业生为其工作，在这样的情况下，厂商既享受了大城市聚集经济带来的收益，却不用为聚集不经济带来的房价过高、交通拥挤等城市病完全付费。

　　（三）大城市居民中劳动人口的迁移成本

　　城市居民中的劳动人口，是我国城市劳动力市场的第三个重要组成部分，他们是城市病的主要受害者，对房价过高、交通拥挤、环境质量下降等生活成本的上升极为敏感。但是同大学应届毕业生和农民工相比，他们在城市之间的迁移成本很大。

　　首先，中国大多数城市家庭夫妇两人都需要工作，而夫妇两人同时在一座城市找到满意的工作的成本，往往是一个人找到满意工作成本的两倍以上。

　　其次，中国人很注重人脉关系，换一座城市工作，意味着原来建立的人脉关系的丧失，并需要建立新的人脉关系，这是一种不少的情感成本。

　　最后，户籍制度、子女上学、单位福利与在单位工作年限挂钩等制度因素，也增加了城市居民的迁移成本，例如，北京、上海等地考生在高考上的优惠政策，就可能减少了当地居民向其他城市迁移的动力。

　　在大城市城市居民具有很大的迁移成本的情况下，尽管城市居民对住房和交通成本的上升极为敏感，但在很大程度上，厂商并不用对大城市过高的住房和交通成本进行补偿，也能招聘到足够的工人，因为他们清楚地知道，在迁移成本很大的条件下，城市居民并不会因为工资不能以补偿过高的住房和交通成本，而向其他城市迁移。

三　生产与人口过度集中问题的产生

　　（一）现实劳动力市场条件下的过度集中问题

　　在我国大城市劳动力市场的现实条件下，由于农民工工资与城市生活成本的非相关性、应届大学毕业生对城市病的不敏感性，以及大城市居民中劳动人口很大的迁移成本等问题的存在，使得大城市工人丧失了向厂商索取较高工资以补偿其较高生活成本的能力，大城市工人较高的生活成本很难实现向厂商的传导和转嫁。这种情形可以用图 3 - 1 进一步说明。

根据最优规模理论，在市场机制完善和充分就业（或接近充分就业）条件下，聚集经济使厂商的边际收益呈倒 U 形曲线变化（周起业等，1998[83]），如图 3-1 中边际收益曲线 MR_1 所示，而聚集不经济使厂商的边际成本呈 U 形曲线变化 MC_1 所示，此时城市最优规模是 L_1；由于这一城市最优规模的形成条件是市场机制完善和充分就业（或接近充分就业），我们把这一城市规模称为理想的城市规模。

在存在农民工工资与城市生活成本的非相关性、农民工和应届大学毕业生对城市病的不敏感性，以及大城市居民中劳动人口很大的迁移成本等现实问题的情况下，相同城市人口规模条件下厂商的边际成本同不存在上述问题的情形相比降低了，即厂商的边际成本曲线向右下移动至 MC_2，均衡的城市规模为 L_2，此时的城市规模大于理想城市规模。

虽然农民工和应届大学毕业生对城市病具有不敏感性，但应届大学毕业生大多会成为城市居民，一些农民工也会转化为城市居民，当应届大学毕业生和一些农民工转化为城市居民后，他们对交通拥挤、房价过高等城市病的敏感性就会逐渐增强，而此时，他们的迁移成本也变得很大了，在就业压力下，他们既不能自由地向其他城市迁移，也缺乏与厂商就工资问题进行讨价还价的能力，他们只能忍受生产与人口过度集中带来的痛苦：交通拥挤、房价相对于其工资收入过高。

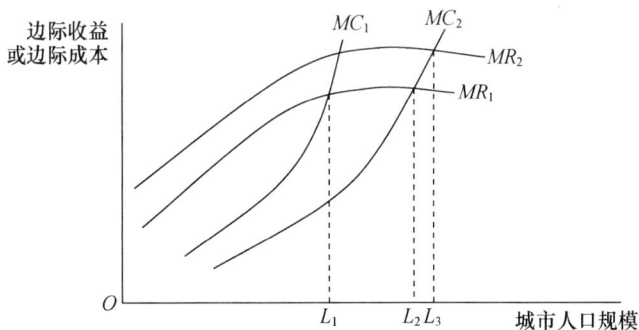

图 3-1　生产与人口过度集中问题示意图

注：（1）MC_1 为理想的市场条件下厂商的边际成本曲线；MR_1 为不存在倾斜性政策时厂商的边际收益曲线；MC_2 为现实市场条件下厂商的边际成本曲线；MR_2 为存在倾斜性政策时厂商的边际收益曲线。（2）边际收益与边际成本曲线的形状参考了城市最优规模理论（周起业等，1998[84]）。

（二）政府倾斜性投资政策对过度集中问题的影响

在存在农民工工资与城市生活成本的非相关性、应届大学毕业生对城市病的不敏感性，以及大城市居民中劳动人口很大的迁移成本等问题的情况下，如果政府对大城市采取倾斜性投资政策，如降低工业土地成本、投资补贴、改善交通基础设施、降低税收等，如图 3-1 所示，厂商的边际收益曲线将向左上方移动，由 MR_1 左上移动至 MR_2，此时大城市规模将增至 L_3，生产与人口过度集中问题进一步加重。

在我国，GDP 是考核地方政府官员政绩的主要指标，地方政府官员展开了一场"GDP 锦标赛"（周黎安，2007[85]）。在这场"GDP 锦标赛"中，各地区纷纷采取对大城市的倾斜性优惠政策，以便利用大城市的聚集经济，迅速提高地方 GDP，这种对大城市的倾斜性政策，将加重生产与人口过度集中问题。

第二节　交通住房等政策与生产和
人口的过度集中

现有研究文献并未涉及交通住房政策与生产和人口过度集中的关系问题，也没有在可能存在过度集中问题的情况下，对交通住房政策以及有关公共投资政策的福利经济学含义进行研究，关于东京、首尔等发达的城市交通系统与过度集中问题并存的现象，尚未得到理论上有说服力的解释，关于交通住房等政策有效发挥作用的条件在理论上还不明确。本节将通过构建资本与人口流动模型，研究交通住房等政策与生产和人口过度集中问题的内在联系，说明这些政策的福利经济学含义，以期对现有文献做必要的补充。

一　资本与人口流动模型的构建

目前，关于人口流动空间均衡的研究有很多。珍妮弗（Jennifer，1982）[86]通过对厂商和人口的空间流动均衡研究，揭示了城市环境舒适度与地租及房价的关系。但珍妮弗（1982）的模型中，厂商的生产函数是规模不变的，这就无法对城市增长现象做出合理的分析。布莱克（Black）

和亨德森（1999）[87]的模型在厂商的生产函数设定中，考虑了技术外溢效应，使其生产函数具有了规模递增的性质。以此为基础，通过对厂商和人口流动的空间均衡研究，布莱克和亨德森（1999）对发达国家大、中、小城市相对规模不随时间变化的现象进行了解释。卢卡斯（Lucas，2004）[88]在托达罗（Todaro，1969）[89]的基础上，通过城市与农村人口流动的均衡分析，阐明了在城市提升人力资本和收入的预期与发展中国家城市失业的内在联系。

然而，当分析生产与人口过度集中问题时，上述模型并不适宜，主要原因有二：一是上述模型或者不考虑厂商流动，如卢卡斯（2004），或者通过假设资本市场的完美性，在生产函数中不包含资本要素，因而无需考虑资本流动，如珍妮弗（1982）、布莱克和亨德森（1999）。二是假设土地市场的完美性，认为土地所有者或土地开发商是竞争性的，其利润是零。不考虑厂商流动，就无法考虑生产的过度集中问题，而资本和土地市场完美性假设在发展中国家更是难以满足的。实际上，从第二章的关于过度集中研究的文献评述中可知，政府对资本市场和土地市场的干预以及对大城市的倾斜性投资政策，正是造成生产与人口过度集中的主要原因（Ades and Glaeser，1995[90]）。因此，为了研究生产与人口过度集中问题，必须突破现有空间均衡模型的框架，构建一个同时考虑资本与人口流动以及政府干预的模型，这也是本书的模型与现有文献中空间均衡模型的不同之处。

（一）人口流动均衡条件

假设一国有大量的同质待就业工人，一典型厂商计划在该国 A、B 两城市中选择一个城市来进行一项投资，其中 A 是大城市，该城市工人的日用生活成本（主要是指衣物、食品等消费）、住房成本、交通成本（含交通时间）分别为 C_{A1}、C_{A2}、C_{A3}，工人的名义工资为 W_A。B 是小城市，该城市工人的日用生活成本、住房成本、交通成本分别为 C_{B1}、C_{B2}、C_{B3}，工人名义工资为 W_B。假设所有人口都是劳动人口，则工人或人口流动的均衡条件可由（3-1）式给出：

$$W_A - C_{A1} - C_{A2} - C_{A3} = W_B - C_{B1} - C_{B2} - C_{B3} \qquad (3-1)$$

由于日用生活成本主要由可贸易品构成，同时也为了集中研究住房成本和交通成本，假设 A、B 两城市的日用生活成本相等。进一步地，为了简化数学表达式，将 A、B 两城市的住房成本、交通成本标准化。将 B 市的住房和交通成本标准化为零，则（3-1）式表示的人口流动均衡条件可以简化为（3-2）式。

$$W_A - W_B = C_{A2} + C_{A3} \qquad\qquad (3-2)$$

在珍妮弗（1982）[91] 人口流动均衡模型中，环境舒适度是影响人口流动的重要因素。但本书主要分析过度集中问题，这一问题有三个典型特征：交通成本（主要是通勤时间过长）和住房成本过高、环境质量下降。其中，正如下面将要说明的，交通成本和住房成本有着紧密的内在联系，与个人生活成本的联系也更直接。本书在模型处理上，把交通和住房成本作为个人生活成本在（3-2）式中体现，把环境质量以及政府对公共设施的建设作为环境舒适度的构成因素，在（3-3）式中体现，并在第四节分析政府改善环境舒适度的政策对资本与人口流动的影响。

（二）资本流动均衡条件

假设典型厂商有一明确的投资项目，该厂商选择 A 市，还是选择 B 市投资的均衡条件，是他在两市投资的利润相等：

$$\pi_A f(K_A, L_A) - W_A L_A - r_A K_A - T_A = \pi_B f(K_B, L_B) - W_B L_B - r_B K_B - T_B$$

$$(3-3)$$

式中，π_A，π_B 分别是 A、B 两市的市场效率指数，它们是小于 1 的正数。K、L、W、r、T 分别是资本品（包括中间投入品）、劳动、工资、资本品价格和土地成本，（3-3）式中各变量的下角标 A、B 表示该变量分别表征了 A、B 两市的属性（下文同）。从新制度经济学的角度看，$W_A L_A + r_A K_A + T_A$ 反映了厂商的新古典成本，而 $(1 - \pi_A) f(K_A, L_A)$ 反映了厂商与市场的交易成本。由于聚集经济的存在，A 市的市场效率指数 π_A 大于 B 市的市场效率指数 π_B。

值得说明的是，（3-3）式中没有包括厂商计划生产商品的价格，原因如下：（1）如果厂商生产的是可贸易品，我们可以假设该贸易品的运输成本可忽略不计，即该厂商无论在 A 市生产，还是在 B 市生产，该贸易品价格相同，故可省去该商品价格；（2）如果假设厂商生产的是不可贸易品，则可假设该商品在 A、B 两地的价格隐含在市场效率指数之中，故也可省去该商品价格。

为了简化（3-3）式，我们进一步假设厂商无论在 A 市投资，还是在 B 市投资，将采取相同的技术，并使用相同数量的资本和劳动。表面上看，这一假设似乎违背了经济学中资本和工人的可替代性，但在很大程度上，这一假设是符合现实的。在现实世界里，对于特定的投资项目而言，在厂商进行投资区位决策的较短时期内，其可选择的技术种类是很有限的，并且厂商总是倾向于采用该项目领域最领先或者自己最熟悉的技术，以增强企业的长期竞争力，或降低管理成本和风险。对于使用相同技术的特定项目来讲，资本和劳动的替代性是很有限的，正因为如此，劳动密集型项目才可能从劳动成本高的发达国家向劳动成本低的发展中国家转移。

对于特定项目而言，在厂商投资决策的较短时期内资本与劳动无替代性的假设，并不违背对于不同的投资项目而言，资本与劳动的替代性非常大这一事实，例如，资本密集型项目和劳动密集型项目。同时，这一假设也不拒绝，在项目投产运行以后，厂商会对资本和劳动作些调整。读者将会看到，无替代性假设将会使得本章的结论更加直观。本章附录将放松资本与劳动的无替代性假设，所得最终结论与无替代性假设条件下所得结论一致。

在厂商投资区位决策期内资本与劳动无替代性的假设条件下，（3－3）式可改写为：

$$\left(\frac{\pi_A f(K,L) - R_A\gamma - T_A}{L}\right)\cdot L - W_A L = \left(\frac{\pi_B f(K,L) - r_B K - T_B}{L}\right)\cdot - W_B L$$

$$(3-4)$$

令 $\delta_A = \left(\frac{\pi_A f(K,L) - r_A K - T_A}{L}\right)$、$\delta_B = \left(\frac{\pi_B f(K,L) - r_B K - T_B}{L}\right)$，定义 δ_A

和 δ_B 分别为 A、B 两市除去资本品成本和土地成本后的人均劳动生产率，简称劳动生产率。则资本流动均衡条件可简化为 A、B 两市劳动生产率之差等于两市工人工资之差。

$$\delta_A - \delta_B = W_A - W_B \qquad (3-5)$$

（3－2）式和（3－5）式结合起来，构成了资本与人口的流动均衡条件（3－6）式。

$$\delta_A - \delta_B = W_A - W_B = C_{A2} + C_{A3} \qquad (3-6)$$

A 市典型厂商雇用的工人，有着同样的名义工资 W_A 和日用生活成本

C_{A1}，因此不同工人的交通成本和住房成本 $C_{A2} + C_{A3}$ 也是相同的。在理论上，这一结论符合单中心城市模型：所有厂商集中于市中心 CBD，城市的边界是距离 CBD 足够远以至地租为零的地点。工人可以选择交通成本很低即靠近 CBD 的地点居住，此处房价很高，也可选择远离 CBD 的地点居住，此处房价很低，但交通成本很高。无论典型工人选择在什么地方居住，其交通和住房成本之和不变（Black and Henderson，1999[92]）。为简便，本书此后将把交通和住房成本当做一个整体进行分析。

二 对交通住房等政策效应的比较静态分析

下面，假设小城市 B 的资本与人口规模不变，通过分析 $\delta_A - \delta_B$、$C_{A2} + C_{A3}$ 随着 A 市人口规模增大而发生动态变化的路径，来研究资本和人口流动的方向和均衡。

（一）$C_{A2} + C_{A3}$ 的动态变化与人口流动均衡曲线

为了判断 $C_{A2} + C_{A3}$ 对 A 市人口规模的一阶导数和二阶导数的符号，我们考虑一个单中心线型城市。所有厂商集中于 CBD，总数为 N_A 的工人在 CBD 工作，但居住在 CBD 以外。为简便，我们只考虑 CBD 右边的地区。假设每位工人需要 1 单位距离的居住空间，则 A 市从 CBD 到城市边缘的空间距离为 N_A。假设在当前的交通条件下，每单位距离需要 t 单位的通勤时间，τ 为单位距离通勤的金钱费用，则 A 市工人的交通和住房成本等于居住在城市边缘、地租为零处的工人的通勤成本，用公式（3 - 7）表示如下（此处通勤时间隐含可能的交通堵塞时间，明确考虑交通堵塞情况下所得结论与本书是一致的，为节省篇幅予以省略）：

$$C_{A2} + C_{A3} = N_A \cdot \tau + N_A \cdot t \cdot \alpha_t, \text{ 其中 } \alpha_t \geq 0 \qquad (3 - 7)$$

（3 - 7）式中，α_t 是平均每单位通勤时间的金钱价值。假设 τ 不随 N_A 变化，则 $C_{A2} + C_{A3}$ 对 A 市人口规模 N_A 的一阶导数和二阶导数的符号，取决于 α_t 对 N_A 的导数符号。

假设典型工人的每天工作时间为 8 小时，睡眠时间为 8 小时，吃饭时间为 3 小时，则其个人通勤时间的极限值为 5 小时。所谓个人通勤时间的极限值，表示个人无法承受的通勤时间。用经济学的术语表达即为，当通勤时间趋于个人通勤时间的极限值时，平均单位通勤时间的金钱价值为无穷大。

假设在现有交通条件下，5 小时通勤时间可达到的空间距离为 N_{A0}，由于每人需要 1 单位距离居住，则此时 A 市可容纳的极限人口规模也为 N_{A0}，如图 3 - 2 所示。N_{A0} 垂直线表示当达到极限人口规模时，个人平均单位通勤时间的金钱价值为无穷大。

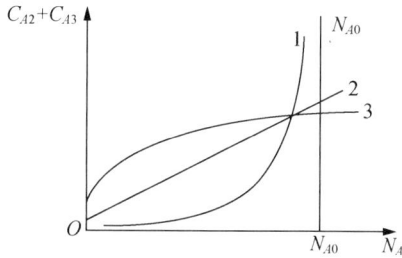

图 3 - 2　A 市人口的交通与住房成本随 A 市人口规模变化示意图

注：图 3 - 2 中横坐标 N_A 表示人口规模，根据每位工人需要一单位居住空间的假设，横坐标也表示从 CBD 到城市边缘的距离，纵坐标表示交通与住房成本

图 3 - 2 中有 3 条 α_t 随 N_A 变化的可能路径。根据上面的分析，只有曲线 1 正确描述了 α_t 随 N_A 变化的路径，因为曲线 2、曲线 3 最终都与 N_{A0} 垂直线相交，这表示平均通勤时间的金钱价值在个人通勤时间的极限值处并不是无穷大的，这与上述分析不符。图 3 - 2 中曲线 1 的含义是，在通勤时间较小时，α_t 较低，上升速度也较慢，但随着通勤时间接近个人通勤时间的极限值，α_t 加速上升，且 α_t 可以无限逼近 N_{A0} 垂直线，但不能达到 N_{A0} 垂直线，表示当通勤时间接近个人通勤时间极限值时，α_t 趋于无穷大。因此，α_t 的一阶导数、二阶导数均大于零。结合（3 - 7）式，可得出（3 - 8）式：

$$\frac{d\left(C_{A2}+C_{A3}\right)}{dN_A}>0, \quad \frac{d^2\left(C_{A2}+C_{A3}\right)}{dN_A^2}>0 \tag{3 - 8}$$

在图 3 - 3 中，纵轴 W_A-W_B，表示 A、B 两市名义工资的差异；横轴 N_A 表示 A 市人口规模。随着 N_A 增长，$C_{A2}+C_{A3}$ 的变化用曲线 1 表示。根据（3 - 2）式，曲线 1 也就是不存在政策影响情形下的人口流动均衡曲线。

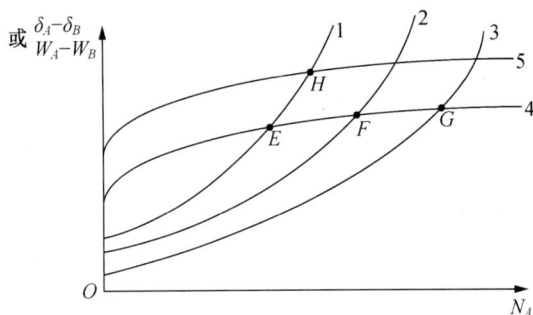

图 3 - 3　不同条件下资本流动均衡曲线和人口流动均衡曲线示意图

注：N_A 表示 A 市人口规模；

　　曲线 1：无政策影响时的人口流动曲线均衡曲线；

　　曲线 2：政府出台降低交通和住房成本情况下的人口流动均衡曲线；

　　曲线 3：政府在 A 市改善环境舒适度情况下的人口流动均衡曲线；

　　曲线 4：无政策影响时的资本流动均衡曲线；

　　曲线 5：政府出台向 A 市倾斜的投资政策情况下的资本流动均衡曲线。

（二）$\delta_A - \delta_B$ 的动态变化与资本流动均衡曲线

由于假设 B 市的人口规模不变，所以 δ_B 不变，$\delta_A - \delta_B$ 的动态变化路径与 δ_A 的动态变化路径完全一致。下面我们通过分析 δ_A 的动态变化路径来明确 $\delta_A - \delta_B$ 的动态变化路径。

在文献回顾部分，我们知道聚集经济的主要形式有：（1）知识外溢；（2）中间投入品的专业化和多样化；（3）劳动力市场的匹配效率；（4）运输成本的节省。在其他条件不变的情况下，随着城市生产和人口规模的扩大，这四种形式的聚集经济将如何随城市人口规模增长而演变呢？艾多加纳等（Aydogana et al.，2004）[93] 提出实现知识转移的两种组织形态：一是集中场所；二是双向交流。集中场所是指知识持有者不在现场的情况下能够实现知识转移，这往往是容易转移的显性知识，如专利等。双向交流结构是指隐性知识的转移与共享，这需要面对面的接触以及干中学。大多数隐性知识只有在知识拥有者和知识需求者面对面的交流中，才有实现转移和共享的可能。

布莱克和亨德森（1999）模型中知识溢出的规模效应，用人口规模的指数 N^θ 表示，由于知识溢出的边际人口规模效应不可能总是大于通勤成本的边际规模效应，布莱克和亨德森（1999）判断 $\theta < 0.5$。根据上述单中心线型城市模型，我们可以对此进行扩展。假设每个在 CBD 工作的工人需要 1 单位工作空间（工作空间比 1 单位居住空间小），则随着 A 市工人数量的增多，A 市 CBD 将由中心点向两边扩展。假设每个工人拥有若干单位的隐性知识，可以通过面对面的形式与大家共享，则知识的外溢效应可用（3-9）式表示：

$$\pi_1 = \beta_1 \cdot \frac{N_A}{N_A^\lambda}, \ 1 > \lambda > 0 \qquad\qquad (3-9)$$

（3-9）式中，π_1 表示知识外溢效应强度，β_1 表示转换参数，分子表示随着 A 市工人的增加，可以共享的隐性知识增加，分母表示随着 A 市工人的增加，工人工作地点的空间距离将增大，工人面对面交流的机会将减少。（3-9）式表明，知识外溢效应的增长速度小于人口规模的增长速度，知识外溢效应的边际规模效应，随着人口规模的不断扩大，将会逐渐下降。

根据斯密定律，市场规模决定社会分工。分工导致中间投入品的市场化、专业化和多样化生产，这大大降低了中间投入品的价格和交易成本，提高了生产效率。假设工人的隐性知识的外溢只在同专业的工人之间进行，则市场规模扩大带来的专业化分工，对劳动生产率将产生两种效应，一种是专业化分工对劳动生产率的促进作用，一种是专业化分工对技术外溢的减弱作用。专业化分工的极限值是每人一个专业，这通常难以达到，所以专业化分工的速度小于人口增加的速度，因此人口规模扩大引起的专业化分工对劳动生产率的促进作用，简称专业化分工对劳动生产率的促进作用，可用（3-10）式表示：

$$\pi_2 = \beta_2 \cdot \frac{N_A^\sigma}{N_A^\gamma}, \ 1 > \sigma > \gamma > 0 \qquad\qquad (3-10)$$

（3-10）式中，π_2 表示专业化分工对劳动生产率的促进作用强度，β_2 表示转换参数，分子表示市场规模促进了专业化分工，但专业化数量的增长速度小于人口增长的速度，分母表示专业化分工对技术外溢的减弱作用。（3-10）式表示专业化分工对劳动生产率的促进作用的边际人口规模效应，随着人口规模的不断扩大，将会逐渐下降。

同知识外溢类似，人口规模扩大对厂商运输成本和劳动力市场信息成本的影响，也可以从两个方面考虑：一方面，A 市新增人口通过市场规模的扩大和专业化分工，有利于减少厂商的运输成本和劳动力市场信息成本；另一方面，工人工作空间的不断延伸和专业化分工的日趋稳定，不利于减少运输成本和劳动力市场的信息成本。因此，随着人口规模的不断扩大，市场规模对厂商运输成本和劳动力市场信息成本的边际影响，也是下降的。

根据（3-4）式，δ_A 的构成中与人口规模 N_A 有关的变量还包括典型厂商的人均土地成本，在我们的单中心城市模型中，这一土地成本是指 A 市 CBD 地区的土地成本。同等规模的 CBD 土地成本至少大于紧靠 CBD 的居住区土地成本。否则，工人将会选择居住在 CBD 内。结合（3-7）式，典型厂商的人均土地成本可表示如下：

$$\frac{T_A}{L} = \beta_3 \cdot (N_A \cdot \tau + N_A \cdot t \cdot \alpha_t) \tag{3-11}$$

（3-11）式等号左边表示典型厂商的人均土地成本，β_3 表示转换参数，α_t 和 τ 的含义同（3-7）式。根据 α_t 的性质可知，典型厂商的人均土地成本在 A 市人口增长的初期，上升速度较慢，但随着 A 市人口持续扩大，A 市土地成本将加速上涨。

综上，一方面，随着人口规模扩大，A 市土地成本呈加速上涨；另一方面，随着人口规模扩大，不同形式聚集经济的规模递增效应的强度也在减弱。综合这些分析，可以分两种情况得到 $\delta_A - \delta_B$ 变化趋势的结论。第一种情况，随着 A 市人口规模的扩大，$\delta_A - \delta_B$ 递增，但规模递增的幅度下降，用（3-12）式表示如下：

$$\frac{d(\delta_A - \delta_B)}{dN_A} > 0, \frac{d^2(\delta_A - \delta_B)}{dN_A^2} < 0 \tag{3-12}$$

（3-12）式表示，存在规模递增效应，但规模递增效应的强度随着城市规模的增大而递减。这可以用图 3-3 来进一步描述。随着 N_A 增长，$\delta_A - \delta_B$ 的变化用曲线 4 所示。根据（3-5）式，曲线 4 就是无政府政策影响情况下的资本流动均衡曲线。

当然，也可能存在第二种情况，即如果某些厂商的投资项目所需土地规模较大，如某些第二产业，则在 A 市人口规模达到一定程度后，由于土地成本的快速上升，人口规模 N_A 对 $\delta_A - \delta_B$ 的边际效应，就有可能变为负值。这种情况下，$\delta_A - \delta_B$ 曲线，也就是资本流动均衡曲线将成为倒 U 形曲线。两种情况下，虽然 $\delta_A - \delta_B$ 曲线的变化趋势不同，但读者可以从下文分析中了解到，无论 $\delta_A - \delta_B$ 呈图 3-3 形曲线 4 变化，还是呈倒 U 形曲线变化，将得到基本一致的结论。而且由下文分析可知，在第二种情况下大城市人口的增加将导致其名义工资的减少，这种情形在现实社会中很少见。所以为了节省篇幅，本书只选择第一种情况进行分析（对 $\delta_A - \delta_B$ 呈倒 U 曲线变化的第二种情况可用相同的分析方法，并得到基本一致的结论）。

（三）单一的降低交通住房成本政策的无效性

假设在有大量待就业人口的情况下，A 市政府出台单一的旨在改善交通、降低房价的政策，其政策效应如何呢？通常，这些政策包括三类：（1）投资建设快速轨道交通系统、增加道路容量等交通政策。在人口规模不变的情况下，这有利于节省通勤时间，根据（3-7）式，这些交通政策也有利于减少房价。（2）增加容积率等住房政策。当前为了降低房价，一些学者建议提高容积率（丁成日，2002[94]；易宪容，2008[95]）。在人口规模不变的情况下，适当提高容积率，可以降低房价，根据（3-7）式，这一政策也有利于减少通勤成本。（3）交通和住房补贴等政策（在我国大城市正式部门的工人，通常比非正式部门的工人及小城市的工人，享受更高的交通和住房补贴。廉租房、经济适用房政策也可看做住房补贴）。在人口规模不变的情况下，这一政策不能降低交通和住房成本，但能提高个人的实际收入。然而，考虑到上述政策必然打破现有的资本与人口流动平衡，并引发资本和人口的倾向性流动，那么，在新的均衡状态下，这些政策效应又将如何呢？

如图 3-3 所示，根据资本流动均衡条件（3-5）式，在这种政策条件下，$\delta_A - \delta_B$ 的变化路径不变①。根据人口流动均衡条件（3-2）式，由于政府政策降低了交通和住房成本，在任一 A 市人口规模下，到 A 市工

---

① 旨在减轻居民交通住房成本的城市公共交通政策和住房政策，也可能在某种程度上提高厂商的市场效率，从而提升曲线向右上方移动，这种情况下，与下文的倾斜性投资政策的效果相同，与这里的结论也是一致的。所以，这里假设公共交通政策和住房政策不影响资本流动均衡曲线，即 $\delta_A - \delta_B$ 曲线。

作的人愿意接受较低的名义工资。所以，人口流动均衡曲线向右下移动，由曲线 1 右下移至曲线 2。

最终资本与人口流动的均衡点由 E 点移到 F 点。同 E 点相比，F 点的 $\delta_A - \delta_B$ 提高，即在 A 市工作人口的劳动生产率提高了，根据资本与人口流动均衡条件（3 - 6）：

$$\delta_A - \delta_B = W_A - W_B = C_{A2} + C_{A3}$$

F 点 $\delta_A - \delta_B$ 的提高，必然导致资本与人口的流入。伴随着资本与人口流动均衡从 E 点移向 F 点，A 市人口规模增大了，这就必然导致 A 市交通和住房成本 $C_{A2} + C_{A3}$ 进一步上升。同 E 点相比，在 F 点，虽然工人的劳动生产率 δ_A 提高了，但由于工人的交通和住房成本 $C_{A2} + C_{A3}$ 提高了，他们向厂商要求更高的名义工资，且名义工资的提高，等于交通和住房成本的提高，也等于劳动生产率 δ_A 的提高。

从上述分析可知，在存在大量待就业人口的条件下，大城市政府采取降低交通和住房成本的单一政策，而不采取分散及控制投资的政策相配合，其结果是进一步提高了交通和住房成本，而厂商与工人的福利并没有改善。即降低交通和住房成本的单一政策具有无效性。这一结论有助于解释东京、首尔发达的快速交通系统和高交通与住房成本并存的现象，也有助于解释北京、上海的快速轨道交通与较高的交通和住房成本并存现象。

那么，政府的这一政策对就业有什么影响呢？单就 A 市来看，政府的这一政策增加了 A 市的就业，但是从 A、B 两市来看，这一政策并没有增加就业。因为如果没有这一政策，资本与人口在 E 点实现均衡，更多的资本会流向 B 市，根据具体投资项目资本与劳动无替代性假设和附录中有一定的替代性假设，等量资本流向 B 市增加的就业大于或等于流向 A 市所能增加的就业，因此，综合来看，政府的这一政策更可能降低了就业。也就是说，A 市政府降低交通住房成本的政策在 A 市增加的就业，有相当一部分是从本应发生在 B 市的就业中"挤出"的，这可称为政府在大城市的交通住房政策对小城市就业的挤出效应。

从福利经济学的角度来看，在图 3 - 3 的 F 点，尽管单一的降低交通和住房成本的政策没有达到政策目标，但这一政策确实提高了 A 市工人的名义产出，这种名义产出的增加完全被进一步上升的交通和住房成本所抵消，工人和厂商的实际收入并没有改变。土地所有者却因为土地价格上升而提高了福利。因此，单一的降低交通和住房成本的政策，将引发生产和人口的进一步集中，这可能导致虚假繁荣，即名义 GDP 上升，但大量社会劳动被交通成本和住房成本所消耗，除土地所有者外，绝大多数人的实际收入和福利没有改变。

　　尽管有不少学者研究生产与人口的过度集中问题，但并没有人从理论上对过度集中进行过严格的界定。根据现有文献，我们可以从两个角度理解和界定过度集中问题。第一个角度是根据城市最优规模理论，在负的聚集外部性如交通拥堵、房价过高没有被准确定价，致使聚集不经济超过聚集经济，引发了过度集中问题。第二个角度是负的外部性被正确定价了，但生产和人口聚集过程中发生了资源配置的扭曲。亨德森（2003）[96]分析了过度集中影响一国经济增长的机制，认为过度集中问题将导致资源配置的扭曲。政府和社会不得不将大量的资源用于改善城市交通、住房和环境质量，以维持人们的生活质量不下降，而这些资源本来可以用于提高社会生产力的生产性投资和研究创新活动。同珍妮弗（1982）、布莱克和亨德森（1999）一样，在本书中，负的外部性如交通成本（含拥堵）被工人正确地计算到实际收入之中，所以本书对过度集中的界定，借鉴了亨德森（2003）思想，采取了第二个角度。

　　同没有政策干预的图 3－3 中 E 点相比，在 F 点，虽然厂商和消费者的实际福利没有下降，但在 F 点，政府用于改善交通和住房条件的大量投资浪费了，而这些资源本可以用来提高社会生产力。此外，政府的这一政策还延缓了 B 市的发展，如果没有这一政策，更多的资本会流入 B 市，使 B 市得到较快发展。根据附录中资本与人口有一定替代性的假设，B 市的发展更有利于扩大就业，提高整个社会的福利。因此本书把 F 点生产与人口的进一步集中界定为过度集中。

　　（四）倾斜性投资政策的无效性

　　在我国，GDP 是地方政府官员政绩的重要考核指标，地方政府官员招商引资的动力很强大。他们往往采取降低工业用地价格、投资补贴或奖励、税收优惠、基础设施配套等政策，吸引投资。假设政府单方面出台降低工业土地价格、对投资进行补贴等倾斜性投资政策，鼓励厂商到 A 市投资，这对 A 市交通和住房成本有何影响呢？

　　如图 3－3 所示，政府的上述倾斜性政策，将使资本流动均衡曲线向左上方移动，由曲线 4 移至曲线 5，资本与人口流动的均衡点由 E 点移至 H 点。根据资本与人口流动条件公式（3 - 6），同 E 点相比，在 H 点，A、B 两市劳动生产率之差 $\delta_A - \delta_B$ 的加大，必然导致资本与人口的向 A 市流动，A 市人口规模的增加，将使得 $C_{A2} + C_{A3}$ 上升，直至 $\delta_A - \delta_B$ 的提高全部被进一步上升的 $C_{A2} + C_{A3}$ 所抵消，资本与人口流动方能在 H 点达到新的均衡，此时 A 市过度集中问题更为严重。而且，同单一的降低交通和住房成本的政策一样，A 市政府单方面出台吸引投资的政策，也可能导致虚假繁荣，即 GDP 上升，但大量社会产出被交通成本和住房成本所消耗。最终，除土地所有者外，绝大多数人的实际收入和福利没有改变。这就是倾斜性投资政策的无效性。尽管同图 3 - 3 中的 E 点相比，H 点生产与人口的进一步集中，并没有降低人们的福利，但在 H 点浪费了大量的资源并延缓了 B 市的发展，所以本书把 H 点生产与人口的进一步集中界定为过度集中。

（五）改善 A 市环境舒适度的倾斜性政策的无效性

假设政府不采取分散及控制投资的政策相配合，出台着力打造 A 市环境舒适度的单一政策，这使得 A 市城市功能完善，集中了很好的医院、学校、博物馆、运动场、歌剧院、公园等公共设施，这些将增加 A 市的环境舒适度。A 市环境舒适度的增加，改变了由（3 - 2）式表示的人口流动均衡条件，新的人口流动均衡条件可用（3 - 13）式表示：

$$W_A - W_B = C_{A2} + C_{A3} + a \qquad (3 - 13)$$

（3 - 13）式中 a 表示倾斜性政策导致 A 市环境舒适度的增加量。A 市环境舒适度的上升，将使人口流动均衡曲线向右下方移动，由图 3 - 3 的曲线 1 移至曲线 3，资本与人口流动均衡点，由 E 点移至 G 点。同 E 点相比，在 G 点 $\delta_A - \delta_B$ 上升了，必然导致资本与人口的向 A 市流动，这使得 A 市交通住房成本上升，直至 $\delta_A - \delta_B$ 和 A 市环境舒适度的增加全部被 $C_{A2} + C_{A3}$ 的进一步上升所抵消，资本与人口流动方能在 G 点达到新的均衡，此时 A 市过度集中问题更为严重。同上述两种政策一样，改善 A 市环境舒适度的倾斜性政策，也可能导致虚假繁荣，即 GDP 上升，但大量社会产出被交通成本和住房成本所消耗，除土地所有者外，绝大多数人的实际收入和福利没有改变。这就是改善 A 市环境舒适度的倾斜性公共投资政策的无效性。尽管同图 3 - 3 中的 E 点相比，G 点生产与人口的进一

步集中，并没有降低人们的福利，但在 G 点浪费了大量的资源并延缓了 B
市的发展，所以，本书把 G 点生产与人口的进一步集中界定为过度集中。

三　结论

在存在大量待就业人员而又不分散投资的条件下，大城市政府出台降
低交通和住房成本的单一政策，将促使生产和人口进一步集中，交通和住
房成本进一步上升，而厂商和工人的福利没有改善，即单一的改善交通和
住房的政策具有无效性。但单一的降低交通和住房成本的政策可能导致虚
假繁荣，即名义 GDP 上升，而大量社会产出被上升的交通成本和住房成
本所消耗，除土地所有者外，绝大多数人的实际收入和福利没有改变。同
样，在存在大量待就业人口的条件下，政府对大城市的倾斜性投资政策以
及单一的改善大城市环境舒适度的公共投资政策，都将促使生产和人口在
大城市的过度集中，除土地所有者外，绝大多数人的实际收入和福利没有
改变。

第三节　成功幻觉与过度集中

一　考虑成功机会预期的人口流动模式

笔者曾对在某大城市工作的一位大学生进行调查，该大学生原籍是中
部某中等城市，毕业于中部一所非重点大学，刚参加工作 2 个月，就职于
一家知名电脑公司的分公司，月薪 1000 元。调查发现该大学生持以下观
点：（1）1000 元工资在他老家比他工作的这座大城市可以生活得更舒适，
因为大城市包括房租、交通费在内的生活成本太高了；（2）同是 1000 元
的工资，他更愿意在这座大城市工作，因为大城市发展机会多。因此，对
发展与事业成功机会的预期，是他选择在大城市工作的主要原因。

为了进一步验证发展和成功机会预期对大学毕业生流动行为影响的普
遍性，如本章第一节所述，笔者于 2007 年 7 月随机选取我校 30 位应届毕
业本科生，进行了问卷调查。调查发现，46.6% 的学生把可能存在的发展
机会，作为就业地选择的首要考虑因素，43.3% 的学生把可能存在的发展

机会作为就业地选择的重要考虑因素，3%的学生把可能存在的发展机会作为就业地选择的比较重要的考虑因素。这说明发展和成功机会预期对大学生流动行为有着十分重要的影响。

托达罗[97]在1969年提出了农村剩余人口根据在城市正式部门找到工作机会的预期，来决定是否向城市流动的人口流动模式，并成功解释了许多发展中国家存在的城市失业现象[1]。大学生的流动行为与农村剩余人口的流动行为迥然不同，大多数大学生能够在城市正式部门找到工作，他们主要是根据在不同城市的发展和成功机会预期来决定流动行为的。

在托达罗人口流动模式的基础上，卢卡斯在2004年提出了一种新的人口流动模式。该模式认为农村人口向城市流动，主要是因为城市的技术外溢可以较快地提高迁移者的人力资本，而人力资本的迅速提高可以增加未来的收入，而且所有流动到城市的人有同等的机会提高其人力资本，并最终都获得较高收入[98]。

然而，事实上并非所有流动到城市的人口，都有相同的机会成功地提高其人力资本。在现实社会里，除了教育，人力资本的获得主要通过"干中学"的途径，通过"干中学"获得人力资本的多少主要由工作岗位的性质决定，有的岗位工作经历如经理岗位的工作经历，可以提供给工作者更高的人力资本，所以工作经验在职场竞争中至关重要。

此外，在现实社会，收入往往不是仅由人力资本来决定，而是由工作岗位及对岗位的竞争程度来决定的，例如经理岗位显然要比一般员工收入高。收入越高的岗位，竞争者显然越多，因此最终获得高收入岗位的成功者就越少。因此，卢卡斯的人口流动模式仅仅部分地揭示了大学生流向大城市的原因，即为了提高其人力资本，但卢卡斯的人口流动模式忽视了是提高人力资本的机会和提高未来收入的机会决定了大学生在大、中、小城市的选择方向。

那么，大学生的这种根据成功机会预期来选择流动方向的流动模式，对城市发展会产生什么样的影响呢？本节的主要贡献在于，通过构建资本与人口流动模型研究发现，大学生的这种流动模式将引发生产与人口在大城市的过度集中问题，进而说明了在城市发展规模上市场不一定是有效的。

二　考虑预期收入条件下的资本与人口流动的均衡条件

我们首先分析发展和成功机会预期对人口流动均衡条件的影响。对大学生而言，所谓发展机会预期实际上就是其对事业成功机会的预期，那么，哪些城市有着更多的发展机会或者事业成功机会呢？曾湘泉（2004）[99]、陈晓强（2005）[100]和汪歙萍等（2005）[101]分别对北京、苏南和上海应届大学毕业生进行调查表明，绝大多数大学生希望在北京、上海和东部沿海城市工作，这说明一个城市的现实经济发展水平和城市发展规模，与大学生预期该城市可能提供的成功机会有着密切关系。

典型个人对未来工资收入增长预期可分为两类，第一类是较确定性预期，在未来，所有人或者绝大多数人都会实现这类预期；第二类是不确定性预期，在未来，仅有少数人能实现这类预期。由成功机会预期而引起的收入增长预期是典型的不确定性预期，仅少数事业成功者能实现这类收入增长预期。由于成功机会预期对大学生流动方向有着决定性影响，本书只考虑根据成功机会预期而形成的收入预期对大学生流动方向的影响，对第一类较确定性收入预期不予考虑（这类预期可能会，也可能不会引发过度集中）。

假设典型工人对在某城市取得事业成功的机会预期由两个因素决定：一是城市规模，以人口规模表示；另一是城市的现期发展水平（可用现期名义工资表示）。进一步地，假设典型工人预期在 A 市就业比在 B 市就业成功机会大，由此引起的两市预期工资增长差异的折现值为：

$$\gamma\ (L_A - L_B)\ \cdot\ (W_A - W_B)\ \equiv\beta\ (W_A - W_B) \qquad (3-14)$$

其中，L_A、L_B分别是 A、B 两市的人口规模，且 $L_A > L_B$；$\gamma\ (L_A - L_B) = \beta > 0$，均表示 A、B 两市因成功机会预期不同而预期工资增长差异的折现系数，其中 β 是 A、B 两市人口规模差异的增函数。结合（3-1）式和（3-2）式，则考虑预期成功机会和预期收入因素后的人口流动均衡条件为：

$$W_A - C_{A2} - C_{A3} + \beta\ (W_A - W_B)\ = W_B \qquad (3-15)$$

$$(W_A - W_B)\ = \frac{C_{A2} + C_{A3}}{1 + \beta} \qquad (3-16)$$

由（3-16）式可知，在预期 A 市有更高成功机会的情形下，给定名义工资差异（$W_A - W_B$），到 A 市工作的人愿意忍受更高的交通和住房成本（即更高的 $C_{A2} + C_{A3}$）。

由于在预期收入条件下，资本流动均衡条件不变，将资本流动均衡条件（3-5）式和（3-16）式结合起来，构成了存在成功收入预期条件下资本与人口的流动均衡条件（3-17）式。

$$\delta_A - \delta_B = W_A - W_B = \frac{C_{A2} + C_{A3}}{1 + \beta} \tag{3-17}$$

三 生产与人口过度集中问题的形成

下面，我们利用（3-17）式分析资本与人口的流动和均衡。为了便于分析，我们假设小城市 B 的资本与人口规模不变，通过分析 $\delta_A - \delta_B$、$C_{A2} + C_{A3}$ 以及 $\frac{(C_{A2} + C_{A3})}{(1 + \beta)}$ 随着 A 市人口规模增大而发生动态变化的路径，来研究资本和人口流动的方向和均衡。

（一） $C_{A2} + C_{A3}$、$\frac{(C_{A2} + C_{A3})}{(1 + \beta)}$ 的动态变化与人口流动均衡曲线

根据（3-2）式，$C_{A2} + C_{A3}$ 曲线是不存在成功收入预期情形下的人口流动均衡曲线。在考虑成功收入预期的条件下，根据公式（3-16），人口流动均衡曲线动态变化取决于 $C_{A2} + C_{A3}$ 和预期 A、B 两市工资增长差异折现系数 β。由于 $\beta > 0$，所以在任一 A 市人口规模下，考虑成功预期收入的人口流动均衡曲线，要比没有考虑成功预期收入的 $C_{A2} + C_{A3}$ 曲线要低。其含义是，由于预期大城市的发展和成功机会多，在其他条件不变的情况下，人们愿意接受较低的现期实际收入，忍受较高的住房和交通成本。如图 3-4 所示，考虑预期收入的人口流动均衡曲线的动态变化与 $\frac{(C_{A2} + C_{A3})}{(1 + \beta)}$ 曲线一致，它在 $C_{A2} + C_{A3}$ 的右下方。并且因为 β 随 L_A 增大而增大，$C_{A2} + C_{A3}$ 曲线与 $\frac{(C_{A2} + C_{A3})}{(1 + \beta)}$ 曲线之间的差距，随 L_A 增大而增大。

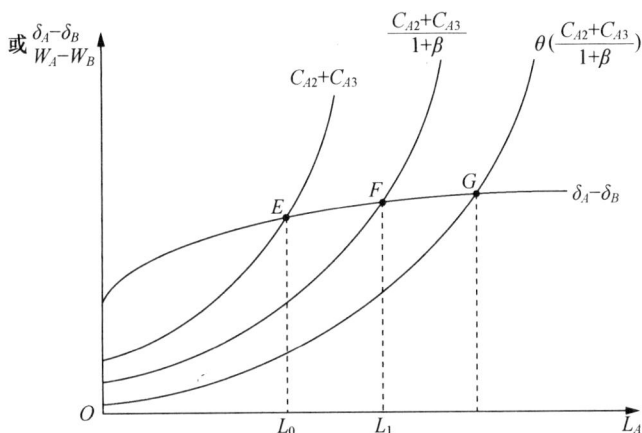

图 3 - 4　不同条件下资本流动均衡曲线和人口流动均衡曲线示意图

注：L_A 表示 A 市人口规模；$\delta_A - \delta_B$ 曲线表示资本流动均衡曲线〔参见（3 - 5）式〕；$C_{A2} + C_{A3}$ 曲线表示不考虑预期收入情形下的人口流动均衡曲线〔参见（3 - 2）式〕；$\dfrac{(C_{A2} + C_{A3})}{(1 + \beta)}$ 表示考虑成功收入预期情形下的人口流动均衡曲线〔参见（3 - 16）式〕；$\theta \cdot (C_{A2} + C_{A3}) / (1 + \beta)$ 曲线表示在考虑对交通和住房成本的不敏感性和成功收入预期情形下，人口流动的均衡曲线〔参见（3 - 19）式〕。

（二）过度集中的市场机制

本节主要从大多数人实际福利的角度定义过度集中，即一个城市生产与人口超过某一程度后，若进一步集中，将会使交通和住房成本过高，并使大多数人的福利下降，这种集中程度就是过度集中。读者将会从下文的分析中看到，这相当于上一节提到的过度集中的两种界定角度中的第一种角度，即聚集不经济没有准确界定。在存在大量待就业人口的情况下，产生过度集中的市场机制有两种：一种是成功幻觉，另一种是对交通成本和住房成本的不敏感性，下面分别予以阐述。

1. 成功幻觉

尽管人人都盼望成为"成功人士"，富裕起来，但所谓"成功人士"毕竟是少数。如果人们根据成功者收入和成功概率之乘积而形成的预期收入来进行决策，则大多数未成功者的预期收入无法实现，他们实际实现的收入小于其预期收入，而少数成功者的收入远超过了预期收入。因此，如果人们根据成功机会预期进行决策，则大多数人实际实现的收入要小于预期收入，本书把这种现象界定为成功幻觉。

　　假设计划流入 A 市的典型工人在其计划期各年的成功概率分别为 n_1，n_2，$\cdots$，n_t，且成功的概率随典型工人在 A 市就业的期限增加而增大，而典型工人在整个计划期成功的概率等于 N，N 等于 A 市成功者占总人口的比例，是一个小于 0.5 的正小数。典型工人迁出就业地的成本随着其在就业地的工作期限增加而增大，这一迁出成本和就业地的越来越高的成功收入预期，限制了典型工人流向其他城市再次就业。

　　在考虑预期成功收入的情形下，个人实际收入包括现期收入和预期收入的实现值。假设流入 A 市的人口中成功者和未成功者的实际收入如下：

$$\text{成功者的收入} = W_A - C_{A2} - C_{A3} + Y \qquad (3-18)$$
$$\text{未成功者的收入} = W_A - C_{A2} - C_{A3}$$

　　其中，$W_A - C_{A2} - C_{A3}$ 是现期收入，Y 是成功者因未来事业成功而获取高工资收入的折现值（值得注意的是，这里 Y 是成功者成功预期收入的平均实现值，而前文公式（3）中的 $\beta\left(W_A - W_B\right)$ 是预期值），未成功者预期收入的实现值为零。结合（3-16）式、（3-18）式和 A 市成功者占总人口的比例 N，有：$N \cdot Y = \beta\left(W_A - W_B\right)$（注：可见这里 Y 是一个比较大的值）。

　　如图 3-4 所示，在不考虑成功预期收入的情形下，资本与人口在 A、B 两市流动均衡点是 E 点，此时 A 市的人口规模是 L_0，根据人口流动均衡条件（3-2）式，A 市人口的实际收入（工资减去交通和住房成本）与 B 市人口的实际收入相等。即 $W_A^E - C_{A2}^E - C_{A3}^E = W_B$，其中，$C_{A2}^E + C_{A3}^E$ 是在 E 点时 A 市的交通与住房成本，W_A^E 是 E 点时 A 市人口的名义工资。

　　在考虑成功预期收入的情形下，资本与人口在 A、B 两市流动的均衡点是 F 点，此时 A 市的人口规模是 L_1。根据人口流动均衡条件（3-4）式：$W_A^F - C_{A2}^F - C_{A3}^F + \beta\left(W_A - W_B\right) = W_B$，其中 W_A^F 是 F 点时 A 市人口的名义工资，$C_{A2}^F + C_{A3}^F$ 是在 F 点时 A 市的交通和住房成本，它大于在 E 点时 A 市的交通与住房成本 $C_{A2}^E + C_{A3}^E$，$\beta\left(W_A - W_B\right)$ 是成功预期收入。但流入 A 市的人口中，仅占人口比例为 $100 \times N\%$ 的少数成功者的预期收入得以成功实现，并且平均实现值为 Y，它大大超过了其期初的预期收入值 β

$(W_A - W_B)$，Y 是 β（$W_A - W_B$）的 $1/N$ 倍；对于占 A 市人口比例 $100 \cdot (1 - N)\%$ 的大多数未成功者，其成功预期收入的实现值为零，其实际收入为 $W_A^F - C_{A2}^F - C_{A3}^F$，比在 B 地工作人口的实际收入 W_B 低 $N \cdot Y$，也比不考虑预期情形下 E 点时 A 市人口的实际收入 $W_A^E - C_{A2}^E - C_{A3}^E$ 低 $N \cdot Y$。

流入 A 市人口中的大多数未成功者，怀着成功的期望，一生忍受着较高交通和住房成本，较低实际收入的痛苦，这是典型的成功幻觉。虽然他们每个人都是理性的，都能理性地预期自己未来的成功机会和成功预期收入，并将其折现为现期收入，来进行就业地的选择决策，但个人的理性，由于成功幻觉的存在，导致了集体的非理性，那就是生产与人口在 A 市的过度集中，使得大多数人口的实际收入比没有成功预期情形下的实际收入要低，也比在 B 市工作人口的实际收入要低。这正是生产与人口过度集中的典型特征，因此相对于 E 点，在 F 点 A 市生产与人口过度集中了。

2. 对交通和住房成本的不敏感性

如前所述，我们把生活成本分为日用生活成本、交通成本和住房成本。人们对日用生活成本的敏感性非常高，相比之下，人们对交通和住房成本的敏感性要低得多。原因如下：（1）住房价格上升，人们可以选择暂缓购房，也可选择购买面积较小的住房。（2）在就业形势严峻的背景下，对于待就业人员如应届毕业生而言，就业机会可能比房价在其就业地的选择决策中更为重要。（3）虽然在许多经济学文献中，交通成本包括交通时间和交通费用两部分，而交通时间按其与工资的乘积计入总的交通成本，本书前述模型也隐含地作了类似处理。但实际上，在就业形势严峻的背景下，相对于就业机会而言，人们对交通时间的经济价值并不看重。（4）对于我国大量的农民工而言，他们通常并不考虑在打工的城市买房定居，他们大多只想赚钱回老家盖房。对他们而言，大城市房价无所谓，他们愿意住贫民窟。

笔者对我校 30 名应届本科毕业生的问卷调查（本章第一节有介绍），也证明我国新增城市人口的主要来源之一大学毕业生，在选择就业地时，对住房和交通成本存在明显的不敏感性。

在人们对住房和交通成本并不十分敏感的情况下，人口流动的均衡条件（3－16）式应修正为：

$$(W_A - W_B) = \frac{\theta \cdot (C_{A2} + C_{A3})}{1 + \beta} \qquad (3-19)$$

其中 θ 是人们对交通和住房成本的敏感性指数，它是小于 1 的正数，θ 越大表示人们对交通和住房成本越敏感。如图 3-4 所示，在存在大量待业人口的条件下，由于人们渴望工作机会，对交通和住房成本不敏感。人口流动均衡曲线向右下移动至 θ·（ C_{A2} + C_{A3} ）/（1 + β）曲线，即在每一 L_A 下，到 A 市工作的人要求更低的名义工资，资本与人口在 G 点达到均衡。同 F 点相比，在 G 点 A 市的实际交通和住房成本更高。

随着人们生活水平的提高，或者 A 市就业形势的改善，人们对交通和住房成本的敏感性指数 θ 会提高，此外，人们往往在选择就业和刚刚就业时，对交通和住房成本的敏感性较低，但在就业一段时期后，对交通和住房成本的敏感性会大大提高。如果工作后的人们二次选择就业地有较高的成本，则 θ 的提高和成功幻觉一起发挥作用，将使 A 市生产与人口过度集中问题更为严重，即 A 市大多数人（未成功者）的实际收入与 B 市人口的实际收入相比进一步下降。

四　过度集中的福利经济学分析

在上述模型中，利益相关者有厂商（或投资者），A 市的工人，A 市的土地所有者，本节我们以没有过度集中的情形及 B 市工人的收入为参照点，即假设 B 市工人收入不变，来分析过度集中的公平性和福利经济学含义。

如图 3-4 所示，在没有过度集中的情况下，资本与人口流动在 E 点实现均衡，此时 $W_A^E - C_{A2}^E - C_{A3}^E = W_B$，A、B 两市工人的实际收入相等，A 市工人的较高交通和住房成本由其较高的工资得以补偿。

在存在成功幻觉的条件下，生产与人口将在 A 市过度集中。对于 A 市工人中的少数成功者，其实际收入大于 B 市工人的实际收入，但对于作为 A 市人口大多数的未成功者，其实际收入小于 B 市工人的实际收入。在就业形势严峻或经济发展水平较低时，人们对交通和住房成本敏感性不高的条件下，人口流动均衡由（3-19）式决定，由（3-19）式可知：$W_A - \theta (C_{A2} + C_{A3}) / (1 + \beta) = W_B$，此时，资本与人口流动均衡受人们对交通和住房成本的心理敏感性影响，我们把 $W_A - \theta (C_{A2} + C_{A3}) / (1 +$

β)称为 A 市工人的心理感觉收入,把 $W_A - (C_{A2} + C_{A3}) / (1 + \beta)$ 称为 A 市工人的实际预期收入。在人们对交通和住房成本敏感性不高的条件下,A 市工人的心理感觉收入等于 B 市工人的实际收入,但 A 市工人的实际预期收入小于 B 市工人的实际收入。当就业形势得到缓和,或经济发展水平提高,或在人们就业一段时期后,人们对交通和住房成本的敏感指数 θ 会提高,A 市工人的心理感觉收入也将小于 B 市工人的实际收入。如果假设工作后的人们二次选择就业地有较高的成本,那么在就业一段时期后,A 市的工人将不得不忍受心理感觉收入也低于 B 市工人的痛苦。

在我国,待就业或刚就业的年轻大学生,以及大量农民工对交通和住房成本不敏感,但原本居住在大城市的市民对交通和住房成本却较敏感。大学生和农民工大量涌入大城市,造成交通和住房成本的实际上升,必然减少那些原本居住在大城市市民中大多数未成功者的实际收入和福利。综上分析,过度集中将使 A 市大多数工人的实际收入和福利降低,但少数成功者的实际收入和福利上升,并使得收入差距扩大。

如图 3-4 所示,对于投资者而言,在由非过度集中的均衡点(如图 3-4 中的 E 点),向过度集中的均衡点(图 3-4 中的 F 点和 G 点)的动态变化过程中,他们是过度集中的受益者,但在两个均衡点,投资者的利润是一样的,均等于在 B 市投资的利润。

由于过度集中提高了 A 市工人的人均劳动效率 δ_A,因此过度集中提高了 A 市工人的名义产出,但根据(3-17)式,这种名义产出的增加完全被进一步上升的交通和住房成本所抵消,土地所有者却因为土地价格上升而提高了福利。因此,过度集中将导致虚假繁荣,即名义 GDP 上升,但大量社会劳动被交通成本和住房成本所消耗,除土地所有者和少数成功者外,大多数人的实际收入和福利受到损失。

第四节 市场机制与政府政策共同推动下的过度集中问题

上两节,我们分别分析了政府政策和市场机制分别发生作用的情况下,引发的生产与人口过度集中问题。本节我们将讨论,市场机制和政府机制共同作用下引发的过度集中问题。

一 在存在成功幻觉条件下出台改善交通、抑制房价政策

假设有大量待就业人口，这些人口按成功预期收入来进行决策的情况下，此时，A 市政府出台旨在改善交通、降低房价的政策，那么这些政策效应如何呢？如图 3-5 所示，在这种政策下，$\delta_A - \delta_B$ 曲线不变，根据人口流动均衡条件（3-16）式，人口流动均衡曲线向右下移动，由曲线 1 右下移至曲线 2。即由于政府政策降低了交通和住房成本，在任一 A 市人口规模下，到 A 市工作的人愿意接受较低的名义工资。最终资本与人口流动均衡点由 E 点移到 F 点。同 E 点相比，F 点的 $\delta_A - \delta_B$ 提高，即在 A 市工作人口的人均效益提高，根据资本与人口流动均衡条件（3-17）式：

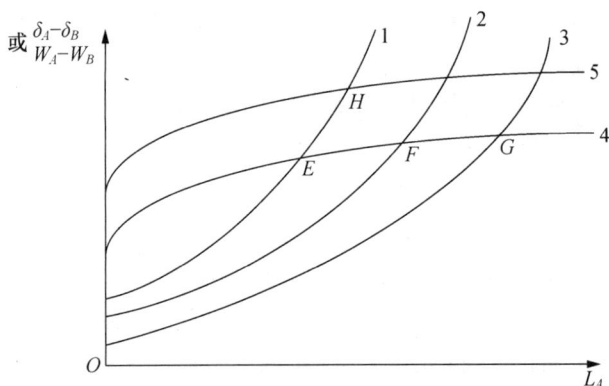

图 3-5 政策对 $\delta_A - \delta_B$ 和 $W_A - W_B$ 影响示意图

注：曲线 1 为无政策影响时包含成功预期的人口流动均衡曲线；曲线 2 为政府出台降低交通和住房成本情况下人口流动均衡曲线；曲线 3 为政府在 A 市改善环境舒适度情况下人口流动均衡曲线；曲线 4 为无政策影响时资本流动均衡曲线；曲线 5 为 A 市政府出台吸引投资政策情况下的资本流动均衡曲线。

$$\delta_A - \delta_B = W_A - W_B = \frac{C_{A2} + C_{A3}}{1 + \beta}$$

$\delta_A - \delta_B$ 的提高，必然导致资本与人口的流入，使 A 市人口规模增大了，作为 A 市人口规模增函数的 β 也随之增大，成功幻觉问题更为突出，

这就必然导致 A 市交通和住房成本 $C_{A2} + C_{A3}$ 进一步上升。

二　市政府出台吸引投资的政策

假设 A 市政府出台降低工业土地价格、对投资进行补贴的政策进行招商引资，其对 A 市交通和住房成本有何影响呢？

如图 3-5 所示，A 市政府的上述招商引资政策，将使 $\delta_A - \delta_B$ 曲线向左上方由曲线 4 移至曲线 5，资本与人口流动的均衡点由 E 点移至 H 点。根据资本与人口流动条件（3-9），同 E 点相比，在 H 点，人均效益 $\delta_A - \delta_B$ 的提高，必然导致 $\dfrac{(C_{A2} + C_{A3})}{(1 + \beta)}$ 的提高，并且伴随着 A 市人口规模的扩大，β 和成功幻觉也加大，这要求 $C_{A2} + C_{A3}$ 进一步上升，过度集中问题更为严重。

三　改善 A 市环境舒适度的倾斜性政策

假设政府着力打造 A 市，使得 A 市城市功能完善，集中了很好的医院、学校、博物馆、运动场、歌剧院、公园等公共设施，这些将增加 A 市的环境舒适度。如图 3-5 所示，根据人口流动均衡条件：

$$W_A - W_B = \frac{C_{A2} + C_{A3} - a}{1 + \beta}$$

A 市环境舒适度的上升，将使人口流动均衡曲线向右下移动，由曲线 1 移至曲线 3，资本与人口流动均衡点，由 E 点移至 G 点。同 E 点相比，在 G 点 A 市人均效益 $\delta_A - \delta_B$ 上升了，这必然要求 $\dfrac{(C_{A2} + C_{A3} - a)}{(1 + \beta)}$ 的上升，由于 a 的上升，以及随着 A 市人口规模的扩大 β 和成功幻觉的扩大，必然导致 $C_{A2} + C_{A3}$ 的进一步上升。从上面的分析可以得出结论，在不控制投资的情形下，大城市功能的倾斜性发展，将通过提高大城市的环境舒适度，使大城市交通和住房成本进一步提高，过度集中问题更为严重。

四　过度集中及有关政策的公平性和福利经济学分析

A 市政府降低 A 市交通和住房成本，或提供投资补贴，或改善 A 市的环境舒适度，由图 3-5 可知，这些政策将促使生产与人口在 A 市进一步集中，并导致人们对到 A 市工作的成功幻觉（即 β 值）进一步增大，A市交通和住房成本进一步上升，A 市大多数人口的实际收入和福利进一步降低，少数成功者和土地所有者进一步获益，收入差距进一步拉大，尽管A 市的名义 GDP 上去了。

综上所述，通过对生产和人口过度集中问题进行深入的理论研究，提出了过度集中理论，其主要观点如下：

第一，在城市发展的规模上，市场机制并不是有效的。成功幻觉和对交通与住房成本的不敏感性，是产生生产与人口在大城市过度集中的两种市场机制。过度集中将导致大多数人口的实际收入和福利下降，但少数成功者和土地所有者受益，贫富差距拉大。此外，生产与人口的过度集中也可能会导致虚假繁荣，即 GDP 快速上升，但大量社会劳动被交通成本和住房成本所消耗，大多数人的实际收入和福利受到损失。

第二，在过度集中问题上，单一的交通住房等政策，具有无效性。在存在大量待就业人员，而又不控制投资和人口流动的条件下，大城市政府出台降低交通和住房成本、提高投资补贴、改善城市环境舒适度等政策，都将促使生产与人口的进一步集中，交通和住房成本的进一步上升，大多数人口的实际收入和福利没有改变。生产与人口的过度集中可能会导致虚假繁荣，即名义 GDP 快速上升，但大量社会劳动被交通成本和住房成本所消耗，大多数人的实际收入和福利停滞不前或上升缓慢。

第三，市场机制和政府政策一起发挥作用，将加剧过度集中问题。

第四，我国大学生劳动力市场和农民工劳动力市场，具有成功幻觉和对交通与住房成本的不敏感的特征，这些特征和我国大城市政府的单一的交通住房等政策一起发挥作用，使得我国大城市中心城区生产和人口过度集中现象已经显现，少数城市已经比较严重。

结合本章的研究结论，我们可以进一步思考下列三种典型的城市化模式：（1）"特大城市 + 快速交通系统 + 远郊区睡城"的日本、韩国城市化模式。（2）"特大城市 + 贫民窟"的拉美城市化模式。（3）大、中、小城市并行发展的德国城市化模式。

本章的研究表明，仅靠市场机制我国的城市化很可能走向日、韩式或拉美式的城市化道路，其结果大量社会劳动被交通成本和住房成本所消耗，大多数人的实际收入和福利受到损失。本章建议通过加强政府政策的引导，使我国的城市化走向大、中、小城市并行发展的德国城市化道路，并同时建议：（1）建立城市投资政策和住房政策的联动机制，抑制大城市过度集中和房价过高问题。（2）在大学生中宣传大城市未成功者的生活压力，使其清楚认识到成功幻觉效应。（3）在大学毕业生中宣传大城市的交通和住房成本，以及人们对交通和住房成本的敏感性会随生活水平提高、就业期限增长而增大的规律，提高大学毕业生对交通和住房成本的敏感性。（4）在有条件的省区，建设发展多个大城市，积极实施大中小城市协调发展战略，慎用对单一大城市的倾斜性投资政策和旨在改善单一大城市环境舒适度的倾斜性公共投资政策，避免和减轻社会经济政治功能在一个城市过度集中。（5）实施区域协调发展战略，着力发展一些条件较好的中西部大中城市，以避免对交通和住房成本不敏感的农民工，在现有大城市尤其是一些交通和房价问题已经比较突出的东部沿海大城市的过度集中。

第四章　我国生产与人口空间
分布的现状与问题

在前两章理论研究的基础上，本章将对我国生产和人口空间分布的现状进行研究，以期发现我国生产和人口空间分布方面存在的问题，为下文的城市化和区域协调发展研究打下现实基础。

第一节　对我国区域差距的分解

宋德勇发现1992年后，东、中、西三大地带之间的经济差距成为影响我国地区经济总差距的最主要因素（宋德勇，1998）[102]。王铮等进一步发现，东部与中西部的经济差距在20世纪90年代加速扩大，而中部和西部的差异在此期间变化不大，且差距微小（王铮、葛昭攀，2002）[103]。刘树成（2007）[104]等采用变异系数、基尼系数、σ系数三种方法，以中国各个省份为单元分别测算1952—2006年中国地区间人均GDP的总体差异，得出总体差异呈现先扩大后缩小的倒U形形状的结论。

但是，东部12省区地域辽阔，无论国土面积还是人口规模都远超过任何一个西欧国家。除少数核心发达地区外，东部大多数地区如山东的西南部，江苏的北部，浙江和广东的一些山区部分，河北、辽宁、海南、广西的大部分地区经济发展水平与中西部地区相差不大。因此，仅仅考察东部与中西部两大地带之间及两大地带各自内部的差距，或者仅考察各省区之间的经济差距，并不能反映我国地区经济差距的全部现实（李国平，范红忠，2003）[105]。鉴于此，本章首先把我国的地区经济差距，分解为核心发达区域和其余非核心区域之间以及两大区域各自内部的差距。

一 核心发达区域的界定

借鉴李国平、范红忠（2003）[105]的做法，依据增长极理论和新经济地理学理论来界定核心发达区域。界定的标准除了主要考虑有关地区的生产集中程度外，还考虑了其地缘关系及其在区域经济发展中的重要性。在这里，某地区生产的集中程度用该地区占全国 GDP 的百分比和占全国国土面积的百分比之比值表示，称之为生产集中度。为了更准确地分析我国核心区和其余非核心区的差距，我们界定了大、小两个核心发达地区。

小核心发达区域仅包括京津唐、沪宁杭地区和珠江三角洲地区。具体可将小核心发达区域共划分为 7 个地区单元。其中，河北的唐山和秦皇岛，江苏的南京、苏州、无锡和常州，浙江的湖州、绍兴、杭州、宁波和温州，广东的广州、深圳、珠海、佛山、江门、中山和东莞按所属省份各合为一个地区单元，北京、天津、上海各作为一个地区单元。与其对应的非核心区域包括了其余的省（市、区），按行政区共分为 28 个地区单元。

大核心发达区域是由小核心发达区域的全部地区和未包括在小核心区域内的 15 个沿海开放城市中的其他沿海开放城市和 4 个经济特区中的其他城市组成。与其对应的非核心区域包括了其余的省（市、区），按行政区共分为 28 个地区单元。

二 计量方法与数据说明

（一）计量方法

地区经济差异的计量方法采用常用的 Theil 指标。该指标可被分解为两个部分：一部分用来测度区域间的经济差距；另一部分用来测度区域内的经济差距（王铮等，2002[103]；Terrasi，1999[106]；李国平、范红忠，2003[105]）。其计算公式为：

$$I = \sum_{l}^{n} y_l \ln \frac{y_l}{p_l} = \sum_{i=1}^{j} Y_i \ln \frac{Y_i}{P_i} + \sum_{i=1}^{j} Y_i \Big[\sum_{k} Y_{ik} \ln \frac{Y_{ik}}{P_{ik}} \Big]$$

令 I_1 表示上式的第一项，I_2 表示第二项。I、I_1、I_2、I_2 分别是全国、两大区域间和两大区域各自内部地区经济差异的 Theil 指数。其中 j 的取值为 2 或者 3。当 j 的取值为 2 时，公式计算的是把全国划分为核心区和非核心区两大部分的 Theil 指标，$i = 1$ 时，k 表示核心发达区域内的各地区单元，$i=2$ 时，k 表示其余非核心区域内的各地区单元。当 j 的取值为 3 时，公式计算的则是把全国划分为东中西三大部分的 Theil 指标，k 表示是对应的 i 区域内的各地区单元。Y_i、P_i 分别是各区域 GDP 和人口占全国 GDP 和人口的百分比，Y_{ik}、P_{ik} 分别是各地区单元 GDP 和人口占所属区域 GDP 和人口的百分比。

（二）数据说明

本节计算所用数据来源于 2004 年、2006 年《中国统计年鉴》和《中国城市统计年鉴》。对核心区与非核心区的划分法而言，在计算的过程中采用《中国统计年鉴》中各个省份的名义 GDP 和《中国城市统计年鉴》中相关城市名义 GDP。《中国统计年鉴》中一个省区的 GDP 加总与全国 GDP 有少数差异。因此本书把《中国统计年鉴》上的各个省区的 GDP 值作为基准，加总作为全国的 GDP 值，减去《中国城市统计年鉴》上该省所包括的属于核心发达区域范围内城市的 GDP 值作为非核心区单元的 GDP 值；人口数据的处理类似。这样做的好处是，保持了统计口径的一致。

采用名义 GDP 是因为 2003 年和 2005 年期间相隔仅两年，且这两年价格变化不大；此外，各个地区的 CPI、GDP 平减指数也没有可比性。人口数据采用户籍人口数据，因为绝大多数地区没有常住非户籍人口数据。考虑到各个地区大多数的常住非户籍人口并没有享受到户籍人口同样的社会保障服务和政府公共服务，采用户籍人口还是合理的。

表 4 - 1　　按不同地区单元划分法计算的地区经济差距及其分解的 Theil 指标

年份	指标	东中西区域划分法	大核心发达区域划分法	小核心发达区域划分法
2003	I	0.1257	0.1956	0.2089
	I_1	0.0896	0.1705	0.1639
	I_2	0.0361	0.0251	0.0450
	$I_1/I(\%)$	71.27	87.17	78.44
2005	I	0.1311	0.1924	0.2069
	I_1	0.0903	0.1727	0.1567
	I_2	0.0408	0.0197	0.0502
	$I_1/I(\%)$	68.88	89.76	75.74

三　计算结果

地区经济差距 Theil 指标计算结果如表4－1所示。从表4－1可知，同 2003 年相比，2005 年大核心区与非核心区之间的地区差距增加了，而小核心区与非核心区之间的地区差距减少了。由于同小核心区相比，大核心区包含了更多的沿海城市，因此，可以推断，沿海城市之间的差距在减少，而沿海城市与内陆地区的差距在增加。

从表4－1中我们可以得出两个结论：（1）我国的地区经济差距主要是东部核心发达地区与其余非核心地区之间的差距，核心地区和非核心地区内部的差距相对较小。2005 年，大核心发达地区与我国其余非核心区之间的差距占全国地区差距的 89.76%。（2）同 2003 年相比，沿海城市之间的差距在减少，而沿海城市与内陆地区的差距在增加。

第二节　宏观层面生产与人口分布的比较分析

所谓宏观层面生产与人口分布的比较分析，主要是根据新经济地理学"核心—边缘区"生产与人口分布的理论，对不同国家核心发达区生产与人口分布情况进行比较，以判断我国生产与人口在核心发达区的集中情况，并从生产与人口分布的角度，分析我国地区差距的成因。

（一）理论框架

从生产与人口分布的角度来看，造成了我国核心发达区域与非核心区域较大经济差距的原因可能有两个：（1）是我国生产过多地集中到了核心发达区域，如我国占全国国土面积 4.14% 的大核心发达区域集中了全国的 52.06% 的 GDP。（2）是相对于生产的高度集中来说，我国人口在核心发达区域的集中程度太低了，如我国大核心发达区域集中了全国 52.06% 的 GDP，却仅拥有全国人口的 20.42%。

如前所述，新经济地理学理论认为，生产与人口分布不平衡和极化作用是市场机制发挥作用的必然结果。假设一个世界，不存在规模递增，不同地区间自然条件的差别很小，且地区间商品交换有运输成本。在厂商较集中地区生产的厂商同在其他地区生产的厂商相比，将面临更强的来自产品市场和要素市场的竞争，这迫使厂商均衡布局。其极端情况是每一个消费者都变成罗宾逊，自己生产，自己消费（Ottaviano，Puga，1998[107]）。然而，不同程度的包括外部或内部规模经济的规模递增是现实社会几乎所有经济活动的重要特征，生产与人口分布的极化作用既使厂商实现了规模经济，又使工人提了真实工资，还使消费者得到了多样化的产品与服务。根据增长极理论，增长极产生极化和扩散两种效应，在经济发展初期，极化效应大于扩散效应，随着时间的推移和经济的发展，极化效应逐渐减弱，扩散效应不断增强，最终扩散效应占主导地位。据此判断核心发达区域生产与人口的集中程度随着经济的发展一定程度上呈倒"U"形曲线变化。

为了明确造成我国核心发达区域与其余非核心发达区域经济差异的原因，下面把我国核心发达区域的生产与人口分布情况，同经济发展水平比我国高及经济发展水平与我国相近的国家的核心发达区域生产与人口分布情况进行了比较分析。这实际上是对不同国家生产与人口分布的极化作用的经济比较分析。

（二）样本的选择及数据来源

借鉴李国平、范红忠（2003）[105]，本节选择了经济发展水平不尽相同的 4 个国家，即美国、日本、英国和印度尼西亚同我国进行比较。其中，美国、英国、日本是世界上三个重要的发达国家，它们市场机制较为完善，通过和它们比较不仅有助于发现我国生产与人口分布及资源地区间配置中存在的问题，也一定程度上昭示了解决问题的方向。印度尼西亚的发展水平与我国相近，且是东南亚一个较大的国家。同印度尼西亚相比，也有助于发现我国生产与人口分布存在的问题。本书所用日本与美国的数据分别来自 1972—2002 年《日本统计年鉴》和《2000 年美国统计摘要》及美国官方统计局网站（http：//www. fedstats. gov/qf/states），我国的数据来源于 2006 年《中国城市统计年鉴》和 2006 年《中国统计年鉴》；所用印度尼西亚的数据来源于印度尼西亚官方统计局网站（http：//www. bps. go. id "statistics by regions：quick navigation"）；所用英国数据来自英国官方统计局网站（http：//www. statistics. gov. uk "local area and sub - regional gross domestic product" in regional accounts, and annual abstract of statistics 2001）。本书选用英国 NUTS—2 统计区数据，共有 37 个地区单元。所用美国、日本、英国等国 GDP 及人口数据均采用 1997 年的数据，

我国采用 2005 年的数据。这样选择数据的原因是，威廉姆森（1965）[22]
发现地区经济差距随经济发展呈倒"U"形曲线变化，阿波罗维奇在对城
市规模分布的研究中也发现，随着经济的发展，人口的集中程度也呈倒
"U"形曲线变化（Alperovich，1992）[108]。我国的经济发展水平较日、
美、英国要低，使用晚 9 年的数据比使用同一年的数据要更合理些。根据
1999—2002 年《国际统计年鉴》的数据，印度尼西亚 1997 年人均 GDP
为 1110 美元，由于金融危机等原因，1997 年后印度尼西亚经济严重后
退，汇率大幅下降且不稳定，2000 年人均 GDP 为 570 美元。所以印度尼
西亚的数据也选用 1997 年的，此时其按购买力平价法计算的人均 GNP 与
我国相应的数据更为接近。

（三）分析方法

对于极化作用，学者们采取的测度与比较方法往往是相对值指标如普
根（Pugan，1999）[109]。所谓相对值指标，是选择占国土面积百分数大致
相同的不同国家的核心发达地区，比较其占全国人口与 GDP 的百分比，
以及人口与生产的集中程度。但是，对于不同国家，占全国国土面积百分
比相同的核心发达地区，其绝对国土面积往往相差很大，单独使用相对值
指标比较国家间生产与人口分布的极化作用，就缺乏足够的说服力。所
以，本节在比较分析不同国家核心发达地区生产与人口分布，采用了相对
值指标，在下面两节，分析大都市区和城市内部生产与人口分布时，我们
采用绝对值指标，以弥补相对值指标的不足。所谓绝对值指标，是选择国
土面积绝对值大致相同的不同国家的核心发达地区或大都市区，比较其人
口总数和人口密度。

为了比较的便利，定义区域生产集中度是该区域占全国 GDP 的百分
数与占全国国土面积的百分数之比值，用 R_G 表示。其含义是在该区域，
占全国每 1% 的国土面积上生产了该国的 R_G% GDP。一国核心发达区域
R_G 越高，表示生产的极化作用越强。定义区域人口集中度是该区域占全
国总人口数的百分数与占全国国土面积的百分数之比值，用 R_P 表示。其
含义是该区域占全国每 1% 的国土面积上集中了该国 R_P% 的人口。一国核
心发达区域 R_P 越高，表示人口的极化作用越强。定义区域生产与人口分
布的不一致性系数是该区域占全国 GDP 的百分数与占全国总人口的百分
数之比值，用 R_S 表示。其含义是该区域占全国每 1% 的人口平均生产了

全国 GDP 的 R_s%。若 R_s 等于 1，表示该区域占全国 GDP 与人口的百分数相等，生产与人口在该区域的分布相一致；R_s 越偏离 1，表示生产与人口在该区域的分布越不一致。

（四）比较分析结果

表 4 - 2 给出了不同国家的核心发达区域的生产与人口分布集中程度的相对值比较结果。从该表中可以得出如下结论：

表 4 - 2　　　　不同国家生产与人口分布集中程度的相对值比较结果

地区 ＼ 指标	占全国面积（%）	占全国人口（%）	人口集中度 R_p	占全国 GDP（%）	生产集中度 R_G	区域人口密度（人/平方公里）	全国人口密度（人/平方公里）	不一致性系数 R_s
美国核心发达区域	1.99	30.84	15.50	37.31	18.75	454.5	29	1.21
日本东京都、大阪府和神奈川县	1.75	22.94	13.1	31.21	17.8	4508	344	1.36
英国大伦敦、大麦切斯特和西米特兰	1.55	20.91	13.5	25.85	16.7	3292	244	1.24
印度尼西亚雅加达与中爪哇省	1.82	19.83	10.90	26.97	14.82	1140	105	1.36
印尼雅加达与西爪哇省	2.45	25.05	10.22	33.64	13.73	1071	105	1.34
中国 15 个沿海开放城市和 4 个经济特区（含市辖县）	1.54	8.01	5.21	22.97	14.94	710	136	2.87
我国大核心发达区域	2.60	13.21	5.07	39.77	15.27	691	136	3.01
我国小核心发达区域	1.67	8.95	5.35	32.16	19.24	729	136	3.59

注：（1）美国、日本、英国、印度尼西亚核心地区中的城市包含了其郊区和卫星城市。我国是发展中国家，随着城市化的进程，核心区城市所辖各县将率先成为卫星城市和远郊，本书我国核心区城市考虑了市辖县，使各国核心区更具有可比性。（2）美国核心发达区域包括纽约、那骚—萨福克、芝加哥、底特律、费城等都市区，大西洋沿岸 7 州康涅狄格、特拉华、哥伦比亚特区、马里兰、新泽西、罗德岛，洛杉矶附近洛杉矶、奥兰治、本图拉、圣迭戈 4 县，旧金山附近旧金山、圣马特奥、马林、圣克拉克、阿拉美达、康特拉科斯塔、萨克拉门托、圣华金、圣克鲁斯、索拉诺 10 县，休斯顿附近哈里斯、加尔维斯顿 2 县，达拉斯附近达拉斯、塔兰特、登顿、科林 4 县。这些地区集中在大西洋沿岸波士华城市带、西海岸的加利福尼亚、墨西哥湾的得克萨斯州、五大湖沿岸的密歇根州和伊利诺伊州。

（1）总体而言，我国生产的集中程度已经很高，但并不异常。我国小核心区生产的集中程度比美国、日本、英国和印度尼西亚稍高，但是15个沿海开放城市与4个经济特区、大核心区生产的集中程度比美国、日本和英国的生产集中程度稍低。因此，总体上来讲，我国生产的集中程度并无异常，但不排除个别大都市区或一些大都市区内部的某些城区存在生产过度集中现象。

（2）我国人口的集中程度过低。在所考察的国家中，日本、英国人口密度比我国高，美国、印度尼西亚人口密度比我国低，但这些国家核心发达区域的人口集中度都高出我国约一倍以上，美国甚至比我国人口分布的极化作用（即集中程度）高出两倍。

（3）从核心发达区域生产与人口分布的不一致性来看，我国核心发达区域的生产与人口分布的不一致性最高，不一致性系数约为其他国家的两倍以上。其他国家核心地区生产与人口分布的不一致性较低，且相差不大。这表明，我国在生产向核心发达区域高度集中的过程中，没有伴随人口相应的高度集中。而所考察的其他国家生产的高度集中都伴随着人口的高度集中。

从以上分析可知，我国地区经济差距的主要原因，不是生产过多地集中到了核心发达区域，而是生产向核心发达区域高度集中的过程中，人口没有相应地高度集中，造成核心发达区域生产与人口分布高度失衡。我国核心发达区域的生产与人口分布存在的显著问题不是生产的极化作用（即集中程度）过高，而是人口分布的极化作用相对太低，从而使那里生产与人口分布的不一致性过高。

第三节　中观层面人口分布的比较分析

前面分析了我国核心区与非核心区域间的生产与人口分布高度不平衡是造成我国城乡以及两大区域之间经济差距的主要原因，因此促进非核心区人口向大城市尤其是东部核心发达地区的大城市流动，成为可供选择的促进区域协调发展的重要途径。然而，在我国核心发达地区的大城市似乎已经拥挤不堪的情况下，何处能容纳数以亿计的中西部农村剩余劳动力呢?

　　针对这一问题,下面我们对核心发达区内部人口分布作进一步的比较,这类比较可称之为中观层面人口分布的比较。为了获得数据的方便,下面就选取一些国外大都市与我国的大都市为样本,就大都市内部人口分布进行比较分析。

一　关于我国大都市区概念的界定

　　在美国,大都市区(Metropolitan areas)必须至少包括一个 5 万人口以上的中心城市,或者至少 5 万人的城市化地区,总人口至少 10 万人。加入大都市区的周边地区必须与中心城市或城市化地区有着密切的经济社会联系。芝加哥市面积 588 平方公里,人口 273 万,是美国伊利诺伊州最大的城市,芝加哥大都市区包括本州 6 县和邻州印第安纳的 2 县,共有人口 853 万。下文将提到的德国莱茵—鲁尔都市区是由一系列大、中、小城市组成,在这个都市区内没有特别大的城市。我国大都市区的概念,还没有人严格定义过。但是,我国的大城市一般包含中心城市和郊区、郊县,在空间结构上与大都市区的概念很接近,为了比较分析和叙述上的便利("大城市"与大都市区内的中心城市容易混淆),本书借鉴李国平、范红忠(2003)[105],将我国地级以上大城市界定为我国的大都市区。在本书第八章,我们进一步对我国大都市区进行了分类。因此,下文我们将经常使用我国大都市区的这一概念,有时因为理解上的方便,我们也使用大城市这一习惯上的概念,但两者本质上是一回事。

二　天津与莱茵—鲁尔都市区人口分布的比较

　　莱茵—鲁尔大都市区,是指以莱茵河和鲁尔为中心的城市聚集区域。这个地区从南部的波恩延伸到东北部的哈姆并且包括科隆和杜塞尔多夫。这个地区面积 1.15 万平方公里,有 1170 万人住在这里,使这个地区的人口数像伦敦或巴黎大都市区一样多。

　　都市区内有许多大、中、小城市,其中 50 万人以上大城市有科隆、埃森、多特蒙德、杜塞尔多夫、杜伊斯堡 5 个,20 万以上的城市 10 个,如表 4-3 所示,10 万人以上小城市 30 个,还有一批 2.5 万人以上小城镇。这些城镇鳞次栉比,彼此距离几公里至几十公里,形成东西向转南北向的弓状城市群（Paul Gans, 2000）[111]。因此，莱茵—鲁尔大都市区是典型的多中心人口分布。

表 4 - 3　　　　　　　　莱茵—鲁尔区最大的 10 个城市人口

	居民人数（万人）	在德国城市中的排名
1. 科隆	96.57	4
2. 埃森	61.49	6
3. 多特蒙德	59.88	7
4. 杜塞尔多夫	57.10	9
5. 杜伊斯堡	53.53	11
6. 波鸿	40.04	16
7. 乌帕塔尔	38.19	17
8. 波恩	29.14	20
9. 盖尔森基兴	29.12	21
10. 慕逊加柏	26.67	26

资料来源：引自波拉特沃格尔（Blotevogel, 1998）[110]，以上数据为 1996 年 1 月 1 日统计。

天津的土地面积 1.18 万平方公里，2006 年常住人口 1075 万人，户籍人口 949.1 万人。从人口规模和土地面积来看，天津与莱茵—鲁尔大都市区十分接近，但是天津市的人口分布却与莱茵—鲁尔大都市区有着巨大差异。天津中心城区包括和平、河东、河西、南开、河北和红桥 6 区，人口约 384 万人，面积 178 平方公里，人口密度高达 21573 人每平方公里。郊区包括滨海区、塘沽、汉沽、大港、东丽、西青、北辰、武清、宝坻、开发区和天津铁厂等地区。这些地区环绕天津的中心城区周围，分区来看，人口密度均在 1000 人每平方公里以下。郊区总的面积是 7221 平方公里，人口密度 533.6 人每平方公里，人口 385.3 万人。最外围的三个市辖县，宁河、静海和蓟县 3 县面积 4362 平方公里，人口密度 389 人每平方公里，人口 169.7 万人。天津的这种人口分布是典型的单中心人口分布，中心城区面积不大，但人口高度密集，由中心城区向郊区、郊县延伸，人口密度递减。

天津的这种单中心人口布局，必然造成中心城区房价过高、居民住房困难、城市环境质量难以保证等一系列问题。

三　与我国其他大都市区人口分布的比较

我国大城市下设区和县，所谓的市区和国外城市的市区含义有很大的不同。为了便于比较，在表 4－4 中，所谓中心城区由人口密度在 1000 人每平方公里以上的市辖区构成。所谓市区是由人口密度在 1000 人每平方公里以上的市辖区所构成，并包含了中心城市。市区面积一般控制在 4000—10000 平方公里之间，但由于市辖区的整体性，北京和青岛的市区稍高于这一范围，而天津由于中心城区以外的其他市辖区人口密度很低，表 4－4 中天津只有中心城区，没有市区的数据。

如表 4－4 所示，同国外大都市相比，我国大都市区内部的人口分布有以下特点：

（1）尽管少数都市区内面积狭小的中心城区人口密度很高，但大多数都市区的市区人口密度并不高。

南京、武汉的市区面积与东京、首尔、马尼拉、雅加达的市区面积相当，但其市区人口密度分别处在后四个国外都市区的市区人口密度的 24%—41% 之间。广州、青岛的市区面积不到东京、首尔、马尼拉、雅加达的市区面积 2 倍，它们的市区人口密度只在后 4 个国外都市区的市区人口密度的 14%—30% 之间。杭州的市区面积相当于东京、首尔、马尼拉、雅加达的市区面积的 3 倍，而市区人口密度不到后 4 个国外都市区的市区人口密度的 14%。由中心城区和近郊四区组成的北京市区面积约相当于东京、首尔、马尼拉、雅加达的市区面积 2 倍，其市区人口密度只占后者的 44%—56% 之间。天津的中心城区人口密度虽然较高，但紧邻中心城区的西青、北辰、东丽三区面积共有 1517 平方公里，人口密度只有 629 人/平方公里，由于这三个区人口密度同中心城区相差太大，而与其他郊区人口密度相近，本书没有把这三个区和中心城区合称为天津市区，而是将这三个区与其他郊区合称为天津郊区。

表 4-4　　　　　　　　　大都市区内部人口分布的比较

地区		面积 （平方公里）	人口密度 （人/平方公里）	地区		面积 （平方公里）	人口密度 （人/平方公里）
北京	中心城区	92.39	22308	广州	中心城区	92.9	19986.5
	市区	1368.3	7159.9		市区	1156.7	3919.6
	郊区	6295.6	675		郊区	2686.7	639.9
	所辖县	8746.6	202		所辖县	3591	377
天津	中心城区	178	21578.7	上海	中心城区	289.4	22445.8
	郊区	7221	533.6		市区	5155	3390.9
	所辖县	4362	389		所辖县	1185.5	566
杭州	中心城区	49	14014.4	南京	中心城区	102.2	16722.8
	市区	1846	1800		市区	770.74	3923.9
	所辖县	14750	226.5		所辖县	5811.6	524.5
武汉	市区	888.4	5228.4	青岛	市区	1159	2290
	郊区	7606	465.9		郊区	9495	500.8
东京	东京市区	621.3	13093	马尼拉	马尼拉市	40.5	41277
	东京都	2102	5739		大马尼拉	635.9	16405.3
	郊区	11178	1910		郊区	4240.8	1206
雅加达	雅加达市	650.4	12898	首尔	首尔市	605.5	16274
	郊区	5768	1175		郊区	11114	1026

注：1. 国外各地区为 2000 年数据，北京、上海、广州、杭州、武汉、天津、南京为 2006 年数据，青岛为 2005 年数据，人口数据均为户籍人口。

2. 杭州中心城区指上城区和下城区，市区指中心城区加上江干区、拱墅区、西湖区、高新区和萧山区，所辖县指余杭区、桐庐县、淳安县、建德市、富阳市和临安市。

南京市中心城区指白下区、秦淮区、鼓楼和下关四区，市区指中心城区加上玄武区、建邺区、栖霞区、雨花台，郊区指其他区县。

上海中心城区指中心 9 区加上浦东新区、宝山区、闵行区、嘉定区、金山区、松江区、青浦区、南汇区和奉贤区，所辖县仅崇明县。

广州市中心城区指荔湾区和越秀区，市区指中心城区加上海珠区、天河区、黄浦区和番禺区，郊区含白云区、花都区、南沙区、萝岗区，所辖县含增城市、从化市两县。

天津中心城区指和平、河东、河西、南开、河北和红桥 6 区，郊区指滨海区、塘沽、汉沽、大港、东丽、西青、北辰、武清、宝坻、开发区和天津铁厂，所辖县指宁河、静海和蓟县 3 县。

北京中心城区指东城、西城两区，市区指中心城区加上近郊朝阳、丰台、石景山和海淀 4 区，郊区指房山、昌平、顺义、通州和大兴 5 区，所辖县指门头沟、平谷、怀柔、密云、延庆 4 县。

武汉市区指江岸、江汉、硚口、汉阳、武昌、青山和洪山 7 区，郊区指其他 6 区。

青岛市区的界定同 2006 年《青岛统计年鉴》，郊区指其他区县。

东京与首尔郊区同前定义，东京市区指东京都内的 23 个区。马尼拉郊区指甲米地、拉古纳、黎撒 3 省，雅加达郊区指茂物、唐格朗、勿加泗 3 个行政区。

　　（2）我国各都市区的郊区和郊县的人口密度过小。除上海外，表4-4中所列我国都市区，郊区人口密度最高者（北京）为 675 人/平方公里，仅占东京、首尔、马尼拉、雅加达郊区人口密度的 35%—66%。郊县人口密度最高者（上海）为 566 人/平方公里，最低者（北京）为 202 人/平方公里。

　　从上述我国大城市内部人口分布的特点可得出如下结论：我国各大都市区的郊区和所辖县还远未形成都市区的人口亚中心，各大都市区也远未呈现多中心的人口分布格局，各大都市区的郊区和所辖县，以及多数大城市的市区尚有很大的潜力和空间吸纳外来人口。

　　我国大城市的这种单中心人口分布格局，必然会造成中心城区房价过高、居民住房困难、城市交通拥挤、城市环境质量难以改善。

　　（3）大都市区内中心城市的市区缺乏明确的边界，"摊大饼"无休止扩张趋势明显。北京已经有了五环和六环，未来是否还会有七环呢？上海市区的边界在哪里？没有人明确，或许整个上海市都已经成为市区，如原来的"青浦县"已经转变为"青浦区"。未来的市区是否会延伸到崇明岛，或者是否会延伸到苏州的昆山和太仓？在苏州，通过将吴中县改为吴中区，似乎苏州市区包含了整个吴中区。根据过度集中理论，可以肯定，如果中心城市不划定明确的边界，我国大都市区还将以"摊大饼"的形式无休止扩张下去。这将造成市区边缘地区的城市蔓延和中心城区的交通拥挤、房价上涨。

第四节　我国大城市新城或新区微观层面人口分布的分析
——以武汉经济技术开发区为例

一　武汉经济技术开发区生产与人口的总体分布

　　如图4-1所示，武汉经济技术开发区（以下简称开发区）的中心组团距离武汉汉口的中心城区约 20 公里。东风大道是开发区与武汉中心城区的主要连接通道，开发区以东风大道（也就是 318 国道在开发区的另一称谓）为主轴由北向南延伸，一直穿过京珠高速公路。从最北端的东风大道与武汉三环线交叉口到最南端京珠高速与东风大道交叉口长约 15 公里。沌阳大道是东西向，在东风大道与武汉三环线交叉口向南 4.5 公里处与东风大道相交。从沌阳大道西端的后官湖到东端的沌口路约 8 公里（根据武汉经济技术开发区电子地图测量工具测量），其间从沌阳大道西端的后官湖到沌阳大道与东风大道的交叉口为 1.69 公里。这表明东风大道不是从开发区的中间，而是偏西地纵穿开发区的。根据《武汉经济技术开发区国民经济和社会发展第十一个五年规划纲要》，开发区土地面积 90.7 平方公里，户籍人口在"十一五"期间控制在 15 万人。

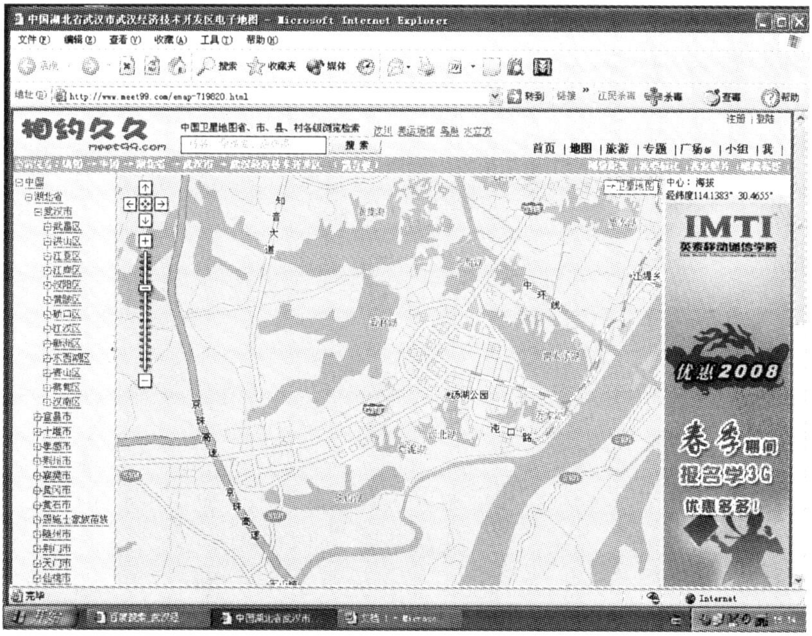

图 4 - 1　武汉经济技术开发区的区位

资料来源：武汉电子地图复制版。

开发区采取"中心 + 综合组团"的布局结构，即以开发区的汽车产业基地和行政商务中心区所形成的主导功能区为核心，以五个综合组团向周边展开，各组团功能相对完善，各组团和主导中心区之间以绿化带或生态走廊隔离，形成良好的功能结构形态，在 90.7 平方公里规划控制面积内增加工业用地约 4 平方公里和少量的配套服务设施用地，调整城市建设用地规模为 60 平方公里左右。

综合组团从北向南依次是：

新民新华组团：位于 318 国道与三环线交叉口附近，新民河以北地区。该组团是以商贸、市场功能为主，同时具备居住功能的综合性组团。

中心组团：以开发区行政管理中心为核心，包括江汉大学和体育中心，以及后官湖区域的居住用地；以神龙汽车公司、东风本田汽车和高科技产业园为中心的工业园区。

综合工业组团：以出口加工区和其他工业项目为主的工业园区。

薛丰组团，包括综合工业用地、物流加工用地以及商业服务学院和居住用地。

沌口组团，位于万家湖以南东荆河入江段，包括晨鸣纸厂和居住用地。

开发区总体规划形成界限分明、互相协调的四大功能区：

居住生活区：主要位于 318 国道以西，包括服务设施、文化、旅游、教育及科研机构等。在三角湖西侧布置科研教育用地，在后官湖以东滨湖地段布置游乐用地和居住区。

工业区：1 号工业区位于 318 国道以东，万家湖以西地带，由工业用地和少量居住生活用地组成，工业用地以汽车及零部件工业为主导产业，主要沿沌阳大道两侧布置，其他工业用地为综合工业用地，向南北两侧分散。2 号工业区位于 318 国道以南，武汉市外环线以东，以发展汽车、家电等产业为主，分枫树和全力两个组团。市政工程基地：位于南太子湖、万家湖与长江之间的地带，集中布置市政基础设施，包括污水处理厂、供热、水厂、自备电厂、煤气厂、铁路站场、港口等用地。

中心区：位于 318 国道两侧，居住区与工业区之间，以大型公建为主。在 318 国道以西布置商业中心，形成城市商贸副中心；在 318 国道以东集中布置行政办公用地，形成开发区行政管理中心。

生态区：主要位于开发区 9 个湖泊周边地区，以及沿京珠、三环线、318 国道主要交通干线沿线。

二　开发区生产与人口分布的特点与不足

（一）人口居住分散、缺乏明确的城市中心

如图 4 - 2 所示，沿东风大道，开发区中心组团北起武汉体育中心，

南至车城南路。东风大道西侧主要是生活区，东侧主要是生产区。开发区中心组团内有两个较大的购物中心，一个是车城北路和东风大道交叉口东南角的湘隆时代广场购物中心；一个是神龙大道和东风大道交叉口西北角的金凯购物中心。除了隔着东风大道外，两者相隔近700米。

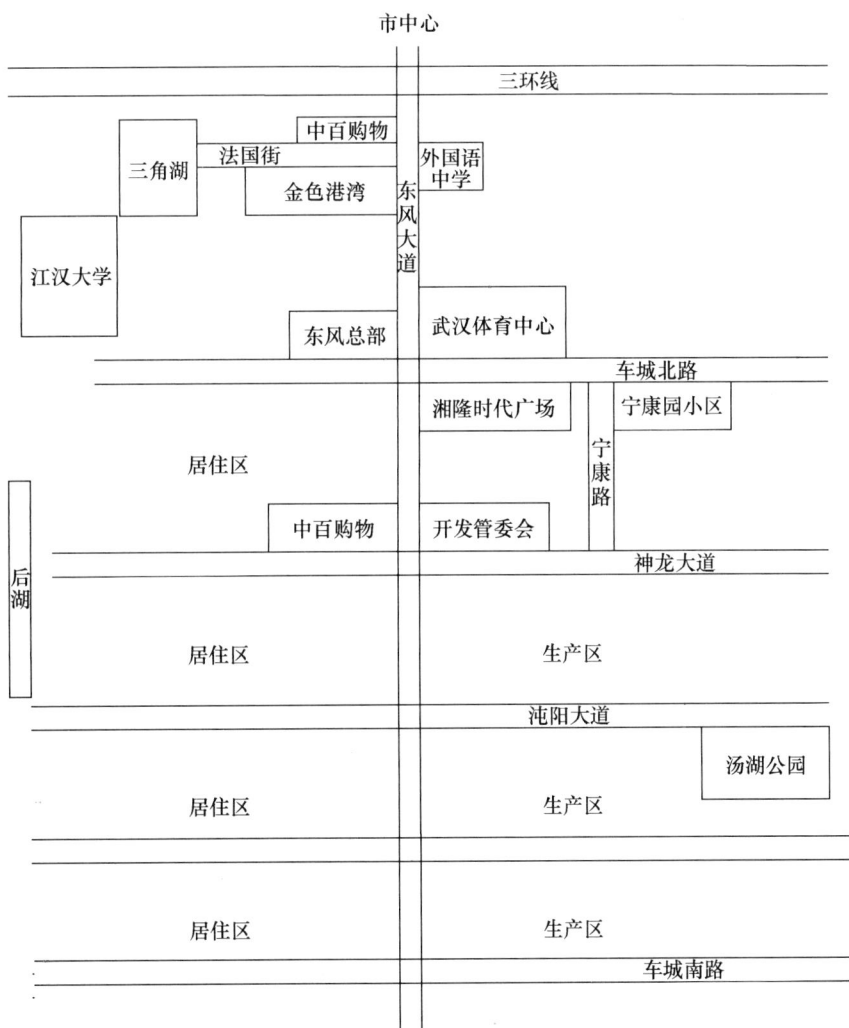

图4-2　武汉经济开发区中心组团功能分区示意图

资料来源：笔者自制。

　　湘隆时代广场购物中心，由武汉商业集团沌口大型超市、湘隆百货以及位于宁康园路和车城北路交叉口西南角的四方形商业街组成，四方形商业街有许多比较时尚的小商铺，经营各种人们日常生活所需的商品和服务。金凯购物中心由中百仓储金凯购物广场、奥兰多电玩中心、户部巷小吃中心组成。湘隆时代广场购物中心人气不足，即使在星期天，湘隆百货和四方形商业街也没有几个人购物，只有武汉商业集团沌口大型超市购物的人较多。商业街中有一必胜客分店，据笔者观察，在中午 11 点半到 1 点的吃饭高峰，必胜客内消费者门可罗雀。

　　金凯购物中心没有商业街，也没有大量小商铺，但同湘隆时代广场购物中心相比，在人气上有着巨大差别。金凯购物中心十分热闹，尽管和武汉中心城区的购物中心还有些差距。金凯购物中心有地下停车场，门前广场有长 100 米、宽 80 米的广场。因为大多数购物者居住得比较远，非步行可达。广场靠近神龙大道处，并排停着许多个体面包车，这些面包车主要运送远道的购物者。广场前还有 1 路和 5 路两路电瓶公交车，电瓶公交车共 12 座，可乘 11 个乘客，生意很好。一些乘客要等很长时间才能坐上车。开车、骑摩托车和坐电瓶车的购物者同坐公交车来购物者在人数上差不多，骑车和步行购物者较少。

　　湘隆时代广场购物中心和金凯购物中心相距不远，但人气相差巨大的有两个主要原因，一是湘隆时代广场购物中心在东风大道东侧，而东风大道对开发区中心组团的整个消费市场起着严重的分割作用。东风大道是双向十车道，快车道外侧是近 8 米的绿化隔离带，隔离带外侧是近 5 米的慢车道和人行道，人行道外侧还有近 3 米的绿化隔离带。隔离带使人们不能随处穿越马路，只能在车城北路、神龙大道等与东风大道交叉口的人行过街横道穿越东风大道。而且东风大道既是国道，也是开发区与市区连接的主要通道（某些地段是唯一通道），车流量大，在过街横道上穿越东风大道也让人感觉比较危险。另一个主要原因是，东风大道东侧主要是生产区，距离湘隆时代广场购物中心比较近的居住小区只有宁康园小区和东风公司的一个单身公寓。

　　在东风大道西侧居住区，为什么没有一条比较时尚的商业街作为开发区的商业中心呢？主要原因是东风西侧居住区分布的比较散，造成了消费市场比较分散。东风大道居住小区有两种类型，一类是城中村，小区内都是农民盖的住房，很多用来出租给农民工。城中村环境较差。另一类是商住小区，由开发商建设卖给业主，商住小区内环境较好。这些居住小区通常没有相互联系，空间上也相隔较远。为了解决日常购买活动，这些居住小区都建有各自的小型商业街。但由于服务的市场规模很小，商业街的规模就非常小。城中村商业街比较低档，商住小区的商业街由于服务的市场规模有限，也难以上档次上规模，而且，商业街之间比较雷同。

开发区新民组团建有一条"法国风情街"。该街东连东风大道，西接三角湖，开发区政府原想把法国街建成高档消费娱乐街。笔者观察到，法国街西端湖水清澈、湖面宽阔、风景迷人，法国街上的店铺装修时尚，具有异国情调，但是法国街上消费者居然十分稀少，因为它距离开发区中心组团的金凯购物中心约4公里，离武汉市中心城区更远。时至今日，法国街已经名存实亡。

（二）城市蔓延比较严重、绿化区草坪多、树木少

15万不到的户籍人口，要在5个综合组团中进行布局，而这5个组团相隔几公里，沿东风大道两侧南北延伸15公里，东西延伸约8公里。由于中国汽车还不普及，汽车消费成本对中国居民而言还比较高，这种低密度分布给人们的生活必然带来许多不便。根据《武汉经济技术开发区国民经济和社会发展第十一个五年规划纲要》的信息，北京零点市场调查和分析公司对全国十大开发区进行投资环境调查评价表明，武汉开发区的"区内公共交通状况"、"对外公共交通状况"、"原材料供应状况"、"环境保护状况"、"本地市场消费规模"等硬环境指标和"业余文化生活需求的满足度"、"本地金融机构的完备性"、"金融机构融资方便性的完备性"、"商品供应的充分性及购物便利性"等软环境满意度较低，还有较大的改善余地。下面从两个方面说明开发区城市蔓延问题。

1. 武汉体育中心和郑州五一公园体育场的对比

如图4-2所示，武汉体育中心在开发区中心组团车城北路北边，东风大道的东边。据笔者观察，占地面积大约1000米乘以1000米，近约1平方公里。场内分体育场和体育馆两大部分，体育场有观众席6万座，各类辅助用房和配套设施齐备，同时有两片标准训练场，东、西、南三个广场，以及可容纳3000辆小车和300辆交通车的停车场等。在科技含量、功能齐全、设施完备方面列全国前茅，体育场的中央控制系统被国际足联

的代表称赞为世界最好的十个体育场馆控制系统之一。体育场四周有一四车道环绕着，车道外侧是大片的绿色草坪。草坪向西、南延伸至东风大道和车城北路处，呈坡状向上，上写"欢迎"的英文字样。草坪最外边是高高的护栏。体育馆在体育场的东北，体育馆的前面是东广场。隔着体育路，体育中心的东面是东风公司的一个大型停车场，体育中心的北面是南太子湖。因此，武汉体育中心只有南面有宁康园小区和东风公司的一个男单身公寓，而且还隔着车城北路（一条近 80 米宽的马路），而且这条马路上车很少。当然，在东风大道以西，还有不少居住区，但由于东风大道的分割，那边的居民要来体育中心并不方便。

由于武汉体育中心周边居民少，距离武汉中心城区又远（近 20 公里），所以，武汉体育中心的使用者很少。据笔者观察，即使在星期天，这里休闲的人也寥寥无几，非常冷清。

如图 4-3 所示，郑州五一公园位于郑州西部的城市中心，是一个没有围墙和护栏的全开放式公园。四周是建设西路、文化宫路、友爱路和工人路。其中北侧的建设西路是双向四车道，西侧的文化宫路、南侧的友爱路和东侧的工人路都是双向两车道且没有绿化隔离带的窄路。尽管路窄，四周都是居民小区，人口十分密集，而且四周马路上商铺林立，生意红火，其中友爱路小商品市场和花草虫鱼市场在郑州西部也很有名气，但这里较少堵车。因为这里的路虽然很窄，但棋盘式道路四通八达，可选择避开发生堵车地点的道路很多。

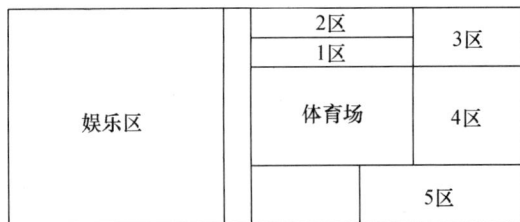

图 4-3　郑州五一公园功能区示意图

注：①按上北下南、左东右西来表示公园的方向。②图中 1 区是健身器材区；2 区是集体舞健身区；3 区是旱冰区；4 区是乒乓球区和集体舞健身区；5 区是篮球区。

按功能，东西长约 1000 米、南北宽约 500 米的五一公园可以分为娱乐区、球类区、健身区和体育场，如图 4 - 3 所示。在五一公园中间有一南北向的十米宽的道路将公园分为东、西两个部分。西半部分是娱乐区。这里实际上是一片不太稠密的树林，人们就在树下面进行着各种娱乐。有围着一圈唱歌的、唱戏的、下棋的，还有聊天的。据笔者观察，这里聊天的区域比较固定，在娱乐区中央的几棵大树下，聊天者一般都站着，也有少数坐在公园里的木条凳上。总而言之，娱乐区十分热闹，人也很多。分隔娱乐区的通路通常被分割成几个羽毛球场地，在每天早晨很多人在这里打羽毛球。此外，集体舞健身区、篮球区、旱冰区、乒乓球区、健身器材区，每天都吸引着众多居民前来健身娱乐。

这里着重要说明的是体育场的使用情况。五一公园体育场是一个规模标准但质地并不高的体育场，它的跑道是煤渣铺成的，每天必须洒水才能盖住灰尘。然而，每天早上五点半，就有人开始在跑道上跑步，直到上午十点才结束。晚上六点半一开门，就有成群的居民开始跑步或快走，直到晚上十一点钟才结束。据笔者观察，每天有近万人在这个体育场锻炼，因为跑步和快走的人流可谓摩肩接踵，非常壮观。有的是全家出动，有的是单位同事相约一起，有的是邻居相约一起，有的是朋友相约一起，也有的是一个人来的，总之大家运动之后，都很快乐。不少人在运动之后坐在看门老头的门口高声地相互交流跑步之后身体的变化，以及跑步的快乐。如果算上其他区域的健身娱乐的人数，那么每天来五一公园的居民肯定有数万人。实际上，具体有几万人在使用五一公园并不重要，重要的是五一公园得到了非常充分的利用，而武汉体育中心，尽管时尚豪华但使用者却很少。

主要原因：一是武汉体育中心远离居住区，二是武汉体育中心的大面积草坪虽然很好看，但并不能遮挡武汉夏天的烈日，也不便人们在上面踩踏，不能成为娱乐区。

2. "路宽人少车马稀" 的城市景观

在开发区中心组团，车城北路将近 80 米宽，仅人行道的绿化隔离带就有近 8 米宽。神龙大道同车城东路类似，只是北人行道外侧的绿化带约有 60 米宽。沿街没有商铺，行人很少，路上的汽车也很少。

开发区内处处可见宽阔的草坪，如在沌阳大道和东风大道东南侧有一长 500 米、宽 300 米的草坪，在车城北路和东风大道西北角东风总部以东，有一长 300 米、宽 100 米的草坪。大面积的草坪不仅出现在道路两旁，在许多企事业单位的围墙里，也有大面积草坪，例如，武汉万向汽车制动器有限公司里面，有长 200 米、宽 50 米的草坪。草坪多固然好看，但对气候的调节作用比较小，并且也不能遮挡夏天的烈日，给人们带来阴凉。而大面积的草坪和宽阔的马路加重了人们步行的困难，使得人们出行更加倚重汽车。

"路宽人少车马稀"的城市景观，不仅浪费了大量的土地资源，而且分割了开发区整体的消费市场，增加了人们步行、骑车的距离和过马路的困难，同时也给人们购物和商业街的建设发展带来了后患。要知道有名的商业街都是比较窄的街，而不是很宽的街道。

一方面是浪费土地，一方面是感到土地不够用，在《武汉经济技术开发区国民经济和社会发展第十一个五年规划纲要》中，就提到工业用地不足，发展空间受到制约。开发区规划控制总面积为 90.7 平方公里，在规划控制范围中，规划建设用地只有 55.68 平方公里，除去绿化用地，实际建设用地只有 43.8 平方公里，已完成开发约 38 平方公里，可供开发的面积只有约 6 平方公里，2 年内就会用完。如果开发区能够按照新城市主义和紧凑新城的理念来进行规划建设，把规划的 5 个综合组团的建设在一个或两个组团内实现，那么土地就不会感到这么紧张了。

三　城市蔓延、缺乏明确城市中心对我国新城发展的影响

城市蔓延、缺乏明确的城市中心，是我国大城市新城或新区建设的普遍现象。据笔者现场调研，苏州两个新城（苏州高新区和工业园区）、武汉东湖高新区、郑州高新区、青岛黄岛新区、南昌南北新区等新城，都存在城市蔓延、缺乏城市中心问题。

城市蔓延使得新城的消费市场分散，再加上政府的建设规划失误，导致了我国大城市的新城缺乏明确的城市中心。这对我国新城的发展将产生如下不良影响：

（1）加重了新城在城市功能上对主城的依赖。缺乏明确的城市中心，新城居民的购物就比较分散，单个的购物中心面临分散的较小消费市场规模，就难以上档次。因此，新城居民要购买中高档商品还是要去主城区。

（2）降低了新城的娱乐休闲功能。逛街是我国城市居民的一项重要的娱乐休闲方式。新城缺乏明确的城市中心使得居民的逛街偏好难以满足，减少了新城对居民的吸引力。此外，城市中心还是各种娱乐休闲服务的集中场所，因为许多娱乐休闲服务的经营往往需要足够的市场规模，否则难以维持。缺乏城市中心，娱乐休闲服务就难以发展起来。

（3）新城特色文化难以建立，居民难以有自豪感和凝聚力。城市中心是城市特色文化的集中表现，这些特色文化往往体现在城市中心的街道、建筑和富有特色的小门店里。缺乏城市中心，新城的城市文化上就没有特色，新城的城市文化就难免被主城文化所淹没所覆盖，新城居民就难以形成对新城的认同，必然缺乏自豪感和凝聚力。其突出的反映是很多在新城上班的人，宁愿住在主城，每天花很长的上、下班通勤时间，也不愿住在新城。

（4）增加了新城居民的生活成本。新城城市蔓延，缺乏城市中心，从三个方面增加了居民的生活成本：一是增加了新城居民的上、下班时间，例如武汉开发区的居民，每天也要乘通勤车从生活区到生产区。二是增加了居民的购物成本和时间，例如许多武汉开发区居民不得不走很远的路才能买到满意的商品。三是可选择的商品种类少，可选择的商店少，居民常常不得不购买不太满意的商品或服务。

（5）增加了公共服务的投资成本、减少了投资收益。公共服务如体育场、医院等，往往需较大的市场规模才能具有规模效应。城市蔓延和缺乏城市中心，无疑增加了覆盖整个新城的公共服务的投资成本，而且即使投资兴建了公共服务设施，又往往会因为市场规模小，市场过于分散，降低投资收益，使公共服务设施难以发挥社会效益。例如武汉体育中心就是这样的典型案例。

（6）居民业余文化生活贫乏。由于城市蔓延，缺乏城市中心，公共服务设施因成本高、效益差难以完善。分散社区里的市民，业余文化生活除了看电视，基本就是空白。他们不能低成本锻炼也不能低成本地看一场电影或戏剧，甚至不能低成本地逛街。总之，上述不良影响的总结果是新城缺乏对人口的吸引力，新城的发展受到制约。

综合上述，本章研究发现，我国的地区差距主要是东部核心发达地区与其余非核心区之间的经济差距，它占我国整体经济差距的近90%，东部核心发达地区和非核心区各自内部的地区间差距较小。总体而言，我国地区经济差距的主要原因，不是生产过多地集中到了东部核心发达区域，而是生产向核心发达区域高度集中的过程中，人口没有相应地高度集中，造成核心发达区域生产与人口分布高度失衡。我国核心发达区域的生产与人口分布存在的显著问题不是生产的极化作用（即集中程度）过高，而是人口分布的极化作用相对太低，从而使那里生产与人口分布的不一致性过高。

从宏观而言，我国生产与人口分布的主要问题是，一方面我国生产在东部核心区的集中程度已经很高；另一方面，我国人口在东部核心区的集中程度却很低。从中观而言，我国大都市区生产与人口分布存在的问题是，大都市区内中心城市的中心城区人口过度集中，中心城市的市区缺乏明确的边界，"摊大饼"无休止扩张趋势明显，而大都市区的郊区和郊县缺乏人口集中的城市亚中心。从微观而言，我国大都市区的新城或新区，普遍存在城市蔓延、缺乏明确新城市中心问题，这严重影响了新城的发展，是造成人口在中心城区过度集中的重要原因。

针对上述问题，一方面，我们要鼓励面向中西部的投资，避免生产在东部核心发达地区的局部过度集中；另一方面，要鼓励中西部人口向东部核心区流动，尤其是向东部大都市区的郊区和郊县的中、小城市流动。为此，要明确中心城市市区的边界，积极发展都市区郊区的城市亚中心。在城市新城或新区的建设中，注重培育新城的城市中心，增加新城对资本和人口的吸引力，促使东部大城市向多中心都市区转变，使其成为中西部农村剩余人口的吸纳池，促进区域协调发展。

第五章　农村剩余劳动力的存在形式
与农村的"剩余家庭"

前章研究发现，鼓励东部城市尤其是东部中、小城市和大城市的郊区、郊县吸纳农村剩余人口，仍是我国实现城市化和区域协调发展的一条有效途径。但是，2003—2007 年"民工荒"和农村剩余劳动力并存问题的出现，对我国城市化和区域协调发展提出了新的理论和实践挑战。本章首次提出了农村剩余劳动力存在形式的概念，对"民工荒"现象提出了新的理论解释，这为下文关于我国城市化和区域协调发展的研究提供了理论和实证基础。

第一节　关于民工荒和农村剩余劳动力并存问题

钟甫宁、何军（2004）[112]以城乡居民收入大体相等为衡量标准进行估算，发现在目前条件下我国需要转移近 2 亿的农村剩余劳动力，而从目前状况到达到发达国家或中等发达国家水平，一共要转移 3.5 亿农村劳动力。蔡昉（2007）[113]，蔡昉、王美艳（2007）[144]等人采取农村劳动力总量减去农业生产对劳动力的需求量和已经转移到第二、三产业的劳动力数量的方法，来估算我国农村剩余劳动力，发现我国农村剩余劳动力在0.25 亿—1.06 亿之间。尽管采用不同的方法，对农村剩余劳动力数量的估算得到了大相径庭的结果，但现有研究都不否认我国农村还有数千万剩余劳动力。但是，当用这些研究结果来解释 2003—2007 年我国出现的"民工荒"的现象时，却遇到了不小的困难。

珠江三角洲地区在 2003 年首次出现以"民工荒"为表现形式的劳动

力短缺现象，随后这一现象扩大到长江三角洲地区，并向中部地区劳动力输出省份蔓延，在 2006—2007 年形成了全国性的劳动力短缺的呼声。直到 2008 年第二季度，由美国次贷危机引发的世界性经济危机减少了我国的外贸出口，我国的"民工荒"问题才得到缓解。与以往"技工荒"不同，这次"民工荒"主要是"普工荒"和"半熟练工人荒"（《经济参考报》2004 年）①。对于 2003—2007 年农村剩余劳动力和"民工荒"并存现象产生的深层原因，学术界远未达成共识。樊刚（2005）[115]认为，在我国劳动力无限供给的二元经济条件下，"民工荒"只能是短期的、结构性的、暂时的，不可能是真正的劳动力总量供给不足。蔡昉（2007），蔡昉、王美艳（2007）却提出完全相反的观点，认为造成"民工荒"的主要原因，是经过 30 年的经济增长和劳动力向非农产业转移，我国农村已经不存在大规模和高比例的剩余劳动力了。然而，如前所述，蔡昉等学者的估算也发现我国农村剩余劳动力在 0.25 亿—1.06 亿之间，这一数量不能说是小规模的，数千万农村剩余劳动力和"民工荒"共存的现象仍然令人费解。

本章首次对农村剩余劳动力的存在形式进行了分析，提出了家庭内部和家庭外部剩余劳动力的概念，这一概念的提出和农村剩余劳动力存在形式的研究，有助于解释民工荒和剩余劳动力并存现象。

第二节　关于家庭内部和家庭外部剩余劳动力的概念

假设 A 村庄有 100 家农户，每户有土地 8 亩、劳动力 2 个，其中一个劳动力外出打工，另一劳动力在家种地并照顾小孩。从单个家庭来看，该村已经没有剩余劳动力。但是，我们是否可以说该村整体上已经没有剩余

---

　　① 有关"普工荒"的新闻调查，请见《经济参考》2004 年 8 月 2 日文章《"民工荒"困扰珠三角》；《中山商报》2005 年 3 月 4 日文章《民工荒到底"荒"什么》；中国服装协会网站（2005 年 2 月 7 日）文章《民工荒为"中国结构"敲响警钟》，网址：http://www.cnga.org.cn/jijudi/View.asp? NewsID＝7798。

劳动力了呢？答案并不确定，这依赖于农业生产的土地弹性。进一步假设由于某种原因，其中50家农户举家迁移，并将其拥有的土地转让给其余50家农户，使每户土地种植面积达到16亩。由于实现了土地规模经营，留守的50家农户在保持一个劳动力务农的情况下，其农业纯收入总值大于或近似等于原来100家农户的农业纯收入总值，且其农业生产投入总值也近似等于原来100家农户的农业投入总值。那么，我们可以认为A村庄100户家庭中实际上有50户是"剩余家庭"。尽管从单个家庭来看，A村庄似乎已没有剩余劳动力，但整体来看，A村庄有50户"剩余家庭"，即50%的现有劳动力是剩余劳动力。

　　本书对农村的"剩余家庭"界定如下：在不增加要素总投入的前提下，如果部分农户家庭不从事农业生产，并把其拥有的土地资源转让给另一些农户进行有规模的生产经营，总的农业纯收入同分散经营相比没有明显下降，或者总的农业纯收入提高了，那么这部分农户家庭就是"剩余家庭"。基于此，农村剩余劳动力就有两种可能的存在形式：一是剩余劳动力分散在单个农户家庭中，农户家庭内部有部分劳动力是剩余劳动力，这些劳动力在家中务农对农户家庭的总效用无明显提高，只要找到打工机会且这些打工机会能够提供维持其基本生活水平的工资，他们就愿意外出打工，例如农户家庭中的一些成年未婚的子女，我们称之为"家庭内部"的剩余劳动力。家庭内部的剩余劳动力与关于农村剩余劳动力的传统定义基本是一致的。二是单个家庭内部已经没有剩余劳动力了，但农村存在大量的"剩余家庭"，同前述的A村庄相似，我们称之为"家庭外部"的剩余劳动力。值得注意的是，对于家庭内部剩余劳动力，我们是以"家庭总效用"而不是家庭纯收入为衡量标准，因为对于单个家庭，家庭劳动力的转移行为不只是考虑家庭货币收入，还要考虑照顾子女、夫妻团聚等情感因素[1]。根据定义，家庭内部的剩余劳动力以单身农民为主，家庭外部的剩余劳动力以已婚农民为主。

---

　　① 例如，农户家庭夫妻两个劳动力种植10亩土地，或一个劳动力种植10亩土地（另一个外出打工），都能赚取约7000元的农业纯收入，后者单个劳动力农业纯收入约是前者的两倍，但前者夫妻得以团聚，老人和孩子得以照顾，单个劳动力的劳动强度小，还可以打点零工，家庭总效用不一定比后者差。

　　农村剩余劳动力存在形式的区分，对研究剩余劳动力转移和我国城市化有着重要意义。如果剩余劳动力主要存在于家庭内部，那么不需要农户举家转移，只需每个家庭的剩余劳动力转移，宏观上就可以实现农村剩余劳动力的转移。反之，如果农户家庭内部已经没有剩余劳动力，农村剩余劳动力主要以家庭外部的"剩余家庭"形式存在，那么，除非采取农户举家转移的模式或给予很高的工资补偿，否则很难实现农村劳动力的转移。这将引发大量农村剩余劳动力和"民工荒"并存的现象。然而，现有关于农村剩余劳动力的大量研究，主要侧重于研究农村剩余劳动力的数量和转移途径，而对其存在形式的研究却近乎空白。

　　判断一个农户家庭是否存在家庭内部剩余劳动力的一个十分简单而有效的标准，是看在现有条件下，这个农户家庭是否有愿意出去打工的劳动力。只要一个农户家庭有愿意外出打工但还没有外出打工的劳动力，不论是因为找不到工作机会不能外出打工，还是暂时在家休息，都表明这个家庭有家庭内部的剩余劳动力。如果一个家庭没有愿意外出打工的劳动力，无论是因为需要在家照顾子女、老人、种植家里的土地，还是因为年龄较大眷念家庭团聚的生活方式，都表明这个家庭已经没有了家庭内部的剩余劳动力。

　　我国农村剩余劳动力转移有三种形式：一是外出务工的异地转移（所谓离土又离乡）；二是在本地实现非农就业的就地转移（所谓离土不离乡）；三是兼业型农民，在本地同时从事非农产业活动（所谓不离土也不离乡）。笔者认为，前两者是已经实现转移的劳动力，对于兼业型农民，如果他们常年从事农业劳动，本书仍将他们作为有待转移的农村剩余劳动力。问题是，兼业型农民是家庭内部还是家庭外部的剩余劳动力呢？如果兼业型农民留在家中对提高其家庭总效用（无论是农业收入还是包括情感因素在内的其他形式收益）有着明显贡献，因此不愿外出打工，他们就不是家庭内部的剩余劳动力。如果常年从事农业劳动的兼业型农民对提高其家庭的总效用是重要的，但是对提高整个村落的农业收入是无益的，他们就是家庭外部的剩余劳动力。

　　家庭外部的剩余劳动力及农村"剩余家庭"的数量与农户农业收入的土地弹性密切相关。本章将通过农户农业收入土地弹性的分析，研究我国农村是否存在家庭外部的剩余劳动力。为此，笔者在 2008 年 3 月和

2008 年 7 月，组织了两次农户调查以收集有关数据。

第三节　对农户的调查

一　对江西新余市姚圩镇万全村农户的调查分析

2008 年 3 月，我们在江西新余市姚圩镇万全村进行了农户访谈调查。万全村总人口 1955 人，527 户，耕地面积为 2476 亩，常年外出务工人员有 365 人。我们采取按住房排序入户访谈的办法，如果家里没人或没有成人，就跳过这家进入下一家调查。整个调查获得问卷 97 份，其中有效问卷 95 份。调查内容主要包括家庭人口的组成结构、家庭外出打工人口的特征，以及种植的土地面积。表 5－1 给出了被调查家庭的劳动力及土地资源情况，其中劳动力被界定为 16—60 岁没有上学且具有劳动能力的人口。

表 5－1　　　　　　　　被调查家庭的劳动力人数及土地资源

总人数（人）	劳动力人数（人）	外出务工人数（人）	在家劳动力人数（人）	户数（户）	土地资源（亩）
506	309	188	121	95	544.4

由表 5－1 可知，被调查家庭中劳动力占总人口比重为 61.1%，农村劳动力大量转移使留守农村继续从事农业生产的劳动力只占劳动力总数的39.2%，在农村的劳动力人均土地规模由转移发生前的 1.76 亩/人增加到转移发生后的 4.50 亩/人、户均 5.7 亩。

留守在家的每个劳动力平均只有 4.50 亩土地这一事实，说明该村可能仍然有许多剩余劳动力。然而，如果该村还存在剩余劳动力，他们为什么不出去打工呢？根据前文的分析和在万全村的调查，我们提出如下拟进一步验证的推论：（1）就整体而言，我国农村还有大量"剩余家庭"，把一些农户家庭从农业中转移出去，有利于其他家庭实现土地规模经营，农业净收入总值与分散经营相比不会明显下降。（2）对单个家庭而言，劳动力的边际效用已非常高，即单个家庭已不存在剩余劳动力了。（3）相对于打工收入而言，"剩余家庭"举家迁移成本过高，这引发了2003—2007年我国宏观上的农村剩余劳动力和"民工荒"并存现象。

对上述推论的实证检验，关键是看我国以家庭为单位的农业生产的土地弹性是大于1、等于1还是小于1。为了验证上述推论，2008年7月，我们又在湖北汉川市农村进行了更深入的农户调查。其主要目的是研究农户家庭的劳动力组成结构，以及农户土地种植面积和农业收入的关系。通俗来讲，我们关注的农户农业收入和土地种植面积的关系问题，可以表达为"两家各种十亩地和一家种二十亩地，哪种方式产生的总农业净收入更高？"

二　在湖北汉川的农户调查

调查的区域是湖北汉川市下属的中洲农场和二河镇的一些村庄。湖北汉川市地处江汉平原腹地，适宜种植水稻、棉花、小麦、西瓜等多种农作物。汉川市中洲农场原是湖北省农垦局下属的国营农场，2006年改为汉川市管辖。中洲农场的农户在土地种植面积上有两个特点，一是农户间土地种植面积相差较大，不少农户种植面积达到50多亩，有的上百亩，也有不少农户土地种植面积只有十几亩；二是平均来讲，中洲农场的农户种植面积同汉川其他乡镇相比要大。二河镇紧邻中洲农场，其中，二河镇的陡阜村（一个行政村）与中洲农场的双福村只有一条浅沟作为象征性的分界线。但是，二河镇陡阜村农户的平均土地种植面积却远远小于中洲农场双福村的农户。因此，湖北汉川市的中洲农场和二河镇是研究土地种植规模和农户农业收入之间关系的天然实验场。选择中洲农场和二河镇作为调查区域，还有另外一个重要原因，即中洲农场是本书作者之一的家乡，这为调查工作的顺利开展并获得可靠的数据带来了极大的方便。

我们分别在中洲农场的双福、瑞丰、赤壁等行政村的6个自然村，二河镇的陡阜、高家咀、龚家咀、白果树等行政村的8个自然村进行了随机的农户访谈调查。这次调查获得有效问卷189份（由下文实证分析可知，对于某些变量，有效问卷数量会有所下降）。在189份有效问卷中，绝大多数农户家庭的农业生产劳动力组成是一样的，即农户夫妻两人共同参加农业生产劳动，成年子女外出打工、上大学或成家另过，未成年子女上中、小学。我们可以把夫妻两人共同务农的农户家庭称为代表性家庭，其他为非代表性农户家庭。在 189 份有效问卷中，非代表性农户家庭共有 17 户。调查问卷设计有"农户家庭成员是否常年从事农业劳动、有何兼业、兼业收入多少"等问题，发现大多数兼业农民收入较低，兼业工作大多不稳定，如捕鱼摸虾、搬运、建筑工、摘棉花、小买卖等。凡是常年从事农业劳动的兼业农民本书仍将其作为未实现转移的农业劳动力。

第四节　土地约束条件下的农业生产模型和本书的研究方法

（一）对家庭外部剩余劳动力的进一步界定

根据前文的定义，家庭外部的剩余劳动力的存在并不依赖于农业生产存在规模报酬的假设。例如，A、B 两户农民各有 10 亩，中间投入各 0.5 万元，农业纯收入各 1 万元，如果 A 农户种植两户的 20 亩土地，在中间投入没有超过 1 万元的情况下，农业纯收入达到了 2 万元，或者略低于 2 万元，就可以说其中的一户农民是家庭外部的剩余劳动力，即"剩余家庭"。此时，对于 A 农户，土地规模增加了一倍，劳动力不变，但其劳动强度、劳动日投入必然增加，实现农业纯收入增加一倍这一结果，并不一定要求农业生产具有规模报酬。

上述例子中，B 农户是家庭外部剩余劳动力的一个重要前提是，土地合并后，总的农业纯收入的增加或维持不依赖于增加劳动以外的其他投入，否则我们就不能讲剩余劳动力了，因为发生了其他投入对劳动力的替代。例如，上述例子中，如果 A 农户种植两户的 20 亩土地，农业纯收入 2 万元，但中间投入显著超过 1 万元，我们就不能讲，B 农户是家庭外部的剩余劳动力。因此，为了研究是否存在家庭外部的农村剩余劳动力，我们既要研究农业收入的土地弹性，还要研究农业生产中间投入的土地弹性。

（二）对现有研究的述评

现有的研究均采用柯布—道格拉斯函数（CD 函数）来描述我国的农业生产，并进行实证研究。Lin（1992）[116] 和 Fan（1991）[117] 用 CD 函数分别研究了技术变化和制度变革对我国农业增长的影响，但这两个研究均使用省一级的加总数据，并不适于研究我国农户农业生产的规模经济状况（Wan and Cheng, 2001）[118]。

Wan 和 Cheng（2001）、Nguyen et al.（1996）[119]分别采用农户调查的数据，研究了我国农业生产的规模经济问题。尽管使用的数据不同，但两个研究采用的农户家庭农业生产模型和实证分析方法却基本一致，其模型设定如下：

$$Y = e^{\alpha_0 + \alpha_1 D_1} S^{\beta_1} K^{\beta_2} L^{\beta_3} \qquad (5-1)$$

式中，Y 是某种农作物的产量，S、K、L 分别表示该农作物的种植面积（以亩计量）、以人民币元计量的中间投入（包括化肥、农药等物质费用和服务费用）和劳动投入（以工作日计量），D_1 表示农户教育水平。Nguyen et al.（1996）分别估计了玉米、小麦和水稻三种农产品的生产函数，发现水稻生产具有规模递增效应，其余两种农产品生产的规模收益不变。Wan 和 Cheng（2001）分别估计了玉米、晚籼稻、小麦、早籼稻、薯类四种农产品的生产函数，发现我国粮食生产的规模收益不变。

李功奎和钟甫宁（2006）[120]采用如下模型来描述我国农户的农业生产，并进行实证研究。

$$I = e^{\alpha_0 + \alpha_1 D_1} S^{\beta_1} K^{\beta_2} L^{\beta_3} \qquad (5-2)$$

与模型（5-1）不同，模型（5-2）的被解释变量 I 是农户家庭的农业纯收入，而非农产品产量；模型（5-2）其他变量与模型（5-1）相同。李功奎和钟甫宁（2006）估计了生产函数，但他们没有对规模经济问题进行分析。

那么，模型（5-1）和模型（5-2），哪一个能更好地描述我国农户家庭农业生产行为呢？我们的农户调查发现，虽然在理论上，模型（5-1）似乎是合理的，但在实证分析中，模型（5-1）却面临两个难以克服的困难，使其难以正确描述我国农户的农业生产行为。

其一，各种农产品的中间投入存在计量上的困难。我们在调查中发现，农户家庭通常种植一种以上的农产品。对于农业生产的投入品支出，如化肥、农药、机耕等支出，农民通常只记录一个总数，很难分清具体有多少支出投入到某种农作物上。即使农户能给出一个大概的数据，也不太准确，这使得采用模型（5-1）很难准确地分别估计各种农产品的生产函数。

其二，也是更重要的，由于种植方式不同，不同农户的同种农产品在产量上的可比性较差。例如，我们的农户调查发现，湖北汉川的农户种植棉花的方式主要有六种，包括：（1）只种棉花；（2）棉花中套种西瓜；（3）收了小麦后种棉花；（4）小麦里套种棉花；（5）棉花里套种黄豆；（6）收了油菜后种植棉花。除了这六种主要方式外，还有其他一些棉花种植方式。农民一般根据土地的自然种植条件、土地的规模和区位条件、农民自身素质和经验、家庭农机条件、往年的价格等多种因素，选择棉花的种植方式。对于相同的种植面积，若种植方式不同，则棉花的产量、质量、中间投入支出会存在很大的差别。换言之，由于采取了不同种植方式，农户 A 生产的 500 斤棉花与农户 B 生产的 500 斤棉花，并不具有可比性。我们在调查中还发现，对于同一种农作物，农户常常在一部分农田中采用一种种植方式，而在另一部分农田中采用另一种种植方式，这进一步降低了农户之间的农产品产量的可比性。因此，采用模型（5－1）很难准确地分别估计出农户的玉米、小麦、棉花等多种农产品的生产函数。

由于农户之间的各种农产品产量缺乏可比性，这会进而导致农户之间的总收入也缺乏可比性。然而，农户之间的农业纯收入却是可比的，也是农户最容易准确给出的数据，这是用模型（5－2）来描述农户农业生产行为的显著优点。因此，相比于模型（5－1），采用模型（5－2）可以更好地对农户的农业生产行为进行实证分析。

（三）在紧的土地约束条件下土地弹性的估算方法

1. 土地种植面积与农户农业生产经营方式的关系

农户土地种植规模与其农业生产经营方式可能有着紧密的联系，这里有多种可能的情况。第一种可能是，在土地面积较小的情况下，农户会精耕细作，以期在单位土地面积上赚取更多的利润，因此，土地面积较小时，单位面积的农业纯收入较大。第二种可能是，在面积较大时，农户更有积极性增加农业投入，单位土地的农业纯收入可能更大。第三种可能是，当土地面积很大时，农户对土地经营比较粗放，单位土地的农业纯收入减小。由于我国农村土地面积普遍较小，第三种可能存在的概率不大。图 5－1 是农户种植面积和农业纯收入关系散点图，仔细观察可以发现，同其他农户相比，对于土地面积小于 19 亩的农户，其农业纯收入与土地面积拟合直线的斜率要稍微高一点，但这一观察有待实证检验。我们在下面的实证分析中将考虑土地面积对土地弹性的可能影响。

收入（元）

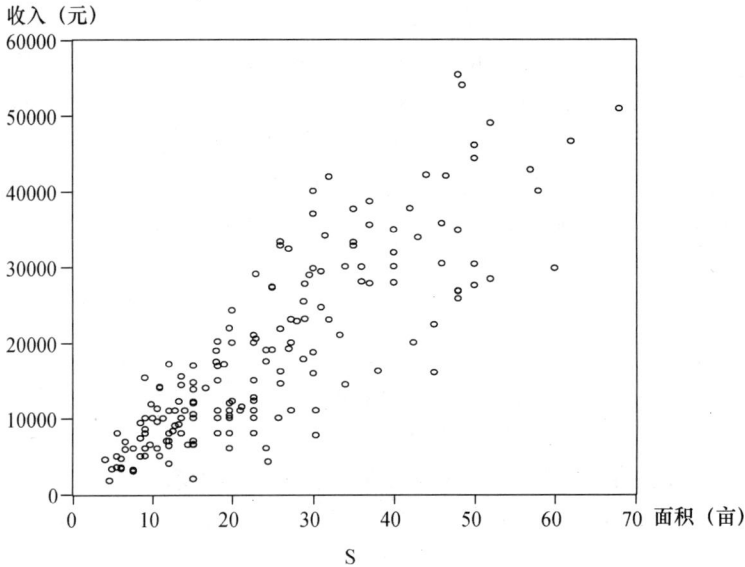

图 5 - 1　农户种植面积和农业纯收入关系散点图

2. 对农业纯收入的综合土地弹性的定义

本书采用的农户农业生产模型如（5 - 3）式所示：

$$I = e^{\alpha_0 + \alpha_1 D_1} S^{\beta(M)} K^{\beta_2} L^{\beta_3} \tag{5-3}$$

现有关于农业规模经济的研究，如 Wan 和 Cheng（2001）、Nguyen et al.（1996）、李功奎和钟甫宁（2006），通常假设土地的弹性是常数，但根据土地种植面积与农业生产经营方式的关系分析，这种假设并不一定成立。本书放弃了农业收入的土地弹性是常数的这一假设，在实证分析模型中，用虚拟变量控制土地种植面积小于和大于 19 亩农户之间的农业收入土地弹性的差异，在（5 - 3）式中用 $\beta(M)$ 表示农业收入土地弹性与土地种植面积的取值范围有关。

根据（5 -3）式改写的计量模型如（5 - 4）式所示，可以用来估计农业纯收入的规模经济参数，但并不能正确地估计土地种植规模对农户家庭农业纯收入的综合影响。

$$\ln(I) = \alpha_0 + \alpha_1 D_1 + \beta(M)\ln(S) + \beta_2\ln(K) + \beta_3\ln(L) + \varepsilon_0 \quad (5-4)$$

因为根据（5-4）式估计的农业收入的土地弹性，是假设农业生产的中间投入不变情况下的土地弹性，但这种假设在我国实际的农业生产中并不成立。

我国农村土地资源十分短缺，农民普遍面临着非常"紧"的土地约束。在紧的土地约束条件下，农户土地种植面积对其农业生产的中间投入如化肥、农药、农机租用等有着决定性影响，对农业生产的劳动日投入也有着决定性影响，用含有误差项的计量模型（不是确定性的数理模型）可表示如下：

$$\ln(K) = \delta_0 + \delta_1\ln(S) + \varepsilon_1 \quad\quad\quad (5-5)$$

$$\ln(L) = \theta_0 + \theta_1\ln(S) + \varepsilon_2 \quad\quad\quad (5-6)$$

（5-5）式和（5-6）式成立的理论基础，是在存在土地约束和一定的技术条件下，单个要素边际收益递减的农业生产规律。首先，在其他农业投入不变的情况下，土地的边际收益是递减的。为了应对土地的边际收益递减，理性的农民必然会随着土地种植面积的增加而增加化肥、农药、农机、劳动日等生产性投入。例如，一个农民种植 5 亩土地用 10 公斤化肥，且不需要租用农机，那么他种植 50 亩土地，就必须使用更多的化肥，例如 100 公斤，并且也必须租用农机。因为农户的行为是受"在其他条件不变的情况下，土地的边际收益递减"规律支配的，土地种植面积增加，不增加化肥等中间投入，土地收益无法实现最大化。

其次，土地面积不变，其他农业投入的边际收益也是递减的。例如，一个农民种植 5 亩土地最好用 5 公斤化肥，他决不会使用 10 公斤化肥，因为过度使用化肥可能得不偿失。在土地面积不变的情况下，农民也不会过度使用化肥、农药、农机等其他投入。所以，在我国农村普遍土地约束的条件下，土地种植面积对农业生产的中间投入如化肥、农药、农机租用等有着决定性影响，对农业生产的劳动日投入也有着决定性影响。我们的调查也发现，农户农业生产的中间投入的自然对数值与其土地种植面积的自然对数值相关系数高达 0.87，中间投入对其土地种植面积做对数线性模型回归，回归的 R^2 为 0.79。

综上，在我国农村普遍存在土地约束的条件下，土地面积对家庭农业收入的影响有三个渠道：第一个渠道是土地面积自身对农业收入的影响，可用（5-4）式的土地弹性表示。第二条渠道是土地面积通过影响农业中间投入来影响农业收入。第三条渠道是土地面积通过影响劳动日投入来影响农业收入。要正确估计土地种植面积对农户农业收入的综合影响，应当将公式（5-4）、（5-5）、（5-6）结合起来，得到公式（5-7）

$$\ln(I) = \alpha_0 + \delta_0 + \theta_0 + \alpha_1 D_1 + (\beta(M) + \beta_2\theta_1 + \beta_3\theta_1)\ln(S) + \varepsilon_0 + \varepsilon_1 + \varepsilon_2$$

$$(5-7)$$

为了区别于（5-4）式计算的土地弹性，本书定义根据（5-7）式计算的土地弹性为土地约束条件下的综合土地弹性。下面我们将根据（5-7）式和（5-5）式，分别对农业收入的综合土地弹性和农业生产中间投入的土地弹性进行估计。

第五节　对农业收入的综合土地弹性和农业投入的土地弹性的估计

（一）对实证分析变量的界定

1. 对农业纯收入的综合土地弹性的实证分析模型

本书对农业纯收入的综合土地弹性进行实证分析的计量模型可用公式（5-8）：

$$\ln I = \rho_0 + \rho_1\ln S + \rho_3 M_s \times \ln S + \rho_4 La + \psi X + \gamma N + u \qquad (5-8)$$

其中，$\ln I$ 表示农户农业生产纯收入的自然对数。S 是农户土地种植面积，本次调查样本 S 在 4 和 68 亩之间。$\ln S$ 表示 S 的自然对数。

Ms 表示 $M12$、$M23$、$M4$ 3 个虚拟变量之一，$M12$ 取值为 1 时表示土地种植面积在 4 亩和 19 亩之间的农户、$M23$ 取值为 1 时表示土地种植面积在 19—30 亩之间的农户、$M4$ 取值为 1 时表示土地种植面积大于 50 亩的农户。在计量模型中分别加入这些变量和 $\ln S$ 的交乘项，是为了研究农业收入的综合土地弹性是否随土地规模变化。

La 表示农户家庭常年参加农业生产的劳动力数量，La 和（5-6）式中的 L 不一样，后者表示劳动日投入。La 的定义如下：夫妻两人常年参加农业劳动的代表性农户家庭劳动力数量为 2；一人常年打工、一人在家务农的农户农业劳动力数量为1；儿子、女儿或儿媳在家常年参加农业劳动，可算做一个劳动力；户主的父亲或母亲没有超过60岁，且常年参加劳动算做一个农业劳动力，如果超过60岁且常年参加劳动，算做半个劳动力。需要说明的是，家庭劳动力数量和家庭农业生产劳动日投入的经济含义不同，家庭劳动力数量与土地种植规模没有联系，而土地种植面积对家庭农业生产的劳动日投入有着直接的决定性作用。根据（5-7）式，（5-8）式中没有家庭劳动日投入变量，这里加入家庭劳动力变量，是为了分析家庭边际劳动力对收入的影响。

X 是由 $X1$、$X2$、$X3$、…、$X13$ 等虚拟变量组成的向量，分别表示 13 个自然村，其取值是 1 或 0。在实证分析中，$X1$—$X13$ 的 13 个虚拟变量实际上控制了 14 个自然村的自然条件对农户农业收入的可能影响。

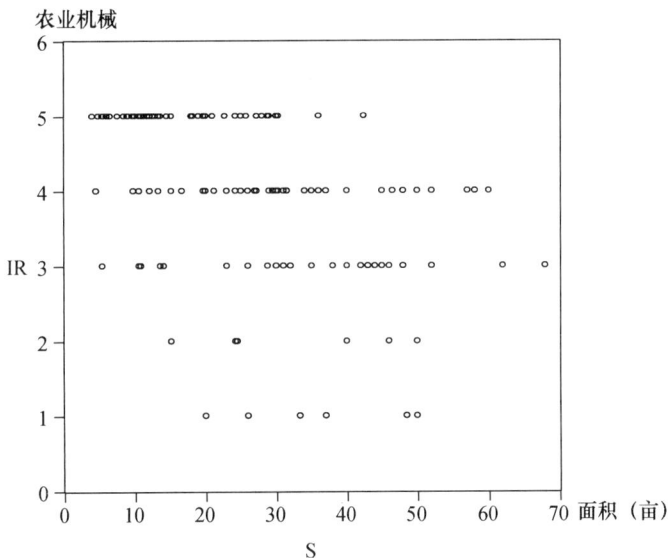

图 5-2 农户土地种植面积和家庭农机拥有情况的散点图

注：①横坐标 S 表示土地种植面积，单位是亩，纵坐标 TR 表示家庭农机拥有类型；②$TR=1$ 表示拥有价值 5 万元以上大型农机的农户，$TR=2$ 表示拥有价值 2 万—5 万元的大中型农机的农户，$TR=3$ 表示拥有价值 0.5 万—2 万元的中型农机的农户，$TR=4$ 表示拥有价值 0.5 万元小型农机的农户，$TR=5$ 表示没有农机的农户。

　　N 是由一些控制变量组成的向量，包括 ED、EXP 和 TR。其中，ED 和 EXP 是两个基本控制变量。ED 表示户主学历，0 表示小学，1 表示初中，2 表示高中。样本中没有户主学历是文盲或是大专以上的情形。EXP 是虚拟变量，取值为 1 表示曾经出外打过工，或者当过兵，或者有过其他经历，没有外出经历者取值为 0。TR 表示农户拥有的农机类型，1 表示拥有价值 5 万元以上大型农机的农户，2 表示拥有价值 2 万—5 万元的大中型农机的农户，3 表示拥有价值 0.5 万—2 万元的中型农机的农户，4 表示拥有价值小于 0.5 万元小型农机的农户，5 表示没有农机的农户。

　　农机是农户家庭的一项重要资产，但由于购买年代不一，相同农机的资本存量是多少并不清楚。更重要的是，我们调查发现大多拥有大型和大中型农机的农户，主要不是用于自家的农业生产，而是为了帮助其他农户进行农业生产，挣取农机租用费。图 5 - 2 是农户土地种植面积和家庭农机拥有情况的散点图，仔细观察可知，各种农机的拥有与种植面积关系不大，尤其是拥有大中型以上农机的农户并不是种地最多的农户，拥有中型以上农机的农户在被调查农户的土地种植面积范围内十分分散。这进一步证明农户购买大中型以上农机主要不是用于自家农业生产，而是挣取服务费的调查结论，因此，我们不能把农机的资本存量直接放入（5 - 8）式中。借鉴 Wan 和 Cheng（2001）、Nguyen et al.（1996）、李功奎和钟甫宁（2006）等现有研究的处理方式，（5 - 8）式中没有用农户资本存量，只包括中间投入。在农机投资主要用于挣取农业服务费的情况下，整个调查样本的农机投资信息和农机使用信息，实际上可以从中间投入中基本得到反映，因为中间投入包含了对农机使用的需求量。与现有研究不同的是，本书在计量模型中加入了反映农户农机拥有类型的变量 TR，以期更好地控制拥有农机情况对农户农业纯收入的影响。

　　2. 对农业生产中间投入的土地弹性的实证分析模型

　　本书对农业生产中间投入的土地弹性的实证分析模型可用（5 - 9）式表示：

$$\ln K = \rho_0 + \rho_1 \ln S + \rho_3 M_s \times \ln S + \rho_4 La + \psi X + \gamma N + u \qquad (5-9)$$

　　其中变量 K 是农户农业生产中间投入的总支出，包括化肥、农药、农机租用等所有农业生产支出，$\ln K$ 表示 K 的自然对数，（5 - 9）式中其他变量的含义与（5 - 8）式相同。

表5-2　　对农户农业纯收入、中间投入和土地种植面积关系的计量分析结果

因变量	纯收入（lnI）	纯收入（lnI）	纯收入（lnI）	中间投入（lnK）
	模型 I	模型 II	模型 III	模型 IV
常数项	6.542***（21.77）	6.503***（25.24）	6.553***（25.40）	6.296***（18.4）
lnS	0.991***（13.05）	0.979***（14.33）	0.968***（15.54）	0.963***（11.87）
La	-0.056（0.78）			0.009（0.13）
X1	0.252（0.91）	0.256（0.92）	0.260（0.95）	-0.252（1.21）
X2	-0.194**（2.18）	-0.210**（2.46）	-0.208**（2.46）	0.095（1.02）
X4	-0.320**（3.10）	-0.327***（3.23）	-0.326***（3.22）	0.082（1.05）
X5	-0.494***（6.61）	-0.503***（6.83）	-0.500***（6.94）	-0.004（0.04）
X6	0.217*（1.85）	0.216*（1.91）	0.212*（1.91）	-0.063（0.53）
X7	0.124（1.13）	0.138（1.56）	0.139（1.59）	0.188（1.64）
X9	-0.295*（1.78）	-0.307*（1.86）	-0.306*（1.86）	0.074（0.67）
X10	0.179**（2.50）	0.173***（2.53）	0.176**（2.67）	0.122（1.20）
X12	0.138（1.31）	0.124（1.15）	0.128（1.20）	0.083（0.64）
X13	0.373***（5.14）	0.344***（4.92）	0.347***（5.08）	0.095（0.94）
M12×lnS	0.084**（2.13）	0.084**（2.14）	0.074**（2.27）	-0.047*（1.82）
M23×lnS	0.010（0.51）	0.010（0.46）		
M4×lnS	-0.006（0.24）			
ED	0.074*（1.90）	0.070*（1.84）	0.069*（1.83）	0.006（0.21）
EXP	-0.055（0.91）			0.045（0.69）
TR	0.008（0.25）			-0.005（0.16）
调整后的 R^2	0.791	0.793	0.795	0.788
样本数	179	179	179	178

注：（1）经 BP 异方差检验，表中所有模型均存在异方差，因此，括号中的 t 值均以怀特（White）异方差稳健型标准误为基础计算而得；（2）*、**、***分别表示在10%、5%、1%的显著性水平上显著；（3）受限于篇幅，表中没有呈现未达到10%显著水平的自然村虚拟变量（X3，X8，X11），这些虚拟变量在所有的模型中都不显著。

（二）对农业纯收入的综合土地弹性的分析结果

表5-2模型 I、II、III给出了对公式（5-8）所表示的计量模型的

OLS 分析结果。模型 I 中 La 的系数也不显著，这一结果与 Wan 和 Cheng（2001）、Nguyen et al.（1996）的研究一致，其中 Wan 和 Cheng（2001）的回归分析发现劳动力系数是不显著的负值，这与本文的结果相同。在本文的 189 个样本中，172 个样本有夫妻两个劳动力，La 等于 2，7 户家庭有户主的父母或成年子女参加农业劳动，La 大于 2。La 的系数不显著说明增加劳动力数量对农户的农业收入没有影响。模型 I 中 TR 的显著性水平很低，这进一步证明拥有农机的类型对农户的农业纯收入没有影响，农户购买中型以上农机主要是为了挣取农机租用费。

ln$S$ 和 $M12 \times \ln S$ 在模型 I、II、III 中都显著，其他虚拟变量与 ln$S$ 的交乘项均不显著，这说明同土地种植规模较大的农户相比，土地种植规模小于 20 亩的农户，其农业纯收入的土地弹性要略大一点。但由于 $M12$（ln$S$ 的系数很小）经过线性约束的 F 检验，对于土地种植面积不同的农户，其农业收入的土地弹性与 1 都没有显著的差异。因此，可以认为农户农业纯收入的综合土地弹性等于 1。

根据 F 检验，La、$M23 \times \ln S$、$M4 \times \ln S$、EXP、TR 联合不显著，所以，我们将采用表 5-2 模型 III 进行下面的农村剩余劳动力存在形式分析。

（三）对农业中间投入的土地弹性的分析结果

表 5-2 模型 IV 给出了对（5-9）式所表示的计量模型的 OLS 分析结果。计量分析发现，农户教育水平、经历、拥有的农机类型，以及家庭劳动力数量对农户农业生产的投入均无影响。土地规模是影响农户农业生产中间投入的主要因素。其中，ln$S$ 的系数高度显著，并接近等于 1，$M12 \times \ln S$ 的系数在 10% 的水平上显著地小于零，但系数很小，这说明同土地种植规模较大的农户相比，土地种植规模小于 20 亩的农户，其农业投入的土地弹性要略小一点。但由于 $M12 \times \ln S$ 的系数很小，经过线性约束的 F 检验，对于土地种植面积不同的农户，其农业投入的土地弹性与 1 没有显著的差异。因此，可以认为农户农业中间投入的土地弹性等于 1。

结合前文计算的农户农业纯收入的综合土地弹性也等于 1，可以推论农户的农业毛收入（或称总收入）是规模报酬不变的，这一结果与 Wan 和 Cheng（2001）、Nguyen et al.（1996）的研究结果是一致的，后者发现我国农户的农业生产总产量是规模报酬不变的。

第六节　农村剩余劳动力的存在形式和民工荒问题的分析

农户农业纯收入的综合土地弹性和农业生产中间投入的土地弹性均等于1，这一结论的重要含义是，土地分散经营的农户合并土地后，总的农业纯收入和中间投入不会明显变化。例如，A、B 两农户各种植 10 亩土地，如果能够合并经营，使得 A 农户种植两户的 20 亩土地，那么，同分散经营相比，总的农业纯收入将不会下降，而总的农业投入也将不会明显提高。换言之，在没有发生其他投入对劳动力的替代的情况下，A 农户取得了原来两户农民种植土地的总的纯收入，这意味着 B 农户是以剩余家庭形式存在的家庭外部的剩余劳动力。

我们在湖北汉川的中洲农场和二河镇调查样本的土地种植面积范围为 4—68 亩，其中，在湖北汉川二河镇的农户调查共 111 个有效样本，他们共种植土地 1767 亩，平均每家种植面积 16 亩，但其中 69 家农户种植面积小于 15 亩，总的农业纯收入为 113.6 万元。由于二河镇农户的土地种植面积更接近一般的农村地区，具有一定的代表性，下面，我们以二河镇的调查样本为例，分析"剩余家庭"存在的规模。

根据表 5-2 模型Ⅲ，可以将农业纯收入随土地规模变化的预测模型表示如下：

$$\ln I = 6.553 + 0.968 \times \ln S + 0.074 \times M12 \times \ln S + 0.068 \quad (5-10)$$

（5-10）式中 0.068 是 ED 的系数，这里 ED 取值为 1，代表了绝大多数农户的初中学历。我们将利用（5-10）式对二河镇农村"剩余家庭"的存在规模进行分析。46 亩的土地种植面积是本次调查样本的第 90 百分位数，二河镇 111 户被调查农户共计 1767 亩的土地可容纳 38 个种植面积为 46 亩农户家庭，根据（5-10）式，38 个种植面积为 46 亩的农户农业纯收入的总值为 116.1 万元，这比 111 家农户分散经营的农业纯收入 113.6 万元还要高一点。这表明在二河镇，大量的农户家庭是"剩余家庭"，换言之，二河镇存在大量的家庭外部的剩余劳动力。

然而，如果土地经营存在着单位规模收益，那么为什么农户之间没有进行合作？比如将两户的土地合并到一起经营，然后进行再分配，从而实现帕累托改进。理解这个问题，我们不妨先考虑家庭内部的剩余劳动力劳动。假设一个家庭有 3 个劳动力，其中一个劳动力是剩余劳动力，他的存在并没能增加该家庭的总收入。但是这个剩余劳动力的存在却能实实在在地减少其他两个劳动力的劳动力投入。换言之，如果没有第 3 个劳动力，其他的两个劳动力必须满负荷劳动，其劳动投入各是 1 个。有了第 3 个剩余劳动力，其他两个劳动力不用满负荷劳动，3 个劳动力的劳动投入各是 2/3 个，3 个劳动力都处于 1/3 的失业状态（或剩余状态）。但是，我们并不能因为第 3 个劳动力减少了其他两个劳动力的实际劳动负荷，就否认第 3 个劳动力是剩余劳动力，我们只是根据"第 3 个劳动力的存在是否能增加家庭总收入"这一标准来判断他是否是剩余劳动力。

理解了上述问题，我们就好理解"为什么土地经营具有单位规模收益，但农户没有自行进行土地合并？"这一问题。道理同上，因为两户农民家庭各经营一份土地，同一户农民家庭经营两份土地相比，尽管在总收入上没有显著增加，但一户农民经营两份土地可能必须满负荷劳动。假设 A、B 两农户各经营一份土地，其农业收入各是 1 万元，A 农户经营两份土地农业总收入是 2.1 万元。他们是否会自行合并土地呢？比如，由 A 农户经营两份土地，然后给 B 农户 1 万元。当然不会，因为农户 B 没有付出任何劳动，而 A 农户必须满负荷劳动。

假如有了非农产业的工作机会，B 农户全体转移出来，B 农户一般愿意把土地租给 A 农户经营。但是，如果没有非农产业的工作机会，B 农户更愿意从事农业劳动，以利用其剩余的无处使用的劳动力。这比把土地租给 A 农户得到的收入更多。

更大的困难在于，剩余家庭 B 农户全体转移出来的成本比家庭内部单个劳动力转移出来的成本要大得多。如子女上学、住房成本，等等，这些成本对于家庭内部的单个劳动力转移基本可以不考虑。这正是本书提出家庭内部和家庭外部剩余劳动力的意义所在。它有助于解释为什么"在我国，民工荒和剩余劳动力会同时存在"。

从经济理论的角度分析，市场选择的结果应该会根据边际法则，使家庭内部和外部的剩余劳动力最后形成一个均衡，包括劳动力转移数量、农民工工资等。这个均衡的实现，需要厂商提高农民工的工资，包括已经在工厂工作的农民工的工资，这个成本对厂商而言太大了。因为许多成本是应该由社会负担的，如子女上学、部分住房成本、社会保障成本，等等。并且，从家庭内部劳动力的转移成本到家庭外部劳动力的转移成本，不是逐渐提高的，而是突然显著提高的，厂商难以承受，尤其是本该部分由社会承担的子女上学、住房、社会保障等成本。这是造成家庭外部的剩余劳动力和"民工荒"可能同时存在的主要原因。

我们不妨用公式（5－10）对全国的"剩余家庭"作个粗略估算。根据2008年《中国统计年鉴》数据，我国2007年年底农村居民家庭平均每人耕地面积2.16亩，每户平均3.27人，由此可知我国农村居民每户平均土地种植面积为7亩。根据公式（5－10），种植20亩土地的农户农业纯收入是17112元，种植7亩土地的农户农业纯收入是5704元，前者相当于后者的3倍。换言之，将我国农村2/3的农户家庭迁移出去，使剩下农户实现土地规模经营，农业纯收入总值基本不变。所以，整体而言我国农村大量的农户家庭是"剩余家庭"，换言之，我国农村存在大量家庭外部的农村剩余劳动力。

我们的问卷调查专门设计了一个问题询问在家劳动力未出去打工的原因。该问题列出了9个可供选择的原因，包括：（1）外出找不到工作，（2）年龄过大，不愿出去；（3）家里的土地需要耕种；（4）家里的小孩需要照顾；（5）外出打工收入并不比守在家乡高多少；（6）打工太累；不愿出去；（7）身体不好；不适合出去；（8）在家乡找到了工作；（9）家里的老人需要照顾。每个被调查者最多可以选择3项。如果某个被调查者选择了"外出找不到工作"，说明他是愿意外出打工但缺乏工作机会的家庭内部剩余劳动力，同时也说明他寻找工作的能力可能不高。

在189份有效问卷中，选择一项的有180人，选择两项的有78人，选择3项的有8人，总计266次选择。其中，选择"年龄过大，不愿出去"者73次，选择"家里的土地需要耕种"者56次，选择"家里的小孩需要照顾"者55次，选择"外出找不到工作"者34次，选择"外出打工收入并不比守在家乡高多少"者22次，其他选择选次过少，不予报告。这一结果表明，家庭内部的剩余劳动力很少，因为在总共266次选择中，选择"外出找不到工作"者只占12.7%，在家劳动力没有外出打工的主要原因是家庭的原因，选择家里的土地需要耕种和小孩需要照顾者占总选择次数的 41.7% 。另一个重要原因是"年龄过大，不愿出去"，占总选择次数的 27% 。进一步询问发现，"年龄过大，不愿出去"的主要原因是因为对家乡熟悉的生活环境和夫妻团聚的家庭生活的眷念，这实际上也是一种家庭因素。这进一步证明，在我们调查的农村，家庭内部剩余劳动力很少，以"剩余家庭"形式存在的家庭外部剩余劳动力，是农村剩余劳动力存在的主要形式。

我们的农户调查是在 2008 年 7 月进行的，当时我国 2003 开始出现的"民工荒"还没有完全结束。根据相关新闻调查，2003—2007 年的"民工荒"主要是"普工荒"①。2009 年第四季度和 2010 年年初，在我国经济经过国际金融危机的考验企稳回暖的时候，我国东部大多数地区和中部一些地区又传来"民工荒"的消息。我们的研究结论有助于增进我们对"民工荒"现象的理解。

钟甫宁、何军（2004）以城乡居民收入大体相等为衡量标准进行估算，发现在目前条件下我国需要转移近 2 亿的农村剩余劳动力，而从目前状况到达到发达国家或中等发达国家水平，一共要转移 3.5 亿农村劳动力。蔡昉（2007）、王美艳（2007）等研究，采取农村劳动力总量减去农业生产对劳动力的需求量和已经转移到第二、三产业的劳动力数量的方法，来估算我国农村剩余劳动力，发现我国农村剩余劳动力在 0.25 亿—1.06 亿之间。尽管采用不同的方法，对农村剩余劳动力数量的估算得到了大相径庭的结果，但现有研究都不否认我国农村还有数千万剩余劳动力。但是，当用这些研究结果来解释农村剩余劳动力和"民工荒"并存现象时，却遇到了不小的困难。

我们的研究表明，造成"民工荒"的原因，主要不是因为农村已经没有了剩余劳动力，而是因为大量的农村剩余劳动力以"剩余家庭"的形式存在于家庭的外部。同家庭内部的主要以未婚青年农民为主的剩余劳动力相比，以"剩余家庭"形式存在的家庭外部剩余劳动力，主要以已婚农民为主，他们外出打工的成本很高。除非他们能够低成本的举家迁移

---

① 参见《经济参考》2004 年 8 月 2 日文章《"民工荒"困扰珠三角》；《中山商报》2005 年 3 月 4 日文章《民工荒到底"荒"什么》；中国服装协会网站（2005 年 2 月 7 日）文章《民工荒为"中国结构"敲响警钟》。

或者足够高的打工工资，否则他们不愿外出打工。因此，我们的研究结论增进了对农村剩余劳动力和"民工荒"并存现象的认识和理解。

综上所述，农村剩余劳动力有两种存在形式：一种是存在于单个农户家庭内部的剩余劳动力，以单身农民为主；另一种是以"剩余家庭"形式存在的家庭外部的剩余劳动力，以已婚农民为主。我们在湖北汉川的农户调查发现，家庭内部的剩余劳动力已经很少，但对于整个乡村而言，还存在大量的以"剩余家庭"形式存在的家庭外部剩余劳动力。如果能把这些"剩余家庭"转移出去，使剩下的农户实现土地规模经营，农业纯收入的总值同分散经营相比并不会下降。

同以单身青年农民为主的家庭内部的剩余劳动力相比，以"剩余家庭"形式存在的家庭外部剩余劳动力以已婚农民为主，他们外出打工的成本非常高，如子女上学成本、住房成本、子女抚养成本，等等。这些成本对于家庭内部的单个劳动力转移基本可以不考虑。家庭外部剩余劳动力退出或不参与城市劳动力市场是导致2004年开始2008年第三季度结束而目前重新出现的"民工荒"的重要原因。

年轻的农民工，随着年龄的增加、结婚、生子，他们组建的家庭就可能成为农村新的"剩余家庭"，他们也因此由家庭内部的剩余劳动力转变为家庭外部的剩余劳动力，从而增加他们外出打工的成本，他们也可能退出城市劳动力市场。

本书的建议是，为了促进我国农村剩余劳动力的转移，我们既要防止新的农村"剩余家庭"的产生，还要尽力减少老的农村"剩余家庭"。当前可以采取如下措施：（1）对于夫妻双方都在外打工的农民工，打工地政府要帮助他们解决好子女上学、住房保障等问题，防止他们回流农村，使农村"剩余家庭"数量扩大；（2）发展大城市周边的中、小城镇，既利用大城市的聚集经济，又能促进农村"剩余家庭"就近转移，使农村"剩余家庭"的转移成本如住房成本和情感成本降低；（3）帮助未婚的年轻农民工结婚后把家安在打工的城镇，避免农村出现新增"剩余家庭"。

第六章　两栖式城市化与农民工市民化

我国的地区差距、城乡差距与各地区在城市化进程上的差距本质上是一回事，扼制和减少地区差距、城乡差距，实质就是通过城市化来吸引和消化农村人口，把数以亿计的中西部农村剩余人口转变为城市人口。本章将在前几章研究基础上对我国城市化进行研究。本章研究了我国两栖式城市化的特征，提出促进农民工市民化是促进我国城市化和区域协调发展的有效途径，并提出了农民工市民化的政策建议。

第一节　两栖式城市化概念的提出

根据国家统计局农调队抽样调查，1995 年超过 5000 万农民在外务工，2002 年达到 9460 万人，2003 年为 1.1 亿人，比 2002 年增长 8.6%；2004 年为 1.2 亿人。农民工的生活方式具有以下特点：

（1）农民工对城市缺乏足够的归属感和认同感。农民工虽然工作在城市，居住在城市，但他们没有完全融入城市，对其工作的城市没有足够的归属感和认同感。

（2）城市对农民工也缺乏足够的认同。农民工虽然生活工作在城市，但他们没有得到城市社会（包括政府和城市居民）的认同，也没有获得和城市居民同等的社会地位，包括政治地位（如选举权和被选举权）和经济地位（如各种社会保障）。但在其户口所在地，他们可以得到社会认同。城市政府也没有对农民工的社会保障、子女上学等基本公共服务负起责任。

（3）农民工在年纪较大或者一时找不到合适的工作的情况下，一般会选择回其户籍所在地，因而两栖式城市化是一个双向可逆的人口流动过程。

（4）许多农民工的子女和家属没有与其同住城市，而是留在农村。这样农民工往往一家跨两地，常常往返城乡之间。

（5）"城市挣钱、农村消费"的生活模式在农民工中很普遍。大多数农民工在城市辛苦工作，在其户口所在地却花大量的储蓄（大多数农民工是倾其所有）盖建住宅，并进行其他消费。

从农民工生活方式的上述特点可知，农民转化为农民工的过程和农民转化为市民的城市化过程有着很大的差异，我们把农民变为农民工的过程称为"两栖式城市化"，以反映农民工"家庭的两地性、身份的双重性、工作的两可性、人口流动方向的双向可逆行性"以及"城市挣钱、农村消费"的生活模式。"两栖式城市化"、农民工市民化和城市化的关系可用图6-1表示。

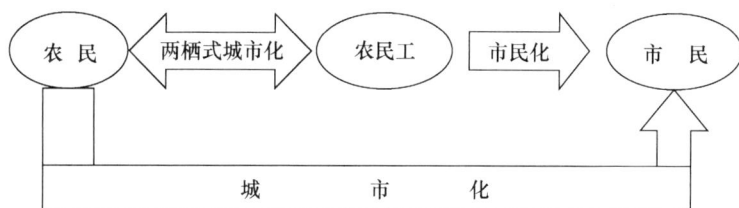

图6-1　城市化、两栖式城市化和农民工市民化的关系图

所谓农民工市民化，它是指一个过程，指通过制度创新，使农民工逐渐享有其工作地居民同等的社会政治、经济权利的过程。这种权利包括农民工工作地居民享有住房补贴、住房公积金、失业保险、工伤保险、医疗保险、子女上学等社会福利，也包括选举权和被选举权。使农民工完全拥有这种权利，一定是一个渐进的过程，而且，不同地区不同等级的城市，由于实现上述权利的成本不同，因此，应该采取不同的政策。有关这些问题是本章研究的主要内容。

第二节　两栖式城市化对区域
协调发展的利与弊

　　为了研究两栖式城市化对我国区域协调发展产生了多方面的影响，笔者进行了广泛的调研。2006 年 10 月、2007 年 3 月和 8 月，笔者在江西新余和广东东莞作了大量的实地调查，并使用问卷的形式对农民工的工作生活情况进行较为详细的调查。2008 年春节期间（2008 年 1—2 月），笔者又组织力量利用农民工回乡高峰，对江西、湖南、湖北、贵州、广西等地回乡的农民工进行问卷调查，共收回有效问卷 493 份，同时笔者还组织力量对在苏州吴中区工作的农民工进行问卷调查，共收回有效问卷 149 份。这些调研使我们取得了许多第一手和第二手资料。在对资料进行理论分析的基础上，我们发现，两栖式城市化对我国区域协调发展有着正反两个方面的深刻影响，而且，正反两种影响的力度随着我国城市化进程的逐步深入，正发生着变化。

一　两栖式城市化对区域协调发展的有益作用

（一）避免了在我国大城市出现大面积的贫民窟

　　如前文第二章所述，拉美、东南亚等一些国家，在快速城市化过程中，在大城市出现了大面积的贫民窟。但是，在我国现有的土地制度、户籍制度的背景下，我国农民工理性选择的主流生活模式是"城市打工、农村消费，一个家庭部分在城、部分在乡，有活在城，无活回乡"。根据笔者调查，大多数农民工在城市定居的意愿不强，这避免了在我国大城市出现大面积的贫民窟。

（二）提高了农户收入、改善了农村居民的住房条件、生活条件和生产条件

　　一个家庭部分人出去打工增加了家庭收入，改善了生活条件。一个村里部分农民和农户家庭出去打工，使留在农村的农户家庭土地经营规模增长，提高了土地规模效益。家庭收入水平和土地经营规模的提高，促使一些农户购买农机自用和出租，这改善了农业生产条件和效率。

此外，尽管农民工在城市买不起住房，但他们打工积攒的钱却使他们在农村老家盖得起住房甚至"小洋楼"。根据笔者调查，在江西新余和湖北汉川农村的调查，绝大多数农民工通过打工积攒的钱，在村里分配的宅基地上盖起了宽敞的住房，部分盖起了"小洋楼"。

二　两栖式城市化对区域协调发展的十大不利影响

（一）造成生产在东部地区的过度集中

根据我们在苏州吴中区的调查，发现当地农民工平均年收入为1.57万元，平均带回家1.26万元，带回家的钱占总收入的80.3%。"城市挣钱，农村消费"的生活模式是农民工主要的生活模式。在这种生活模式下，农民工并不奢望在城市买房置业，因此农民工对城市的房价和交通成本的上升极不敏感，他们愿意居住在工地、简陋的集体宿舍，甚至城市的贫民窟，以便积攒更多的钱回家乡农村消费。

根据第三章的分析，尽管农民工具有很强的流动性，但他们对大城市聚集不经济导致的房价过高、交通拥挤等城市病并不敏感，厂商主要依据农民工来城市打工的机会成本来决定农民工的工资，农民工工资与城市生活成本具有非相关性。根据我们在苏州吴中市区、临湖镇、临湖采莲村等不同等级城市的农民工调查，发现不同等级城市农民工的收入并没有显著差异，这进一步证明了农民工工资与城市生活成本具有非相关性。在这样的情况下，厂商既享受了大城市聚集经济带来的收益，却不用为聚集不经济带来的房价过高、交通拥挤等城市病完全付费。根据第三章的分析，这必然导致生产在东部发达地区过度集中。

（二）政府间财政收入的巨大失衡

两栖式城市化使得生产在农民工聚集地区集中，而农民工流入地政府又不对农民工承担子女上学，以及失业保险、基本住房、养老保险等社会保障，这必然使得农民工流出地政府和流入地政府间财政收入产生差异。下面以著名的农民工聚集地广东东莞市和江西新余市，以及东莞虎门和新余姚圩为例进一步说明。

东莞面积2465平方公里，2007年户籍人口171万人；新余位于江西中部，地处南昌、长沙两座省会城市之间，总面积3178平方公里，2007年户籍人口112万人。2007年，东莞的户籍人口是新余的1.5倍，但东莞财政收入是新余的 9.7 倍。

表 6 – 1　　　新余市、新余市姚圩镇与东莞市、东莞市虎门镇财政收入的比较

单位：万元

城镇	2000 年	2001 年	2002 年	2003 年	2004 年	2005 年	2007 年
东莞	304730	450163	552933	674461	826389	1039700	1860000
虎门						87700	111000
新余	8465	9066	50000	62600	75400	105200	192600
姚圩	188	197	283	299	362	340	

资料来源：《渝水区统计年鉴》、《东莞统计年鉴》、《新余统计年鉴》，虎门镇政府网站。

注：对于新余、东莞两市而言，表中数据是市财政一般预算收入，不含上划中央、省的财政收入。对于虎门和姚圩而言，表中数据是指镇本级可支配财政收入。

东莞虎门面积 178.5 平方公里，2007 年户籍人口约 12 万人。新余姚圩镇 2007 年户籍人口 30036 人，姚圩镇是一个务工大镇，全镇在外务工人员已达 1.33 万人，占全镇劳动力总数的 88.7%。从表 6 – 1 可知，姚圩镇的财政收入从 2000 年的 188 万元递增到 2004 年 362 万元，年增长率很不稳定。2005 年由于国家取消了农业税，财政收入比 2004 年还下降了 6%。虎门的户籍人口是姚圩的 4 倍，但虎门镇的本级可支配财政收入是姚圩的 257.9 倍。

农民工流入地政府凭借其巨大的财政收入，可以改善居民的生产、生活条件和厂商的投资环境，这可以进一步吸引投资和人才，使得生产和人口在农民工流入地进一步过度集中，造成地区差距扩大。

（三）财力薄弱地区对财力雄厚地区进行财政补贴

在目前的制度环境下，农民工流入地区政府对农民工没有提供基本公共服务的责任，而农民工流出地区的政府却负有对农民工提供基本公共服务的责任。例如，根据笔者在苏州的调查，农民工的子女上公办小学一般要交借读费（尽管上级政府禁止学校向农民工收取借读费），或者掏更高的费用上质量较差的民办小学；而按规定，农民工子女不能在苏州上中学，因为我国的中考和高考制度规定，考生必须在户籍所在地参加考试。笔者在深圳的调查也发现，深圳的公办小学甚至难以满足户籍人口的教育

需要，农民工子女实际上不能在公办小学上学。根据笔者在姚圩镇的调查，姚圩镇有在校学生2165人，其中，父母均外出务工的"留守孩子"有1194人，占学生总数的55.5%。此外，农民工在其工作地均不能购买经济适用房、租住政府廉租房，很少有住房公积金和医疗保险，但农民工流出地政府却给外出农民工提供宅基地以满足其住房需求。

由于农民工流出地政府承担着给农民工提供基本公共服务的责任，而农民工流入地政府并不向农民工提供基本公共服务，这相当于财政能力薄弱的中西部地区政府、农村政府向财力雄厚的东部地区政府、城市政府提供了财政补助。这加剧了地区间、城乡间的非协调发展。

（四）许多东部小城镇基本公共服务的供给严重缺乏

武汉青山区的商业中心是红钢城地区，它主要是依托武汉钢铁公司发展起来的。红钢城离武汉中心城区武昌区和江汉区的中心商务区较远，乘公共汽车需要1个多小时，因此，红钢城实际上是武汉中心城区的一个比较独立的卫星城。深圳的龙华、大浪、民治、沙井等街道距离深圳中心城区乘车也需要1个多小时，实际上也是深圳中心城区的卫星城。深圳的龙华、大浪、民治、沙井等街道有一个共同的特点，那就是没有当地户籍的外来农民工数量远超过当地户籍人口数量。下面就武汉卫星城青山区、中心城区的江汉区、江岸区的中小学教育情况和深圳的这些小城镇进行比较。

表6-2　　　武汉部分地区和深圳部分小城镇中小学教育的对比

	武汉青山区	武汉江岸区	武汉江汉区	深圳龙华	深圳大浪	深圳沙井
面积（平方公里）	45.8	64.2	33.4	24.8	37.2	53
户籍人口（万人）	45.5	64.3	46.2	2.7	0.7	31.8
常住人口（万人）	49	74.1	62.6	63	35	2.7
小学数量（所）	44（38）	52（39）	54（32）	5（3）	6（1）	8（6）
初中数量（所）	24（22）	28（20）	22（15）			
高中数量（所）	11（9）	15（11）	11（9）			
中小学合计	79（69）	95（70）	87（56）	11（5）	9（1）	22（9）

资料来源：深圳各街道数据来自宝安区教育局网站，武汉各区的数据来自武汉教育局网站。

注：括号中的数据表示民办中小学，表中空格不表示零，只表示没有准确的数据。

从表 6 - 2 可知，深圳龙华、大浪、沙井等中小学教育，远远满足不了常住人口对教育的需求，可能仅仅能满足户籍人口对教育的需求。因此，虽然当地政府将外来农民工称为"来深建设者"，以增加外来农民工对深圳的认同，但外来农民工子女在当地就学还存在巨大的困难。社会治安严重恶化，是东部许多农民工聚集的中小城镇基本公共服务供给缺乏的另一重要表现。笔者调查发现，包括农民工在内的所有居民对社会治安问题深表忧虑。一位镇长对笔者的调查者说：现在呆在家里都不安全，歹徒进家行窃一旦被主人发现，往往要杀人，所以主人发现歹徒入门行窃只能装着没有看见。一位银行工作人员告诉调查者，他在三年时间曾经两次遇到"撞车党"，所谓"撞车党"就是骑着摩托车故意撞车，再要钱。在深圳沙井镇，我们发现镇里没有公交车，也没有的士。当地的知情人士告诉笔者，因为当地的黑社会太猖獗，把的士司机和公交车司机打得不敢来了。

社会治安严重恶化的原因，当地政府往往归咎于外来农民工太多了，实际上这种观点是不对的。笔者认为两栖式城市化造成的当地居民、政府工作人员和外来农民工的贫富差距过大、外来人员对当地缺乏认同才是主要原因。通过房地产入股、租赁，当地政府工作人员和当地居民普遍地先富裕起来了。例如，东莞虎门镇的大宁村，2000 年"有户口的村民每年可享有 8200 元的分红"。根据笔者的调查，在深圳龙华街道的许多原来的农民，通过房屋租赁每月收入万元以上，而普通打工者月薪才 1000 多元。当地的土地和房屋的增值离不开外来农民工的贡献，从经济学的观点看，当地的土地和房屋的增值是农民工聚集的一种正的外部性。从社会公平和经济效率的角度看，农民工理应得到相应的补贴。然而，农民工不仅没有得到补贴，连基本的社会认同都没有得到。农民工可能随时失去工作、失业得不到社会的帮助、工伤只能自认倒霉、子女无法上学，因为配偶子女不能住在一起而不能享受家庭的温暖，所有这些都会激化社会矛盾，把农民工中的一些极端分子推向犯罪。

面对社会治安恶化，仅仅增加警力是远远不够的。当地政府应该善待农民工，积极减少贫富差距、努力实现农民工市民化，使外来农民工尽快得到当地社会认同，使农民工"失业有保、工伤有治、子女有学、家庭团圆"，从而感受到社会的温情。只有这样，当地的社会治安才能根本好转。

土地管理混乱，以及社会保障性住房供给严重不足，也是基本公共服务不足的表现。根据笔者对深圳沙井的调查，当地只有一个楼盘是具有房产证的，绝大多数楼盘和小区是小产权房，没有土地证和房产证。由于房地产管理混乱，当地政府就根本没有考虑农民工的保障性住房问题。不安居怎能乐业？不安居怎能增加对当地的认同。因此，当地政府应该逐渐把农民工的保障性住房纳入议事日程，而不能仅仅把农民工看做是增加当地GDP的工具。

（五）土地资源和城镇建设资金的大浪费

在两栖式城市化的背景下，农民工的主流生活模式是"城市打工挣钱，农村盖房消费"。例如，江西新余姚圩镇是一个务工大镇，全镇在外务工人员已达1.33万人，占全镇劳动力总数的88.7%。2007年全镇外出人员年务工收入突破2亿元，劳务输出在农民收入中的比重为62.7%，已成为姚圩经济发展的不竭动力。截至2004年年底，全镇在境内银行存款余额达2亿元。姚圩的集镇建设步伐加快。已初步形成"三纵两横、一个中心"的区域中心镇格局，集镇"三位一体"改造全面完成，实现了亮化、绿化和美化，集镇人口由5000人增加至8000人，面积由1平方公里拓展至1.5平方公里。全镇7200户农户中，已有6100户建起了三层以上的新居，占总农户的84.7%。

然而，农村老家的"小洋楼"对许多农民工而言，只是"面子工程"、"形象工程"，并没有实际的日常居住功能，因为他们的常住地是其工作地。根据笔者在江西新余姚圩镇的调查，许多农民的"小洋楼"仅仅是盖好了而已，里面根本没有装修、入住，他们依然在外地讨生活，连春节都没法回来过，在姚圩很多小康村都有这种现象存在。姚圩镇在平时街道难得看到几个行人，即使是在逢三的赶集也不过百人而已，只有在临近春节的集市才能感受到这才是一个像样的城镇。从这个角度来看，农民工的"小洋楼"是一种大浪费。

外出农民工"城市打工挣钱，农村盖房消费"的生活模式，是在当前制度约束条件下的一种理性选择。然而，农民工的这种理性选择从长远来看，从农民工实现市民化的角度来看是不是在经济学上有效率的模式呢？如果我们承认，城市化过程是一国现代化不可避免的过程，如果我们认同，农民工最终必须实现市民化，那么外出的农民工在家乡盖房的消费行为从长远来看，就是城市化资金的一种浪费，因为如果换一个制度条件，农民工在农村盖房的钱，很可能是其在城市买房的钱。农民工在农村老家盖了房，就没有了在城市定居的钱。这是一种土地资源和城镇建设资金的大浪费。

（六）降低了外来农民工的定居能力和定居意愿

在两栖式城市化的背景下，农民工流入地政府没有给农民工保障性住房的责任。尽管一些城市政府出台了改善农民工居住条件的政策，但几乎所有的城市政府，把农民工排斥在廉租房、经济适用房、限价房等保障性住房以外，也没有城市政府给农民工提供住房补贴。农民工就业的单位也不会将农民工纳入其住房公积金系统，更不会将农民工纳入其集资建房系统。然而，现有的城市户籍制度都以拥有"合法固定住所"为户口迁入的必要条件，但在没有政府帮助的条件下，单靠工资收入，绝大多数农民工无法拥有"合法固定住所"，因此，两栖式城市化降低了农民工的定居能力。

根据笔者调查，2008年7月，深圳宝安沙井街道具有房产证的商品房价格大约7000元每平方米，这远远地超出了月薪1000—1500元的农民工的购买力。2008年7月，苏州吴中区临湖镇具有房产证的商品房价格大约是3800元每平方米，这也是农民工难以承受的。

由于买不起住房，不能拥有当地户口，农民工得不到工作地社会的认同，这大大降低了他们的定居意愿。根据笔者2008年2月在江西、湖北等五省对春节回乡农民工的调查，在总共493份有效问卷中，78.3%的人不计划在工作地安家。在回答"您希望在目前工作地定居吗？"这一问题时，只有28.5%的人选择了希望或很希望在工作地定居，28.1%的人选择了"说不清"，40%的人选择了不希望在工作地定居。调查表明，"收入不高、房价太高"是影响农民工在工作地定居的最重要因素。

（七）加重了城乡社会治安问题

当前，我国农民工聚集的城镇地区的社会治安形势严峻，而作为农民工流出地的中西部农村地区的社会治安问题也日益严峻。笔者认为，两类地区的社会治安问题都与两栖式城市化密切相关。在本节第四部分已经论述，两栖式城市化造成的城镇居民、政府工作人员和外来农民工的贫富差距过大、外来人员对当地缺乏社会认同是城镇社会治安恶化的主要原因。

在农村地区，青壮年外出打工，老年人和小孩留在家里，这给一些不良之徒犯罪带来可乘之机。例如，贵州镇雄县农民杜凤华，利用青壮年男性外出打工之机，在村里横行霸道，对身边10余名外出打工人员的妻子为所欲为，最后被十几个回乡的农民工合伙打死（新浪新闻，2008）[1]。湖北京山县罗店镇徐杨村农民张金富2008年8月2日，在村里连续杀死老人儿童6人。为什么没人制止？一个很重要的原因是村里的青壮年都外出打工了。留下的老人、小孩及妇女没有能力阻止歹徒的犯罪行为（《楚天都市报》，2008年）[2]。公安部副部长刘金国在中央综治委2006年第二次全体会议上说，目前我国农村犯罪案件日趋突出，杀人、伤害等暴力犯罪案件高于城市。他说，2006年1—9月，全国农村地区共发生杀人案件8031起、伤害案件5.9万起，均高于城市，其中不少是"民转刑"案件，一次杀死数人的恶性案件屡有发生[3]。上面的两个案例和农村犯罪案件日趋突出的事实说明，两栖式城市化造成的农村人口结构的失衡是农村治安问题严峻的一个重要诱发因素。

（八）阻碍了城市化进程

农民工返乡率高、农民工对家庭城市化带动性弱是两栖式城市化阻碍我国城市化进程的重要路径。

两栖式城市化降低了农民工在城市定居的能力和定居意愿，农民工不仅养成了"城市打工、农村消费"的主流生活模式，而且许多农民工"青壮年外出打工、中年后回乡种地；婚前外出打工挣钱、婚后回乡种地看孩；农闲外出打工、农忙回乡种地"，较高的返乡率阻碍了我国的城市化进程。

两栖式城市化的直接后果是形成大量的"一家两地"的家庭生活模式。产生的主要原因，一是农民工既不能享受廉租房、经济适用房，也不能参加住房公积金，又无力购买商品房，只能集体栖息在简陋的工棚或集体宿舍；二是城市的医疗、教育、生活等费用很高，农民工的子女上学要

---

① http://news.sina.com.cn/s/l/2008-04-23/010715408059.shtml，参见赵传灯《男子霸占村里10余名留守妇女被毒打致死》，《生活新报》2008年4月23日。

② 《楚天都市报》2008年8月3日社会新闻版。

③ 李薇薇：《我国社会治安状况持续稳定犯罪案件呈下降趋势》，引自http://www.gov.cn/jrzg/2006-11/06/content_434394.htm。

交更高的学费，女性农民工大多也没有婚假、产假、哺乳假，大多数农民工只好只身在城市打工过独身生活，而其配偶、子女留在农村老家。所以两栖式城市化对农民工家庭城市化带动性弱，阻碍了我国城市化进程。

（九）引发了留守儿童、留守丈夫、留守妻子等社会问题

我国留守儿童数量庞大，段成荣、周福林（2005）[121]根据全国第5次人口普查数据推算，全国留守儿童规模已经达到2290万人。王玉琼等（2005）[122]对河南鲁山、叶县4个乡镇4所学校调查发现，留守儿童存在的主要问题是：（1）学习成绩下降，厌学、逃学甚至辍学现象时有发生。（2）性格孤僻、脆弱。（3）缺乏对事物正确与否的判断能力，容易出现道德失范行为和越轨行为，一些"留守儿童"染上吸烟、喝酒、赌博、偷摸等恶习。（4）存在安全隐患，容易成为一些不法分子侵害的对象。为了避免今天的"留守儿童"成为将来社会的"问题青年"，我们社会必须对"留守儿童"给予关心和帮助。

仰和芝、张德乾（2006）[123]在对安徽某县的92位留守丈夫的调查发现，下面一些留守丈夫问题令人堪忧：（1）留守丈夫容易产生自卑心理。（2）对妻子外出不放心，担心妻子面对外面复杂世界，受不住寂寞。有的甚至患上抑郁、焦虑、怀疑等心理障碍。（3）在感情和生理需求方面存在不同程度的饥渴和压抑。（4）感觉自己在家中的地位下降。（5）一些妻子与留守丈夫感情破裂。

四川省妇联2006年调查发现如下留守妇女问题：（1）留守妇女既要承担繁重的农业生产劳动，又要料理家庭事务，劳动强度很大，严重损害身体健康。在走访过程中，反映劳动强度大，身体不好的占75%左右。（2）文化程度不高，子女教育失调。留守妇女中，大部分文化偏低，能力偏弱，教育子女力不从心，对孩子重养轻教。（3）易受侵害，安全受损。留守妇女容易受到不法分子的人身侵害。调查显示，农村性侵害案件中有70%的受害者是留守妇女。（4）夫妻情感缺失，家庭功能失衡。留守妇女大多是中青年，一些长期分居的留守妇女，自我控制力不强，易受不良现象和不法分子的诱惑，出现婚外情和婚外性行为，有的甚至走上了犯罪道路①。

---

① 《农村留守妇女期盼政策护航》，《中国妇女报》2006年1月17日第3版。

（十）　过早地引起了"民工荒"

2003 年以来，我国从沿海到内地，普遍出现了"民工荒"现象。一方面，我国城市化进程才刚刚完成一半，在农村还应该有大量剩余劳动力；另一方面，众多劳动密集型企业又面临招工难。根据笔者在 2008 年 1—2 月在江西、湖南、湖北、贵州、广西等地对回乡农民工的问卷调查，57.9% 的农民工把配偶不能外出打工归因于父母及家人无法照料，34.5% 的农民工把没有合适的住所也作为配偶不能外出打工的主要原因。根据笔者 2008 年 3 月在江西新余市姚圩镇万全的农户调查，家乡的土地需要耕种、家里的小孩需要照顾、年龄过大，不愿出去是在家的劳动力没有外出的三个主要原因①。这些调查表明，当前制度背景下，由于农民工不能举家迁移到城市，以至于"一家两地"的两栖式城市化，是我国过早出现"民工荒"的重要原因。下面第二节，我们将对农村劳动力剩余状况和"民工荒"的原因进行更深入的分析。

总之，尽管两栖式城市化有着正反两个方面的作用，但是，随着我国城市化进程的不断深入，从第六章的研究结论可知，我国提前进入了"民工荒"时代。这个民工荒需要打上引号，它的含义是，从农村总体来看，我国农村还存在大量劳动力，但就单个农户家庭而言，每个农户家庭已经没有剩余劳动力了。"单个农户家庭已经没有剩余劳动力"这一事实，也说明两栖式城市在进一步提高农户家庭收入方面的作用正在减少。如果我们不能有效地开展农民工市民化工作，等到目前的农民工因结婚或年纪较大返乡的时刻，农户家庭收入将会减少，家庭经营的土地规模也可能缩小。

两栖式城市化有益的一面正在减弱的同时，不利的一面却有着加剧的趋势，如"民工荒"问题、"留守儿童、留守妻子、留守丈夫"问题，因两栖式城市化引起的城乡治安问题等，所有这些意味着，"城市打工、农村消费，一个家庭部分在城、部分在乡"的两栖式城市化道路，无法彻底地解决农村剩余劳动力问题。要彻底地解决我国农村剩余劳动力问题，实现区域协调发展，必须采取鼓励农民工举家向非农产业、向城市迁移的模式，而首先要做的是安全有序、合理有效地实施农民工市民化。

---

① 本章第二节将对这次调查进行详细说明。

第三节　深圳地区不同等级城市
农民工市民化的成本

一　调查简介

（一）研究的样本和调查地点

为了研究中心城区和郊区农民工市民化成本的差异，调查的主要对象
分别选取在深圳中心城区及布吉镇工作的 186 位农民工。其中收到的有效
问卷为 165 份。在深圳市区内工作的被调查者有 93 份，在深圳龙岗区布
吉镇的被调查者为 72 份。大多数来自湖南湖北等中部地区。被调查者年
龄为 18—52 岁不等，平均年龄为 34 岁左右。问卷调查的时间为 2007 年 3
月。在 2008 年 6 月，笔者又对深圳宝安龙华、沙井、大浪等小城镇进行
了实地调查，进一步研究农民工市民化问题。

（二）问卷的设计和调查方法

在问卷的设计过程中，主要针对农民工在城镇定居意向的影响因素提
出相关的问题，并对这些问题作出分类和排序。问卷设计见本章附录。调
查主要是在深圳市区和布吉镇的农民工聚集程度比较高的地区，做随机拦
截问卷调查工作，例如城镇租赁房屋的集中地区。

二　调查结果

在被调查者中，有 1/3 的人即 53 人愿意在本地定居或者有在本地定
居意向，这些被调查者的年龄集中在 22—30 岁之间，并且基本在老家没
有牵挂或者没有结婚。影响他们作出是否在本地定居的因素主要有六个方
面：（1）个人或家庭在本地工作的月收入；（2）当地的住房条件和价格；
（3）当地的生活成本或者生活的月支出；（4）在农村是否有家庭方面因素
牵制；（5）对农村土地的依赖程度；（6）跟当地居民和社会的融入程度。

下面对上述六个方面在深圳市区和龙岗区布吉镇这两个不同等级城市
间的差别进行分析。

（一）农民工的工资

首先，深圳市区农民工的工资水平要高于布吉镇的工资水平，平均高出300元左右。在深圳和龙岗布吉镇两地的工资水平都呈现出两极分化的现象，其中在深圳以2500元以上和1500元以下的比较多，而在这之间的比较少，其中最高的一位被调查者达到4800元，最低的为800元。同样，在布吉镇的主要分布在2200元以上和1300元以下，中间比较少，最高的为4500元，最少的为700元。根据调查，其中下端部分主要由女性承担，由于没有技术或者手艺等专业性知识，她们主要是从事城市绿化清洁等工作，工资水平一般都是1000元以下。上端部分主要由有技术的技术工承担，有些从事技术性非常强的农民工，其工资水平达到连普通白领都难以企及的水平。对于刚入城工作的年轻的农民工而言，他们的工资变化曲线呈现先急剧上升然后平缓的趋势，据他们解释，这是因为企业或工厂对于熟练的工作人员需求其实一直都是不满足的，因此，进城获取工作经验是毫无工作经验的他们提高工资水平的一个重要通道。在调查中，夫妇两人都在城市里工作的农民工一个月的总共收入都在3000元以上，从这里可以看出，如果夫妻两人都在城里工作，他们则更倾向于在本地定居，他们的收入比单身在城里务工的农民工更具有稳定性。

表6－3　　　　　　深圳中心市区和布吉镇农民工工资分布　　　　　单位：人

地区＼工资水平	1000元以下/月	1000—2200元/月	2200元以上/月	备注
布吉镇被调查者	35	11	24	其中有2人暂时无工作
深圳市区被调查者	37	19	35	其中有3人暂时无工作

资料来源：以上数据来自调查问卷，其中月工资水平在2200元以上的被调查人员中，布吉镇的有10人为技术工，5人从事管理工作，6人从事一些危害人身健康的工作，3人从事商品营销。

深圳市区月工资水平2200元以上的被调查者有14人为技术工作者，6人从事管理工作，9人从事营销工作，6人从事一些危害身体健康的工作，例如油漆喷刷等。可以看出，拥有一技之长是农民工进城取得高工资的重要手段。其中工资水平为1000—2200元/月的主要为刚进城不久而且没有工作经验的年轻的技术工后备人员。

（二）农民工市民化的住房成本

农民工市民化的个人成本里住房成本占有很大的比重。在对深圳市区和周边地区务工的165位农民工有效调查中，不愿意在本地定居的被调查农民工有一半是因为在本地买不起房或者对现在的住房状况不满意。房价虚高是农民工买不起房的主要原因。

对深圳市区的商品房价格调查发现，在深圳市区2007年1—2月，深圳商品住宅价格相比前两个月上涨了2.05%，每平方米均价达到8032元。2007年1月深圳商品房住宅均价为7950元每平方米，和上月相比增长1%；2月均价为每平方米8032元，环比增长1.05%。在深圳市区中心地段的房价竟然高达17000元每平方米，这种不健康的商品房市场严重妨碍着农民工在本地的定居能力。

在布吉镇，2007年1—2月份的房价比前两个月上涨了1.98%，即平均房价为5065元每平方米，中心地段的房价接近6000元每平方米。相对于深圳市区而言，布吉镇的商品房价格为深圳市区的3/5，因此在被调查的打算在本地定居的53位农民工中，有29人是在布吉镇工作，还有6位在深圳市区工作的农民工并不打算在深圳市区买房，而是到深圳周边城镇去买商品房，仅仅有7位在深圳市区工作的农民工打算在市区内买房。其他的打算采取租房的形式在本地定居。

笔者2008年6月在深圳宝安一些城镇调研发现，尽管农民工买不起住房，但如果夫妻二人都在龙华工作，他们完全租得起房。根据笔者的调查，夫妻双方都在龙华工作，月薪一般在3000元以上，而在龙华一套一室一厅的住房租金为300—500元，这是农民工可以承受的水平。实际上，在深圳龙华等小城镇，一室一厅的租赁房供需两旺。当地的原居民利用对宅基地的使用权，修建了大量的房型主要为一室一厅的住宅楼，专供农民工租住。这些住宅楼大多为七八层高，有的有十几层高，不少住宅楼还安装了电梯。这种一室一厅的住房深受夫妻双方都在当地工作的农民工喜爱，许多男女青年农民工在打工期间建立爱情，也选择在这些一室一厅的租赁房内筑起爱巢。这表明如果稳定的租房也算做"合法固定住所"，那么我们城市户口迁入的必要条件中"合法固定住所"一条还是容易满足的。

（三）农民工市民化的其他成本

在生活成本方面，在收到的 165 份问卷里仅仅有 28 份问卷表现出由于生活成本太高而不想在本地定居的倾向。其中有 19 份来自深圳市区的调查问卷，可以看出在深圳市区的生活成本水平还是略高于布吉镇的生活成本，但是在现在百货连锁超市遍布全国，交通运输便利等因素下，两地间的生活物品价格基本持平，其中深圳市生活成本高表现在水电费，物业管理费，卫生管理费等公共收费方面。

在这 28 份问卷中由于小孩在本地上中小学成本太高的有 8 份，他们的处理方式是把孩子留在老家由他们的爷爷奶奶照顾上学。据了解，在深圳市区的普通中小学收费跟他们孩子老家的学校收费基本一样，但是他们担心他们的孩子在深圳市区普通中小学上学会影响他们的学习，因为在深圳市区的为数众多的重点或者贵族中小学吸引了整个深圳的大部分师资和教学力量。但是这 8 位被调查者又承受不了提供孩子上重点或贵族中小学的费用，而且有一部分农民工认为把孩子带在身边会影响他们正常工作，因此还是把孩子留在老家为首要选择。在布吉镇的情况基本跟深圳市区的一样，只是重点或贵族中小学的数量不如在深圳市区。

所有被调查者表示，在本地的生活水平都远远高于在老家或农村的生活水平，但是绝大多数都能接受这一现状，他们表示，在农村农作的收入远远达不到在城市打工的收入，生活成本和收入的同比例增长并不影响他们在本地定居的意向。

表 6 - 4　　　　　　家庭因素对不同类别农民工市民化的影响

	夫妻两人无儿女都在城市	夫妻两人连同儿女一起在城市	夫妻两人在城市但儿女留守在农村	一人在城市，对象和儿女在农村	单身
人数（人）	31	18	61	39	16
家庭因素对他们定居意向的影响	无	无	很大影响	很大影响	较弱

影响农民工在本地定居意向的另一个重要因素是在农村家庭的限制。研究显示，农民工考虑的家庭因素按照重要程度，依次为夫妻，儿女，父母，其他亲戚或人际关系。但是在实际调查中，98% 的农民工在城镇定居

的意向不会受到父母及后面的人际关系的影响，他们的想法基本都是先定居后把父母接到城市来生活或者干脆把父母留在农村。

如表 6 – 4 所示，总共的 165 名被调查者中，没有儿女的夫妇两人或者打算结婚的两人都在城市生活打工的人数为 31 名，夫妇两人连同儿女一起在城市生活打工的为 18 名，对于他们而言，家庭的限制因素几乎不能起到作用。夫妇两人都在城市而把儿女留在农村的人数为 61 名，占总共被调查者的 1/3 多一点，这也是我国外出务工农民工较普遍的家庭现状，已经结婚或者在老家已经订婚或者有对象的人数为 39 人，家庭的限制因素对后两类人群起到了很大的作用，他们基本都会因为留守在农村的妻儿而不选择在城镇定居。其余的被调查者为单身一人，根据他们表达的意思，他们是否决定在本地定居得看将来他们自身的情况发展。另外，在调查中并没有发现这一影响因素在不同等级城市间呈现明显的差异，因此可以推测家庭限制因素的影响在不同地区不同等级城市是相同的。

（四）中、小城镇官员对农民工市民化的消极态度及其原因

2008 年 6 月，笔者对深圳中、小城镇官员进行一些访谈调查。在访谈中，深圳中、小城镇官员对农民工市民化的态度比较消极，他们提出有两个实际困难：（1）农民工的数量太多，给他们提供良好的公共服务需要很大的财政支出；（2）由于深圳的一些镇改为"街道办事处"，小城镇的财政独立性大大降低了，中、小城镇政府在农民工市民化方面即使想有所作为，也缺乏体制和制度的支持。

中、小城镇政府官员消极态度的根本原因，是缺乏促进政府官员改善农民工住房条件和公共服务质与量的激励机制和政策措施。首先，在官员的政绩考核中，GDP 是主要指标，农民工市民化没有作为地方官员的政绩考核指标。其次，政府官员的任期制和经常性的调动更换，使得政府官员非常重视短期的经济增长和短期的经济效益。再次，帮助农民工实现市民化在当前就需要花费很大的财政支出，如盖学校、建医院、建设保障性住房，社会保障支出增加，等等，如果把这部分资金用来吸引投资，短期内就会提高 GDP，因此改善农民工的住房和公共服务，最起码在短期会影响 GDP 的提高。另一方面，农民工市民化所带来的经济效益可能在较长时期后才能表现出来。如低成本劳动力带来的经济长期的持续增长，再如，农民工聚集导致市场规模扩大，进而促使城市各种服务业的繁荣和城

市的发展，增加了对资本和人才的吸引力，但这些效益也需要较长的时间才能实现。因此，帮助农民工市民化可能不符合政府官员的短期利益。最后，虽然中央和省、市等上级政府，要求中、小城镇政府改善农民工的住房和公共服务，但上级政府既没有专项划拨资金，也没有出台相应的政策激励中、小城镇官员积极地推进农民工住房和公共服务的改善，这致使中央的许多有关农民工住房和公共服务政策没有实效。

总结本次调查的分析结果，可以得出如下结论：

（1）对深圳中心城区和郊区布吉镇农民工市民化成本调查研究发现，深圳郊区中小城镇农民工的市民化成本明显低于中心城区，中小城镇在吸纳中西部农村剩余劳动力方面，比中心城区更具优越性，也更具潜力。

（2）住房成本是农民工市民化的主要成本，无论是市区的农民工和郊区小城镇的农民工，如果没有政府的帮助，都买不起住房。

（3）尽管农民工买不起住房，但夫妻双方都在深圳郊区中、小城镇工作的农民工，租得起房。如果改变户籍迁入条件，将极大降低农民工的市民化成本。

（4）子女上学成本是农民工市民化的重要成本，发展中小城镇教育事业，将农民工子女逐步纳入城镇的教育体系，可以极大地降低农民工的市民化成本。

（5）夫妻同在深圳工作比一方在城、一方在乡的农民工市民化成本要小得多，城市政府如果推出帮助夫妻双方都在深圳工作的农民工市民化的政策，可以有效推进深圳农民工的市民化进程。

（6）中、小城镇政府官员消极态度的根本原因，是缺乏促进政府官员改善住房公共服务的激励机制和政策措施。

第四节　苏州地区不同等级城市农民工市民化的成本

为了进一步研究东部二线都市区内不同等级城市的农民工市民化成本，2008年2月，笔者在外来农民工流动较大的苏州地区进行了问卷调查。调查地点选取三个不同等级的城市地区，它们分别是苏州市市区

（吴中市区）、临湖镇和临湖镇的采莲村。改革开放前，采莲村是一个农业为主的村庄，但今日的采莲村已经不进行农业生产，村民的土地已经全部被政府购买，每月补偿成年村民 120 元、未成年村民 100 元作为口粮钱。没有了土地的村民一般都在民营企业或家庭企业里工作。即使如此，采莲村自有劳动力并不能满足采莲工业发展的需要，大量的外来农民工填补了采莲劳动力的不足。目前采莲村户籍人口 3855 人，外来农民工 2600 人，外来农民工是户籍人口的 67%。临湖镇镇区户籍人口 11999 人，外来农民工 5430 人，外来农民工是户籍人口的 45%。镇区以外，临湖镇共有包括采莲在内的 9 个村，整个临湖镇共有户籍人口 39022 人，外来农民工 18430 人，外来农民工是户籍人口的 47%。同珠三角的中、小城镇相比，临湖镇、采莲村吸引的外来人口并不算多。

下面的报告分成两大部分：第一部分为基本情况介绍，主要包括外来农民工的特征和基本的收入状况分析；第二部分将对外来农民工的各种成本进行全面分析，包括工作找寻成本、情感成本、子女教育成本、生活与住房成本、劳动与社会保障成本五大方面。每种成本分析包括调查表分析说明、原因分析及政策建议三部分。

一　基本情况介绍

本次调查采用的方法为：在市区采取拦截式调查，在镇和村则主要以进厂直接发放调查问卷为主。共回收有效问卷 151 份。其中采莲村 46 份，临湖镇 50 份，市区 55 份。有少量问卷在一些问题上有缺失，在下文论及这些问题时再加以说明。

（一）外来农民工的基本特征

从调查结果看，来苏务工人员以女性居多，约占 70% 左右。主要原因是，本次调查的临湖镇和采莲村的主要产业为羊毛衫产业，招收了大量的女性横机工人，招收的小部分男职工主要是横机维修工人。这些外来农民工的年龄大多集中在 16—35 岁这一阶段。结婚比例大约占一半，多数夫妇生育 1—2 个孩子，有极少数生育了 3 个孩子。在所有来苏务工人员中仅有 2 人取得了本市户口。

来苏务工人员的教育程度以初中为主，其次是小学。在市区的调查问卷中，还有少量的高中及大专以上学历人员。

（二）外来农民工的收入水平

从收入状况看，每月工资在1000—2000元，这一范围的比例超过80%，没有看到极低收入（500元以下）和极高收入（3000元以上），并且三个地区的工资收入几乎没有什么差别。主要原因在于这些工作都是由私营企业提供，不存在垄断行为，并且就业门槛较低，不需要很强的技术，稍做培训即可上岗。因而，劳动力资源流动自由，导致各地工资大致相同。由于月工资集中在1000—2000元，因此人均年收入有70%以上在1万—2万元（见表6-5）。

表6-5　　　　　　　　外来农民工年收入状况分析表　　　　　　单位：人数

收入 / 地区	3000元以下	3000—5000元	5000—1万元	1万—1.5万元	1.5万—2万元	2万—3万元	3万—5万元	缺失数据
采莲	1		4	9	25	7		
		1	7	23	11			4
临湖			5	15	20	8		2
	1	11	16	15	2			5
市区			5	27	20	3		
		17	27	11				1

注：表中各地区第一行数据为年收入在各级收入层次的外来农民工人数；第二行数据为每年寄（带）回家的收入在各级收入层次的农民工人数。

二　外来农民工市民化成本分析

（一）外来农民工工作寻找成本

从调查结果的数据分析看，为了找到目前这份工作，他们的花费绝大多数在300元以下。并且这个花费在各个地区之间没有明显的差异，从调查总体上看，约48.6%的人花费了100—200元找到目前工作，有30.0%的人花费了200—300元，有17.9%的人花费在100元以下，还有3.6%的人花费在300—400元。从寻找工作的时间成本上看，外来农民工的工作寻找时间比较短，大约80%的人能在半个月能找到工作，只有约3.4%的人需要两个月以上的时间。从工作稳定性看，外来农民工的工作稳定性比较好（这可能是从短期的情况看，比如一年）；从总体上看，一直有事做的占23.1%，不久就找到新工作的占71.4%，很久才能找到新工作的占4.1%。在这方面，各地区没有显著差异。

但是，被问及"您认为在就业机会上与当地居民是否有差别"时，在采莲村的问卷中认为有差别的占37%，无差别的占63%；在临湖镇，认为很大差别的占2.0%，有差别的占62.0%，没差别的为36%，在市区认为差别很大的比例扩大到9.8%，认为有差别的为58.8%，没差别的为31.4%。这表明在中、小城镇外来农民工更能融入当地社会。

（二）情感成本

从调查中获悉，外来农民工，已婚的约有一半，在被问及配偶是否一起外出时，仅有33.3%的人选择"有"。这也就是说，在已婚人员中，尚有66.7%的配偶呆在家中，其最主要的原因是家中有耕地，其次是父母及家人无法照料，而后是城市生活开销和孩子教育原因。调查数据显示共有58对夫妇育有孩子，但只有22对孩子随父母一起外出，占到37.9%，也就是说有约62%的孩子无法得到双亲的直接照顾。

在"下列因素是影响您在工作地安家的原因吗？"这个大问题中，48.2%的人认为当地亲朋好友及社会关系少是阻碍其在工作地安家的重要因素，26.3%的人认为是很重要因素，1.8%的人认为是最重要因素．

（三）教育成本分析

虽然国家出台了种种规定要求学校不得收取赞助费、借读费等。并且随着九年义务教学的进一步落实，农民工子女上学问题有了一定的缓解，但上学难问题依然存在。从调查结果看，共有58个调查对象已婚且生育小孩，共有孩子85个，平均每个家庭生育1.47个小孩。其中有25个在苏州上学，所占比例不到1/3，绝大多数在民工子弟学校读书，少数在公立学校。

从调查数据分析，为使孩子能够在苏州正常学习，一个小孩每年的读书费用支出平均为1900元，其中用于借读费、赞助费的为610元。从调查结果看，不同级别地区的费用有所差异，其中采莲村这两项平均费用为1500元和533元，临湖镇为1883元和533元。而市区则需要2212元和725元。由此可见，对一个外来农民工来说，其子女的教育成本还是挺高的。

在学校方面，似乎也存在这样一个问题，即公办学校和民办学校教育资源形成鲜明对比。以临湖镇为例，该镇共有六所公办学校：两所中学，两所小学及两个幼儿园。还有一个就是临湖民工子弟学校，专门接收非本市户籍的孩子就学。在这样一所小学中，最多的一个班级竟然达72人，后面一排的学生座位几乎靠墙了。并且这所没有初中办学资格的学校竟然有一个初中班在悄悄上课，在这样拥挤的教学环境和不合格的教学条件下，其教育水平是可想而知的。从公办学校看，临湖镇2007年"全镇中小学办学设施进一步改善，总投资4500万元的临湖一中在今年9月建成投入使用；投资300万元对临湖二小进行了基础设施改造和添置了相关硬件设备；投入800万元新建临湖二小幼儿园"。

由此可以看出，教学资源是相对的不足。只要能够充分利用，还是有空间和能力来吸收这部分外来农民工的子女的。

（四）社会保障成本分析

从我们的调查结果看，外来农民工与企业签订劳动合同的约占53.1％，没有签的占到34.5％；还有12.4％的人则表示不知道。在住房补贴和住房公积金方面，外来农民工能享受的只有很少一部分。96.6％的人享受不到住房公积金，约97％的人享受不到住房补贴。从总体上看，社会保障的参与率不高，其中共同购买保险的占38％；由单位购买的占1.4％；没有购买的为58.5％。

虽然我们的社会保障制度对流动人口作了相应的政策规定，从理论上来说，社会保障的障碍已经不存在了。但是从实际实施情况看，仍然有严重问题。事实上由于社会保障由政府、企业和员工三方组成，实际操作时，会同时遇到企业和员工的抵制。

例如，按照规定，养老保险是员工个人自缴8％，企业为员工缴20％；如果再加上医疗、失业、生育等保险，缴费总比例要超过员工工资总额的40％。对于企业来说，参加社会保险将直接影响其"生产成本"；对农民工来说，由于社会保险的地区转移存在着困难，大多数农民工认为保不保无所谓，许多参加养老保险的外来工在离开打工城市时宁可选择退保。于是，相当多的企业没有为农民工缴纳养老保险费，而员工们也放弃了这个应有的权利。

为了更好地完善社会保障体系，也为了更好地使外来农民工享受到社会保障的权利。我们提出如下建议：

　　在外来农民工中（甚至可以推广到全国人民中），仿照个人所得税制度，提高起征点（例如 1600 元）。可以使用累进制方法，来保证社会保障基金的充足。但是对企业和政府的要求不变。这样做至少在如下方面产生效果：

　　1. 社会保障的实际执行由原来的企业和员工双方抵制，转变为仅有企业抵制，障碍减少，更利于实际操作。

　　2. 累进的方法可以保证充足的社会保障基金，从而使全体参保人员不会因此而在权利享受方面遭到削弱。事实上，由于提高起征点，随着大量务工人员的加入，企业和政府的应缴费用也会对基金的增加作出贡献。具体的累进方案可以在实践中不断改进、完善。

　　3. 提高起征点，可以增加外来农民工的可支配收入。这对于我国近年来一贯倡导的提高中低收入人群的收入也相吻合。对促进我国经济的发展也有一定的作用。

　　（五）外来农民工的日常生活成本

　　从第一部分基本情况分析中我们得知，在收入水平上，各个地区大致相同，但是从支出水平看，三个地区的差别比较明显。

　　从图 6 - 2 我们可以发现：外来农民工的生活支出，随着地区行政级别的升高而上升，其中采莲村和临湖镇的生活水平大致相当，但是在市区，生活水平明显高于其他地区，例如，在农村和城镇生活费用在 100—300 元的比例超过 70%，而市区的相应比例却只有 42%，与此同时，300 元以上比例大幅上升超过 50%，可见不同级别地区的消费差异是比较明显的。

　　（六）住房成本

　　调查发现，绝大部分外来农民工的居住模式以集体宿舍为主。他们的居住条件惊人类似，基本都是 10—20 平方米的屋子里摆几张双层床，住着 3—6 人，居住伙伴多为同伴民工，里面除了一些桌子以外，可能再没有其他家具。住房设施简陋、环境差，同质性强。

　　还有一些工人则选择在企业外面自己租房，通常是以家庭为单位。但通常是厨卫不齐全的房屋。并且他们为此要比住集体宿舍的同伴多花上一两百元的租金。

采莲村生活支出

24% 2%

74%

| ▨100—300元 | ▦300—500元 | ▧500—700元 |

临湖镇生活支出

22% 2% 4%

72%

| ▨100元以下 | □100—300元 | ▦300—500元 | ▧500—700元 |

市区生活支出

7% 2%

51% 40%

| ▨100元以下 | □100—300元 | ▨300—500元 | ▧500—700元 |

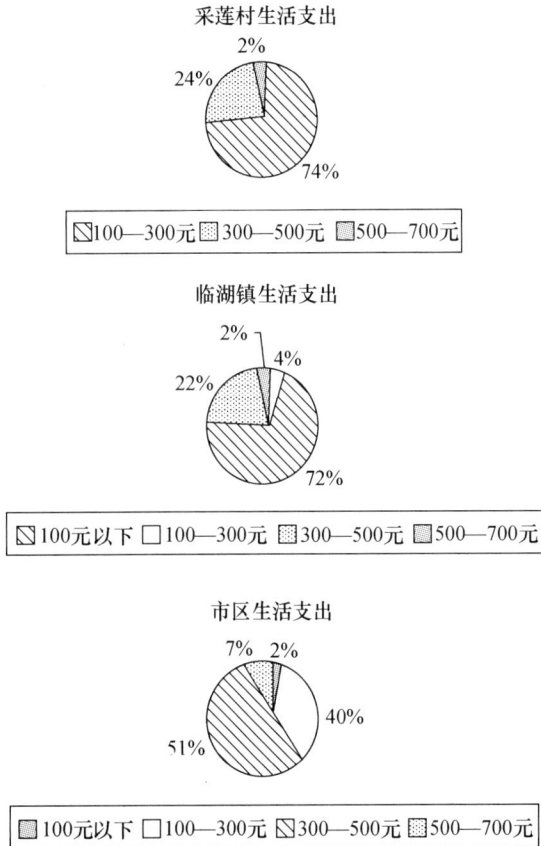

图6－2　不同等级城市生活支出

　　三个地区的人均居住面积也略有不同，采莲村人均居住面积为5.02平方米，临湖镇为4.37平方米，市区为3.93平方米，平均人均居住面积为4.44平方米。即人均居住面积随着行政级别的递增反而减少。

　　另一方面，在每月住宿费用上，三者也存在着差异。

　　由图6－3我们可以明显地发现，随着行政级别的递增，住宿费用呈现上涨的趋势。例如，每月每人住宿费用在100—200元的比例从采莲村的4%，增加到临湖镇的12%，这一比例在市区则达到25%。

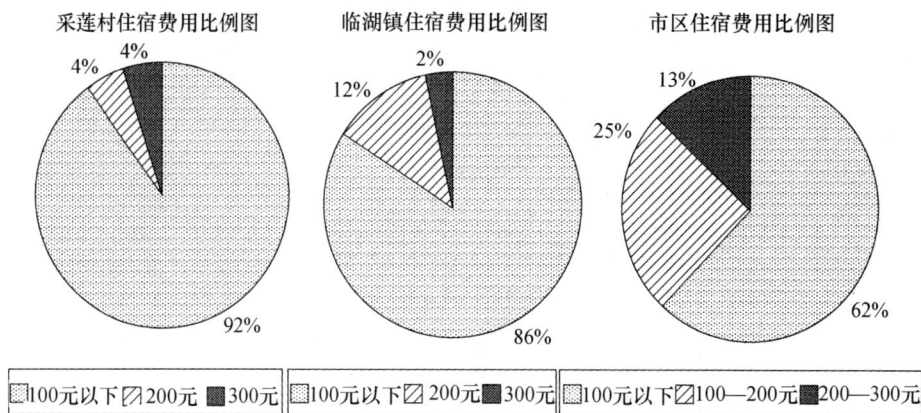

图 6－3　不同等级城市住房支出

三　希望享有当地居民户口的农民工之个人特征

在所有 102 个希望享有当地户口的人中，主要以中青年为主，这一比例占到 95.1%，其中 16—25 岁的占到 63.7%，25—35 岁的占到 31.4%。其中已婚的占 45.1%，未婚的占 53.9%。

在 102 人中有高达 61.4% 的人没有子女，22.8% 的人只有一个子女，可见，虽然在所有人中，已婚与未婚的大致各占一半，但没有小孩子的比例较高，也即是在这 102 个人中，年轻人占多数。

从他们在当地的工作年限看，工作 1—4 年的比例达到 89.2%，其中 1—2 年占 18.6%，2—3 年占 41.2%，还有 29.4% 的人在当地工作了 3—4 年。从人均收入来看，有 31.4% 的人月薪为 1000—1500 元，50% 的人月薪在 1500—2000 元之间，还有约 10.8% 的人的月薪超过 2000 元，在 2000—3000 元之间。

从这些人所从事工作看，最多的是生产工人，约占 78.4%；其次是技术工人为 7.2%；再次是一般职员和办事员，为 6.2%。还有少量的服务员、建筑工人、环卫工人、小摊小贩等。

分地区来看，在采莲村，有 33 个人希望享有同样户口，其中有 30% 的人愿意在当地安家。月收入在 1000—1500 元的为 18.2%，1500—2000 元的为 57.6%，2000—3000 元的占到 15.2%。临湖镇共有 30 人希望享有当地户口，其中 23.3% 的人愿意在当地安家。从工资收入看，1000—

1500 元的占 23.3%，1500—2000 元的占到 50.0%，2000—3000 元的占到 13.3%。在市区，有 39 人希望享有当地户口，但仅有 15.4% 的人愿意在当地安家，从收入情况看，有 48.7% 的人收入在 1000—1500 元，有 43.6% 的人收入在 1500—2000 元，收入在 2000—3000 元者占到 5.1%。

四　关于苏州、临湖和采莲的进一步调查

2008 年 7 月，苏州市区住宅类商品房成交均价为 6565 元/平方米，这一价格比深圳的房价低了一半。根据苏州户籍管理规定，苏州户口迁入有两个必要条件，一是要有固定的收入来源，二是要购买市区 75 平方米以上成套商品住房。从前述调查的结果来看，绝大多数农民工可以满足第一个条件，但第二个条件，如果没有政府的帮助，除极少数农民工外，绝大多数农民工是根本无法满足的。

临湖镇距离苏州市区约 50 公里，但这里针对工薪阶层的住宅商品房很少。和深圳沙井等中小城镇一样，这里的房地产管理也不规范，大部分销售中的住房手续不全，属于小产权房。据当地一位官员介绍，当地手续齐全可以办"土地证、房产证"的住宅小区只有一个，均价 3800 元每平方米。按照这一价位，这位官员认为，绝大多数农民工也不可能拥有达到户口迁移条件的"合法固定住所"。

采莲村距离临湖镇约 5 公里，这里根本没有两证齐全的住宅小区，因此，这里的农民工就更没有机会拥有达到户口迁移条件的"合法固定住所"了。然而，在采莲村，有大量的土地闲置着。这些土地是政府从农民手中征购，有待转让土地使用权、进行开发的土地。

然而，就笔者的观察，临湖镇和采莲村的土地利用效率并不高。临湖镇的城市建设不紧凑，城市蔓延现象比较明显，缺乏 CBD。老商业街人气较旺，但除了一家"好又多"超市比较上档次，其他商铺店面比较陈旧。新商业街商铺大多是一层或两层，街道整洁但缺乏人气。临湖的杜村工业区距离临湖镇大约 2.5 公里，这是一个无法步行能及的距离，而深圳龙华镇的工业区就在镇区，城市蔓延同深圳龙华相比，临湖镇缺乏明显 CBD 的一个原因。城市蔓延和土地利用效率不高是紧密联系的，它也说明如果政策允许，临湖镇政府是有能力同时也有土地资源帮助农民工实现拥有"合法固定住所"的愿望的。临湖镇的官员还向笔者透露，农民工

的子女在苏州只能上小学，因为中、高考要回户籍所在地，所以，在苏州读初、高中对中、高考是很不利的。

调查也发现，同深圳中、小城镇的官员一样，苏州中、小城镇的官员对农民工市民化的态度也比较消极，他们认为农民工只要能打工挣钱就可以了，新劳动合同法提高了工厂的生产成本。此外，官员们认为农民工的住房问题应该由农民工自己解决。

综上所述，可以得出以下结论：

（1）同深圳相比，苏州地区的农民工实现市民化的成本要小得多，主要是因为苏州市区的房价大约只有深圳市区房价的一半。但是如果没有政府的帮助，绝大多数仍然不可能达到户口迁移要求的"合法固定住所"条件。

（2）同深圳郊区的中、小城镇龙华、沙井相比，苏州郊区的中、小城镇临湖，城市生产与人口布局不紧凑，城市蔓延比较明显，土地利用效率不高。在临湖、采莲等地，房地产管理不规范，小产权房多，但有两证的商品房极少且贵。在临湖、采莲等地，如果政府愿意帮助农民工，许多农民工可以实现"居者有其屋"愿望。

（3）临湖、采莲地区具有实现农民工转化的土地资源条件，并且可以进一步吸纳大量的农民工，但这需要政府帮助农民工解决好住房问题。

（4）同深圳的中、小城镇的官员一样，苏州中、小城镇的官员对农民工市民化的态度也比较消极，这将影响农民工住房问题和子女上学等公共服务问题的解决。

第五节　解决农民工市民化过程中
住房问题的国际经验

一　德国的经验[①]

德国曾经是一个房荒很严重的国家，19 世纪中期的德国，城市人口

---

① 德国经验的阐述还参考了王章辉、黄柯可主编《欧美农村劳动力的转移与城市化》，社会科学文献出版社 1999 年版，第 249—250 页[124]；张国胜、王征：《农民工市民化的城市住房政策研究：基于国别经验的比较》，《中国软科学》2007 年第 12 期[125]。

的高速增长加重了城市住房的压力。由于农民进城后难以租到住房，社会上出现不少的"租床人"，他们只能租床轮换休息，作为临时居住场所，由此可见一斑。而如今，德国的住房问题得到了很好的解决，无论从数量还是质量，都达到了先进国家的水准。德国是如何解决住房问题的，其经验值得我们探讨，其做法值得我们借鉴。我们在谈论德国具体政策前，先通过如下数据来了解德国住宅建设的发展过程。

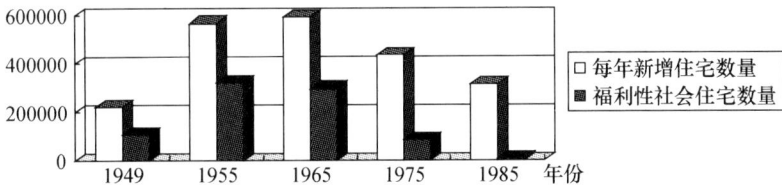

图 6 - 4　德国住房建设数量（套）

资料来源：根据《德国城市建设与管理》[126]（中国城市出版社 1993 年版）第 75—78 页上的数据绘制。

由图 6 - 4 不难看出，德国住宅建设大致可以划分为两个发展阶段：（1）在 20 世纪 70 年代以前，德国每年都新建大量住房来满足住房缺口，由于着眼于解决住房的有无问题，大量的住房建筑标准都比较低，忽视了居住条件的创造和改善。（2）70 年代后，经过前一时期的住宅建设高潮，房荒得到有效缓解。1975 年后，新增住宅数量开始逐渐减少，政府开始重视建房质量，改善居住环境，提高建筑标准。在德国住宅建设的不同阶段，政府采取不同的政策来配合，具体政策如下：

（一）政府对住房实行租金控制

第二次世界大战后，由于房屋大量损毁加之东欧国家难民涌入，使得住房格外紧张。由于住房出租价格大幅上涨，广大居民无力支付所承租住房的费用。因此，为保障居民的基本住房，政府采取租户权益保障制度，对不同地区不同结构和质量的房屋制定指导租金，作为房屋出租人和承租人确定住房租金的参考标准。这项政策主要用于住宅建设的第一阶段，当时国家强化对住房的管理，通过建管结合的方法渡过房荒。随着住房供求矛盾的缓解，60 年代以后，政府开始逐渐减少对租金的控制，以刺激住宅建设的积极性。

（二）政府出资大量建造社会公共住宅，积极推进福利性住宅的建设

福利性的社会住宅是德国解决房荒问题又一重要手段。所谓福利性住宅，是指在政府资助下，由个人、非营利住宅公司、自治团体建造，向子女多、收入低以及养老金少或领救助金的居民出售或出租的住宅，还包括大中型企业用自有资金建造并在税收上得到国家优惠政策的职工住宅。福利性住宅曾在 20 世纪 50 年代初期达到住宅建造数量的 70%，后因租金等原因逐渐减少，但它对德国解决房荒问题是功不可没的。

（三）政府给予房租补贴

德国政府为资助住宅建设，一方面对建房、购房者进行间接补贴，即可享受贷款、税收以及土地方面的相关优惠；另一方面则对低收入家庭给予适当的经济补贴，以缓解这些家庭的房租负担。同时，还设立相关法律法规，对租借私人住宅居住的低收入家庭，给予住宅津贴和居住权的法律保障。

（四）政府大力推行住宅储蓄制度

在德国存在独立的住宅金融体系，不受资本市场及其利率波动的影响。住宅金融体系由居民自觉参加，只能用于建房和购房。它采取低存低贷的固定汇率制度，其贷款利息一般远低于商业银行的贷款利息，并对储蓄利息免征所得税。同时，政府还对低收入者提供奖励住房储蓄制度，对青年夫妇、孩子、残疾人还设立额外贷款，以调动居民购建住房的积极性。

（五）政府扶持住房合作社的发展

德国是最早成立住房合作社的欧洲国家之一。住房合作社是城市居民以解决自己住房为目的而组成的互相合作的、非营利性的社会经济组织。合作社因直接面向社员，能够更清晰地了解社员的需求，更有效地完成住房的配置，而且方便政府管理，深受政府的欢迎和支持。

（六）其他措施

除城市管理机构推动执行公共建房政策外，国家、城市和各大企业以及个人都以不同的方式参与城市住宅建设。其具体措施主要有以下几类：（1）大企业在工厂周围建造工人住宅区、生活区，就地解决本单位外来

移民的住房问题。这样有利于工人上下班，节省时间。（2）成立建筑协会或合作社。不少城市根据自己的情况而成立的有关机构，比较注意合理征用土地，并有权商议购买土地和建房的价格，以便达到双方满意。（3）科隆提出一项典型措施，加速了住宅建筑。科隆市组织抵押贷款及在州保险局设有交担保的贷款，用于建房，使建筑协会或合作社的资金问题得以解决，并使建房者修建街道和使用土地的税减免一半，这就大大提高了建筑合作社建造房屋的积极性。（4）建造市政当局管理的住房。这种房屋带有公共建筑和社会福利色彩。虽然此种住房比较简单，但是租金比较便宜，也颇受农村移民的欢迎。

二　英国的经验①

第一次世界大战后的英国城市住房普遍表现为数量极度短缺与质量低劣上。恩格斯曾这样描述当时的情景："……房子从地下室到阁楼都塞满了人，而且里里外外都很脏，看来没有人会愿意住在里面。但是这一切同大杂院和小胡同里面的住房比起来还大为逊色……""……在韦斯明斯特的圣约翰教区和圣玛格丽特教区，根据统计学会会刊的材料，在 1840 年，5366 个工人家庭住了 5294 所住宅；男人、女人和小孩，总共 26830 人，不分男女老幼挤在一起，在这些家庭中有 3/4 只有一个房间。"在英国，还有许多无家可归者，他们晚上露宿街头，到了第二天早上这些无家可归者卷起行装消失在城市茫茫的人流中，直到黄昏时再度出现。19 世纪后期，英国开始对城市住房进行干预。

（一）政府大量建设低租金公房

英国政府干预住房市场的范围和程度在西方发达国家中独树一帜。为了缓解住房危机，英国投入大量资金来修建低租公房。整个 20 世纪 20 年代，地方政府成为无产阶级家庭住房的主要供给者。1946—1976 年的 30 年中，年均建造 14.3 万套公房。1945—1980 年英国全国竣工住房 1000 多万套，半数是政府建造的。经过 80 年代的"住房私有化"浪潮后，英国仍有 24% 的公房。政府公房的出现有效地缓解了当时住房紧张的局面，

---

① 英国经验的阐述主要参考了徐强《英国城市研究》，上海交通大学出版社 1995 年版，第 142—170 页[127]。

同时对当时租金控制所产生的负面影响作出了正面反应，将租金控制改为租金调节，鼓励私营房产的发展。

（二）住房金融的发展

住房价格昂贵，却是人们生活中必须得到满足的最基本的、不可缺少的需求，这种需求不因人们是否有能力支付而转移。事实上，只有很小比例的富有者才可能一次性购买住房，绝大部分的人们则需通过支付租金或靠向特殊的住房贷款机构申请贷款来满足住房的需求，这就促使"住房金融"的快速发展，使其成为英国城市生活中不可或缺的经济制度，为"公房私有化"的实现提供了可能。政府也采取了一系列的优惠政策来鼓励居民购房。

（三）支持志愿性的非营利性住房组织

政府对志愿性的非营利性住房组织的支持在英国并非新鲜事，1866年时，自愿团体就开始向官方机构贷款营建住房。1961年《住房法》规定政府提供2500万英镑贷款给非营利性的住房协会，供它们建造新房后以成本租金出租。1974年《住房法》规定向住房协会实行赤字补助制度，使得住房协会能够摆脱以往的赤字困境，并有可能在收支不平衡的条件下开展新的开发活动。20世纪初期，志愿团体能以与地方政府同等的条件向财政部申请补贴，由此可见一斑。住房协会作为一种社会力量，不仅为社会增加了一种新的住房选择方式，而且承担了形形色色的社会职能，为低收入者及需要特殊帮助的人群提供相对较好的居住环境，能对经济社会变化中出现的新情况作出及时反应，创造出新的对策并付诸实行。住房协会由于兼具效率和公平的特性，越来越为人们所重视。

（四）对无家可归者、老人提供福利性住房

1977年的"住房法"，也称"无家可归者法"的出台标志着官方对解决无家可归者问题的重视，联邦政府正式开始要求地方政府安置无家可归者，并把提供住房规定为是无家可归者的法定的公民权利。由于无家可归者大都是社会底层孤立无援的贫穷者，这部法律的实施为他们的居住权利提供了根本的保障。老年人的居住问题在英国也成为一个突出的问题，为此政府建造了老年公寓、老年人之家、救济院等免费或者低廉收费的住所，为无家可归的老人或者无法在家独立生活的老人提供适宜的住房和照顾。这些住所一般都是按照特殊的需要而设计建造的，室内温度、窗户、楼梯、浴室、灶具等都有特殊的标准和安全要求，以适合老年人的特点。

三　日本的经验①

由于城市地价太贵，日本居民的住房一直呈现"贵"、"远"、"窄"的特点，因修建时缺乏长远考虑，再加上受当时经济条件的限制，日本房产商修建了大批木质结构出租住宅。这种住宅缺乏独用设备而且面积狭小、噪声、通风、日照不足、容易起火等环境问题的存在，使得住宅问题更为严重。第二次世界大战后，日本进入经济高速成长期，由于农村人口向城市大量转移、列岛改造、大城市周围房地产炒卖等，城市的住房问题又发生危机，为此民间的房地产商在东京、大阪等大城市建造了大批的民间简易木造出租住宅，以解决住房缺乏问题。但是由于木质住房的质量太差，数量仍然不够，日本政府推出了一系列的房屋政策，取得了不错的效果。

（一）政府重视住宅管理，加强对住宅建设立法

在第二次世界大战前，日本可以说是没有任何城市住宅政策的，国家也几乎没有管过任何城市的住宅问题。住宅和衣服、食品一样被当做商品，完全由民间房地产商去开发、管理和租售，而市民对国家究竟应对住宅问题负多少责任，也并不重视。随着对住房问题的重视，政府加强了对住宅的管理，设立了建设省及下属的住宅局，对全国住宅建设实行政策、法令、计划、设计、资金、生产、技术等一体化管理，强化了综合管理，提高了管理效率。同时为保证住宅建设的发展，政府还制定了众多有关住宅建设的法令、法规，形成了比较完备的住宅法律体系。如 1951 年颁布的《公营住宅法》，1966 年的《城市住宅计划法》等均对日本住宅建设的顺利发展起到不可忽视的作用，同时也使各开发机构程序更加完善透明，使其有法可依。80 年代中后期政府还通过居民住宅供给促进制度、租金助成制度和都市中心居住促进制度来弥补原有政策的不足，进一步完善了政府的住宅政策。政府对住宅的管理以及对住宅建设的立法，对缓和

---

① 日本经验参考了杜建人编著《日本城市研究》，上海交通大学出版社 1996 年版，第 116—139 页；[128] 张国胜、王征《农民工市民化的城市住房政策研究：基于国别经验的比较》，《中国软科学》2007 年第 12 期[125]。

当时的住房紧张问题产生了良好的效果。

（二）政府积极推行住宅产业工业化

20 世纪 60 年代第一个五年计划开始时，日本就开始推行住宅工业化的产业政策，通产省和建设省分别制定住宅工业化促进补助制度以及住宅体系生产技术开发补助金制度，此外还对新部件的生产提供低息贷款。自动化生产线实现了规模生产，大幅度提高住宅的建设速度和建造能力，实现了质量的稳定、低廉的成本，并大大缩短了工期，易于推广，取得了规模效应。同时，住房产业工业化还便于国家调控和指导，能有效聚集大量的资源用于重点项目的科技攻关和技术研发。居民也可在专家指导下根据自身需要向厂家提出定制要求，方便而不失个性。

（三）政府大力支持公营住房建设

同其他国家一样，日本政府也大力支持住房建设。城市住宅计划法规定了每隔 5 年制订的住宅计划中必须明确规定住宅建设要达成的目标以及公家出资所造住宅的数目。所谓公家出资的住宅主要包括公营住宅（提供给低收入者的低租金住宅）、改良住宅（贫民区改造而成的住宅）、住宅金融公库贷款住宅（靠国家的长期低息贷款建造的住宅）、日本住宅工团建造的住宅（住宅公团靠国家财政贷款所造的住宅）。这类以"公"字开头的住宅比起民营住宅来说，租金便宜、造价低廉，有效解决低收入和收入不高者的住房问题。同时国家提供低息贷款等一系列优惠措施来鼓励收入较高者买私人住宅。这种政策的实施使政府不需要像英国那样背负很重的财政包袱来解决住房问题，又迎合了大多数人想拥有自己家的梦想。

（四）建立住宅金融公库，提供有效的金融保障

日本住宅金融公库以 GHLC（Government Housing Loan Corporation）为核心，在公营住房金融方面起到了非常重要的作用。日本 33% 的新房建设都得到了 GHLC 的金融支持，同时在私人住宅贷款中，GHLC 也承担了超过 40% 的房屋贷款。一般而言，GHLC 的贷款比商业银行的贷款时间要长，利率要低。GHLC 由国家出资，每年接受国家的融资，对融资过程中出现的亏损由国家财政予以资助。

第六节　关于促进农民工市民化的政策建议

一　关于农民工市民化研究的主要结论

通过不同地区不同等级城市农民工市民化成本的调查研究，主要的发现如下：

（1）农民工市民化的成本主要是住房成本和公共服务成本。

（2）不同婚姻状况、不同年龄的农民工市民化成本和市民化意愿，有很大的差别。

（3）不同地区不同等级城市农民工市民化成本有很大差别，大城市郊区和郊县的中、小城市具有农民工市民化的资源条件。

（4）在没有政府帮助下，绝大多数农民工在工作的城市买不起住房，无法满足"合法固定住所"的户籍迁移条件。但是，相当一部分有稳定收入来源的农民工有经济能力租房居住，在大城市郊区和郊县的中、小城镇工作的农民工租房居住的支付能力更强。

（5）从国际经验看，农民工的住房困难是各国城市化过程中普遍存在且无法回避的问题，一些成功实现城市化的国家政府，都采取了十分积极的政策措施帮助进城农民解决住房问题。

我国农民工市民化过程中存在的主要问题如下：

（1）由于我国实行的是市管县的行政体制，中心城市和其郊区的中、小城镇往往实行的是统一的农民工市民化政策，这严重阻碍了农民工在大城市郊区、郊县中、小城镇的市民化。例如，北京、上海、深圳、广州等一线大都市区的中心城市和郊区的中、小城镇，在农民工市民化成本上有很大的不同。东莞、苏州、湖州、常州、绍兴等二、三线都市区的中心城区和郊区的中、小城镇，在农民工市民化成本上也有很大的不同，但是，这些地区的中心城市和郊区、郊县的中、小城镇的户籍政策、社会保障政策、对农民工的住房政策是一样的。

（2）大城市及其郊区、郊县的中、小城市的政府官员，缺乏农民工市民化的内在激励，在农民工市民化问题上，态度比较消极。

二　具体的政策建议

笔者认为，不同地区不同等级城市，针对夫妻一方、夫妻双方或者新婚夫妻双方都在同一城市打工的农民工，要采取不同的市民化政策。这里新婚夫妻指还没有孩子或者只有一个孩子且其年龄小于两岁的夫妻。许多年轻的男女农民工在打工的城市建立了爱情，他们应该得到城市政府的优先认可，而且他们市民化的成本相对较小。新婚农民工的成功市民化，将给未婚的青年农民工带来希望，他们就可能在城市恋爱结婚。具体建议如下：

（1）不同地区不同等级城市根据农民工市民化成本的不同，推出不同的农民工市民化政策。

（2）对于上海、北京两个城市的中心城区，可维持现行政策。对其郊区的中、小城市，如通州、顺义，当地政府要承担起夫妻双方都在当地工作的农民工的住房保障责任，可以通过廉租房建设促进这些农民工市民化，尤其是新婚夫妻都在当地工作的农民工，他们市民化成本相对较低、市民化的倾向较高，并且他们的市民化将激起未婚的年轻农民工的希望。对夫妻一方在当地工作的农民工维持现行政策。

（3）对于广州、深圳、杭州、南京等东部一线城市的中心城区，政府对那些新婚且夫妻双方都在当地工作，并有稳定收入来源的农民工要承担起住房保障的责任，可以纳入当地的廉租房系统，允许其迁入户口，以降低其返乡率。对于其他农民工维持现行政策。对于这些城市郊区的中、小城镇，政府要加强小产权房管理，将其纳入合法商品房管理系统，通过廉租房、经济适用房、住房补贴、住房贷款等多种形式，帮助夫妻双方都在当地工作，并有稳定收入来源的农民工解决住房问题，并允许这些家庭迁入户口。对于夫妻仅一方在当地工作的农民工维持现行政策。

（4）对于苏州、宁波、湖州、绍兴等东部二线城市的中心城区，政府对那些夫妻双方都在当地工作，并有稳定收入来源的农民工要承担起住房保障责任，可以纳入当地的廉租房系统，并允许这些家庭迁入户口。对于夫妻仅一方在当地工作的农民工维持现行政策。对于这些城市郊区的中、小城镇，如苏州临湖镇、采莲村，当地政府完全拥有足够的土地资源解决农民工的住房问题，关键是要转变观念。要允许有稳定收入来源的农民工迁入户口，政府承担起住房保障的责任。东部中、小城镇政府要从全局的长期的高度，通过房地产的有效开发与管理，为有稳定收入来源的农民工提供住房保障。农民工的大量聚集，有利于这些中小城镇的经济长期快速发展。

（5）对于那些农民工市民化工作富有成效的地方政府，中央政府要予以表彰和鼓励。具体的激励机制包括：一是对于农民工市民化工作突出的中、小城市，可以提高城市或官员的行政级别，或者当农民工市民化户籍人口达到一定规模后，提高城市和官员的行政级别；二是农民工市民化户籍人口达到一定数量后，增加城市的财政独立性和财政决策权力；三是财政转移支付、工业用地指标和土地转让指标与新增农民工市民化户籍人口数量挂钩。

第七章 培育东部多中心大都市区的模式研究

前几章研究发现，一方面我国东部城市仍是吸纳农村剩余劳动力的重要地区；另一方面，我国东部城市尤其是东部大城市的中心城区房价过高、交通拥挤、人口稠密，东部大城市生产和人口多呈单中心城市格局。要充分发挥东部城市吸纳农村剩余劳动力的重要作用，必须促进东部城市由单中心发展格局向多中心大都市区格局转变。本章将借鉴国外多中心都市区的发展经验，对培育东部多中心大都市区的模式进行研究，并提出相应的政策建议。

第一节 多中心都市区的形成：莱茵—鲁尔模式

一 莱茵—鲁尔模式的界定

在第四章第二节，我们已经阐述过，德国莱茵—鲁尔区生产与人口呈现多中心的分布格局。结合表4-3和表7-1的数据，可以看出莱茵—鲁尔区生产和人口分布特点：

（1）莱茵—鲁尔区人口分布比较均匀，最大的城市科隆人口也不超过100万，其他大的城市人口也一般在30万—60万之间，它构成了一个多中心的大都市区。

（2）莱茵—鲁尔区中找不到一个作为都市区中心的大城市，如表7-1所示，不论是政治、经济、文化，还是其他任何方面，莱茵—鲁尔区都没有明显的支配性中心城市（Blotevogel，1998）[110]。

表 7 - 1　　　　　　　　　　1995 年莱茵—鲁尔大都市城市功能

	贸易	运输	银行、保险	生产服务	家庭服务	公共事务管理
杜塞尔多夫	36700	16000	21200	28200	23200	18800
科隆	22400	14600	23600	22500	27000	10600
波恩	300	1500	2200	6000	16100	34200
埃森	9400	1900	0	9300	9700	
多特蒙德	3300	2900	3100	4000	5400	0
杜伊斯堡	0	5600	0	0	0	0
缪尔海姆	5000	0	0	0	100	0
波鸿	1000	0	0	1200	900	2100
哈根	1400	2600	0	600	0	0
乌帕塔尔	0	500	200	0	0	2600
慕逊	2800	0	0	0	300	0

Absolute surplus of employment in tertiary and quaternary branches in relation to the national average of employment density.

资料来源：引自 Blotevogel（1998）[110]。

注：表中数据等于各城市各行业就业人口减去该城市人口规模与全国该行业就业人口与全国人口规模的乘积。表中数据越大，说明某一城市在某行业上除了满足本城市对某行业的需求外，还向其他城市和地区提供了某行业的商品或服务，这就是大都市区功能。

（3）莱茵—鲁尔都市区是大、中、小城市得到并行发展的都市区。

类似莱茵—鲁尔都市区这样没有明显的支配性中心城市，都市区内部大、中、小城市并行发展的多中心都市区，我们界定为莱茵—鲁尔模式。

二　莱茵—鲁尔多中心都市区形成的经验

莱茵—鲁尔多中心都市区的形成，主要是因为各个城市之间，在政治上的分权、在财政上独立，以及在城市文化上的差异和互不认同，使得各城市的公共服务包括教育、绿化、娱乐、体育等都得到了比较均衡的发展，在经济上也形成了不同的特色主导产业，这就使得人口不会过度集中到某一个大城市，而是形成大、中、小城市并行发展的模式。

（一）各个城市的公共服务得到了比较均衡的发展

1. 各市的教育并驾齐驱，重视高科技发展、产学研结合

教育的分散布局，使各地区的有效劳动生产率趋向一致，同时，也减少了由于求学的需要而造成的人口集中分布的压力。如果没有实现教育的分散布局，而是使学校和科研机构集中在一个地区，会使地区间的有效劳动生产率差距增加，造成生产和劳动的过度集中。而各学校和科研机构的分散分布，还提高了各城市劳动力的素质，使劳动力能够适应更多岗位的需要，这样就降低了劳动力移动的成本，同降低交通成本一样，也促进了生产和人口的分散分布。

每个大城市都有自己的大学、科研与培训机构，促进了大中小城市并行发展。比如，科隆、波恩、杜塞尔多夫和杜伊斯堡都是北威州大学分布的主要城市。

在科隆有 11 所国立的和私人的高等学校，这个数字显示，科隆是除柏林和慕尼黑之外的德国第三大大学城。科隆有马克斯—普朗克研究所等近 15 家国家级研究机构，各个大型公司都普遍建立了自己的科研机构，重视专业中等技术学校建设，实行学员在政府创办的职业学校里学习理论知识，然后到相应的工厂或者企业中进行实践培训。这样，既避免了理论脱离实际，又可以减轻国家的负担，实践课程经费由企业承担，由于是具有针对性的培训，大幅度提高了培训后的就业率。

波恩是许多研究机构的驻地和会议的举办地。比如，马克斯—普朗克数学和射电天文学研究所、恺撒研究中心、德国发展援助政策研究所、联合国的环境和人类安全研究所、德意志学术交流中心，等等，这些都充分展示了波恩作为一个国际性学术和研究型城市的面貌。波恩在注重高等学校教育的同时，还十分重视职业培训。在波恩月工资在 4000 欧元以上的从业者中，有 25% 是大学和高等专科学校毕业生，另外有 40% 接受过职业培训。

在州首府杜塞尔多夫也有许多高等教育机构，如杜塞尔多夫海因里希—海涅大学（Heinrich – Heine – Universität Düsseldorf）、杜塞尔多夫高等专科学校（Fachhochschule Düsseldorf）、杜塞尔多夫罗伯特·舒曼高等学校（Robert Schumann Hochschule Düsseldorf）及杜塞尔多夫艺术学院（Kunstakademie Düsseldorf）和继续教育与研究机构，如梅地亚设计研究

院、电子出版（DTP）研究院、管理和经济研究院、北莱茵—威斯特法伦州经济中心、西门子微电子发展中心、马克斯—普朗克（Max-Planck）钢铁研究院等。杜伊斯堡—埃森大学是莱茵—鲁尔河畔最年轻的大学，是由建于1972年的两个城市的大学于2003年合并而成，另外还有杜伊斯堡高等专科学校和杜伊斯堡音乐学校等。

2. 各城市都努力优化环境，提供多样化的娱乐体育文化设施，提高环境舒适度

舒适的城市生活环境是城市全体居民和投资者共同的财富，可以降低人们的生活成本，是一个城市吸引人口与资本的不可缺少的因素。政府在城市环境建设中起着主导作用。环境舒适度包括公共娱乐设施、体育设施、文化设施、交通设施及公园绿地等重要因素。如表7-2所示，科隆、杜塞尔多夫、波恩和杜伊斯堡在提高各自城市的环境舒适度方面都做得非常好。不仅绿化面积比率较高，文化、娱乐、体育等场所数量密集，其在一个城市的分布也比较均匀、合理。以杜塞尔多夫为例，图7-1是杜塞尔多夫的公园分布，黑色圆圈代表公园，这是杜塞尔多夫主要的14个公园的分布图。除此之外，杜塞尔多夫还非常注重街道绿化，其面积约占总绿化面积的20%。

表7-2 四大城市的绿化、公共文化、娱乐及体育设施的情况

	森林面积（平方公里）	公园、动物园及植物园等（个）	博物馆（个）	剧院（个）	体育协会或体育团体（个）
科隆	35.5	约10	约30	约30	775
波恩	39.5	25	39	26	387
杜塞尔多夫	约21.8	30	约20	约16	127
杜伊斯堡	25	约5	15	5（市立的）	500

资料来源：http://de.wikipedia.org/wiki/Koeln, http://de.wikipedia.org/wiki/Bonn, http://de.wikipedia.org/wiki/D%C3%BCsseldorf, http://de.wikipedia.org/wiki/Duisburg（维基百科德文网），http://www.bonn.de/tourismus_kultur_sport_freizeit/sport_in_bonn/sportstaetten/index.html?lang=de（波恩城市网），Informationsdienst der Bundesstadt Bonn 2008（波恩市信息服务部），http://www.stadt-koeln.de/natur/wald/abisz/artikel/06173/index.html（科隆城市网），http://www.duesseldorf.de/stadtgruen/wald/index.shtml（杜塞尔多夫城市网），http://www.goyellow.de/schnellsuche/sportverein/duesseldorf/（杜塞尔多夫体育协会）。

图 7-1　杜塞尔多夫公园分布图

资料来源：杜塞尔多夫城市网（http://www.duesseldorf.de/stadtgruen/parks/parkmap/index.shtml）。

3. 方便的交通系统为城市均衡发展提供了重要保障

莱茵—鲁尔区经过科隆、杜塞尔多夫、杜伊斯堡、埃森和多特蒙德的中央铁路走廊，波恩到哈姆之间有 8 个城市间的站点。整个区域有 60 个机动车路连接点，方便的公共交通将各个市镇联系起来，形成网络，加之小汽车的普及，使人们工作的半径增大。由于拥有十分发达的公路交通网络和便捷的城乡公交系统，许多人居住、生活在小城镇，而工作在其他地方，因而形成"分散化的集中型"的城市布局，大大减少了人口高度集聚对中心城市形成的压力（Reinhard Wiessner，1999）[129]。目前，居住在小城镇中的居民与大城市的生活无异，同样，生活在小镇上的农民与居民并无二致。

交通的便利，使人们的生活（交通）成本下降，统一而便捷的交通系统的建立，使地区间居民的名义收入差距减少，这就降低了劳动力向收入高地区转移的压力。由于各地区的收入差距较小，而与人口过度集中相比，分散的生产和人口分布，由于更高的环境舒适度，而得到更高的幸福感，所以，人们更偏好于选择分散的发展模式，故统一而便利的交通系统，也是莱茵—鲁尔区生产和人口分散分布，大、中、小城市并行发展的一个重要原因。

下面，我们来看一下科隆、波恩、杜塞尔多夫和杜伊斯堡这四个城市多样化而又便捷的交通网。

航空方面：科隆和波恩有科隆—波恩国际机场，杜塞尔多夫有杜塞尔多夫国际机场，从杜伊斯堡火车总站到杜塞尔多夫国际机场也只需 7 分钟的时间。从表 7-3 可以看出，这两大航空港为它们的交通作出了巨大贡献。

表 7-3　　2007 年科隆—波恩国际机场和杜塞尔多夫国际机场的客货运量

	德国机场中排名	客运量（2007 年）(万人次)	货运量（吨）	直达的国家(个)
科隆—波恩国际机场	第四	1050	719000	38
杜塞尔多夫国际机场	第三	1550	863000	50

资料来源：Informationsdienst der Bundesstadt Bonn 2008（波恩市信息服务部）；德国杜塞尔多夫中国事务中心网（http//www. china - go es - dus. de/cn/duesseldorf/flughafen. aps）。

陆路交通：四个城市都有着四通八达的由有轨交通、市铁、城市特快、高速公路、联邦公路和市内公交等组成的交通网。在莱茵—齐格交通联盟（VRS）和邻近的莱茵—鲁尔交通联盟中，所有交通工具都实行一票制，大大方便了不同交通工具之间的转换。

水运交通：这四座城市均位于莱茵河或鲁尔河的两岸，给这些城市的河运都带来了天然的巨大优势。尤其是杜伊斯堡，因为位于鲁尔河汇入莱茵河的河口，加上经济和运输业的发展，有世界上最大的内河港口之称。

（二）各城市有独立的特色城市文化

由于历史上曾经领土相互独立，莱茵—鲁尔区各地区由不同的民族所统治，这就使他们思想文化上存在着巨大差异，各城市居民的宗教信仰、方言、节日都有所不同，使得他们之间不能相互认可，各城市所形成的文化也各具特色，互不包含。

城市特色文化可以增加居民的自豪感、凝聚力和城市环境舒适度，可以提高城市居民的文化素质，有利于形成城市的良好形象，增强城市产品的竞争力。实际上，城市文化是城市产品竞争力的重要源泉之一。因此，城市文化建设可以提高对人口和资本的吸引力。莱茵—鲁尔区的每个不论大小的城市都有属于自己的特色城市文化，这也是莱茵—鲁尔区的生产和人口没有过度集中到某一个大城市的重要原因。

科隆：科隆每年的狂欢节开始于 11 月 11 日 11 时 11 分的老市场。在短暂但是令人激动的开幕之后到新年狂欢节中间会告一段落，然后开始真正的持续到圣灰星期三（宗教节日，四旬节的第一天）的"大型音乐会"，还有传统的鱼宴。每年有约 100 万的游客来科隆旅游观光，为此科隆有 231 家旅馆为这些游客提供 1.7 万个床位。其中三星级及以上的酒店就有 149 家。

科隆有数不胜数的古老的教堂、博物馆、剧院、纪念碑和历史上各个时期的建筑。最有名的建筑也是科隆的标志性建筑当然是科隆大教堂。科隆大教堂，又名圣·彼得大教堂，是一座华丽恢宏的天主教哥特式大教堂，始建于 1248 年，1880 年才竣工，南塔高 157.31 米，北塔高 157.38 米，是世界上最高的双塔教堂，它是科隆人的骄傲，是德国每年吸引游客最多的旅游景点之一。科隆 30 多家各色各样的博物馆，其中著名的有科隆博物馆、路德维希博物馆、纳粹文献资料中心、巧克力博物馆，等等，都吸引了无数游客到此观光。科隆还因为源于中世纪的戏剧历史而得到"戏剧之城"的美名。在科隆有近 30 家远近闻名的大小剧院，极大地丰富了人们的生活，提高了人们的文化素养，也促进了科隆发达的旅游业和旅馆餐饮业的发展。

科隆在文学史上也有它的重要的地位。从歌德到海涅到策兰，许多著名的大文豪都是从科隆及其特性中，寻找到创作诗歌和叙事诗的灵感。大量的德语小说也把地点安排在科隆。诺贝尔奖得主 Heinrich Böll 和 Rolf Dieter Brinkmann 就是众多定居在科隆的大作家中的两位。在科隆还有以这两位大作家命名的文学奖和奖学金，以鼓励年轻的作家。

波恩：建于 1737 年的洛可可风格的旧市政厅是波恩的标志之一。在其旁边伫立的就是科隆选帝侯的主要的官邸——选帝侯宫殿，如今是波恩大学的主要建筑。还有 Poppelsdorfer 宫殿和栗树大道。波恩另一个标志便是波恩大教堂。波恩还有众多的博物馆。波恩的联邦艺术展览大厅和联邦德国历史之屋，自它们建成以来就是德国十大访问人数最多的博物馆，每年吸引近 50 万的参观者。除此之外还有有名的波恩艺术博物馆、埃及博物馆、国王博物馆，等等。因为很多历史名人曾在波恩出生居住或去世，因此每个名人的故居都被开辟成一座博物馆，其中最有名的当数两位音乐大师的故居，路德维希·冯·贝多芬故居和罗伯特·舒曼故居。在贝多芬故居里还保存了贝多芬的 D 小调第九交响曲的第 125 号作品的手稿，吸引世界无数乐迷和非乐迷前来瞻仰。从 1999 年开始每年举行的贝多芬音乐节更是波恩和世界音乐爱好者的盛大的节日。在波恩不仅有诸多的室内博物馆，其实它的街道就是一个室外博物馆。游客通过波恩的长街，就可以看到一个囊括了最近 50—60 年的造型艺术作品的展览。

波恩的博物馆和市立的波恩剧院，还有大小林立的十多家私人剧院，加上电影院，不同时期举行的音乐会等这些文化设施和娱乐活动大大丰富了人们的文化生活。

杜塞尔多夫：在杜塞尔多夫有剧院 16 家之多，如德国莱茵歌剧院、杜塞尔多夫剧院、杜塞尔多夫音乐厅等。有博物馆及研究机构尽 20 余家，如电影博物馆、歌德博物馆、城市博物馆、海因里希·海涅研究所，等等。有大小城堡和宫殿 15 座，教堂 13 座，不仅有建于 1950 年前的多个历史建筑，也有现代的和后现代风格的建筑。有各种类型的公园 28 家之多。

说到杜塞尔多夫，不得不提它的老城区的酒馆。正是因为众多的酒馆，杜塞尔多夫的老城区被称为世界上最长的柜台。在狭窄的老城区聚集了上百家酒馆、酒吧、餐馆等，是人们休息娱乐的好去处。传统的节日和体育赛事有著名的狂欢节、射击比赛、自行车比赛等。

杜塞尔多夫还是德国的时尚之都，世界最大的时装展览就在这儿举行。在杜塞尔多夫还有欧洲大陆上最大的日本人聚居区，因此它还有一个别名，就是"莱茵河畔的日本"。

杜伊斯堡：狂欢节和杜伊斯堡城市节及从 1995 年开始举办的 Matjes-fest，等等，是杜伊斯堡众多的传统节日中的几个。杜伊斯堡约有博物馆 15 家，除了大量的博物馆，人们还可以在杜伊斯堡不同的教堂中领略不同时期的历史和建筑风格。

另外，科隆和杜塞尔多夫还有一个共同特色就是，积极举行各种博览会，向世界展示各个领域的先进产品，同时也宣传自己。科隆每年都要举行数十个博览会，其中最有影响力的有：Anuga（食品工业和营养经济学的专业博览会）、Photokina（摄影产业的最重要的专业博览会）、Art Cologne（一个现代艺术的专业博览会）等。在杜塞尔多夫每年也要举行约 43 个博览会，其中 23 个在世界范围内都有着重要的影响力。每年有 3 万多个参展商，58% 来自国外，吸引 22 万多参观者。

（三）各城市实行独立的财政预算体制和投资决策

各城市有不同的选举制度和自己的议会，可独立作出发展规划和决定。政治上的分权使得各城市在经济上实行独立的预算及投资政策，与集中的经济政策相比，减少了由于实行倾斜式的投资政策而造成的经济差异，不会由于优先发展某个地区，而对其大量投资，使该地区的就业劳动力数量增加和资本聚集，造成过度集中问题。各城市可以独立的作出投资决策和目标，自主发展公共服务如教育、公共文化、娱乐设施和体育设施等，促进了莱茵—鲁尔区大、中、小城市的并行发展。

（四）在经济上，各城市具有不同的特色主导产业

莱茵—鲁尔区由于资源分布的差异，各城市所能获得的资源初始禀赋不同，经济起飞的初始阶段，他们根据自己所能得到的初始禀赋进行生

产。又由于"因果循环累积"与"规模经济"效应，这样各地区就形成了自己的优势产业。再根据"比较优势原理"，当在莱茵—鲁尔合成一个大都市区时，各个城市只有充分利用自己的比较优势，发展自己的特色主导产业，注意专业化和分工协作，达到城市功能互补，才能实现大都市区整体的最优化。因此该区的小城市，一般不搞"小而全"的综合性职能，而是发展专业化的形式，在专业化的基础上，通过便捷的交通运输方式，开展横向经济协作（Cohen，2004[130]）。由于比较优势的存在，莱茵—鲁尔区各城市并行发展自己的优势特色主导产业。

相反，假设 A、B 代表莱茵—鲁尔区的两个城市，而这两个城市，不实行职能的专业化，发展自己的特色主导产业，例如，B 选择发展 A 的优势产业，则明显的，B 的有效劳动生产效率大大低于 A 的，使 A、B 之间的有效劳动生产率差距扩大，与经济上实行倾斜式的投资政策相同，劳动生产率的增大，使该地区厂商的利润会随之增加，这样又使厂商扩大生产，增加了其对资本和劳动力的需求，需求的增加，会使资本和劳动力价格增加，这样就进一步促进了生产和人口向该地区转移，这就造成了 A 城市人口的过度集中。反过来说，实现城市功能的分工，发展各自的主导产业，使生产和人口分散分布，是其大、中、小城市并行发展的重要原因。

如表 7 - 4 所示，在主导产业上四个城市各有分工，发展自己的特色主导产业。科隆有西德广播电视台（WDR）、国内最大的公共广播台（ARD），以及 80 年代以后开放私人媒体许可后建立的很多商业电视台，其中 RTL 就是德国最大和最成功的私人电视台。又由于"累积因果循环理论"和"规模经济"，使这里的电视产业形成比较优势，所以尽管两德统一以后柏林吸引了一批的媒体产业，但是科隆依然是当前主要的电视和电影制片公司的聚集地。另外，食品业、汽车制造业、化学工业也是科隆的最主要产业，旅游业、科研、管理、博览会、金融业等也是其重要的经济行业。

杜塞尔多夫是德国三大广告公司的基地，在广告业具有竞争优势。杜塞尔多夫的服装业很发达，有"德国时尚之都"的美誉。约 1400 家时装公司每年为杜塞尔多夫创造 150 亿欧元的营业额。通信业也是它的主导产业之一，E - Plus、Vodafone、Ericsson、T - com 等 IT 和电信业的大企业和

表 7 - 4　　　　　　　　　　科隆等四个城市的主导产业

	科隆	杜塞尔多夫	波恩	杜伊斯堡
面积（平方公里）	405.16	217	141.22	232.82
人口（万人）	99.54	58.11	31.64	49.67
主导产业	食品业、汽车制造业、化学工业和传媒为最主要产业；科研、管理、博览会、金融业、旅游业	金融业、广告业、电信业、服装业	主要以行政管理和文化事业为主，信息电信业、旅游业也较发达，工业比重不大	钢铁、化学工业、造纸业、设备机器船只制造业、精密仪器生产业、运输业

资料来源：Landesamt für Datenverarbeitung und Statistik Nordrhein - Westfalen（北莱茵威斯特法伦州数据处理和统计局）；Informationsdienst der Bundesstadt Bonn（波恩市信息服务部）；http://de. wikipedia. org/wiki/Koeln；http://de. wikipedia. org/wiki/Bonn；http://de. wikipedia. org/wiki/D% C3% BCsseldorf；http://de. wikipedia. org/wiki/Duisburg（维基百科德文网）；http://www. lds. nrw. de/statistik/datenangebot/regionen/amtlichebevoelkerungszahlen /rp1_ dez07. html（北莱茵威斯特法伦州数据处理和统计局网）。

世界著名的通讯社 BBDO、Grey 以及 Publicys 都在杜塞尔多夫有驻地。另外，杜塞尔多夫在交易所和银行、企业顾问等领域有着重要的地位。这里有著名的莱茵—威斯特法伦证券交易所，有 900 多家企业团体和公司的业务和税收与会计事务有关，德国最大的 20 家法律律师事务所有 17 家在杜塞尔多夫，在处理专利权纠纷方面，杜塞尔多夫是欧洲，也是世界上除华盛顿外第二重要的、最权威的裁判地。约有 5000 家外国公司的分公司或子公司在杜塞尔多夫，于是它在德国的对外贸易中占据着第一的位置。

波恩由于曾经是联邦德国（西德）的首都，当前波恩还驻有 6 个联邦部门（包括德国国防部），其他政府部门在此也仍有办事机构，这使得波恩成为德国第二大政治中心。1996 年开始，联合国的环境和发展事务组织也驻在这里，2006 年 11 月 "UN - Campus" 在前政府区正式落成，成为 13 个联合国驻波恩机构的办公地，因此波恩素有 "联合国机构之城" 之称。除此之外，前政府区目前还设有一些德国大型跨国企业的总部，例如德国电信和德国邮政，以及德国之声电台和波恩国际会议中心。利用这样的优势，波恩发展了它的服务领域、科研领域和通讯领域 。而它们各自具有的优势是其他地区所没有的。

　　杜伊斯堡是一座有名的工业之城,钢铁、化学工业、造纸业、设备机器船只制造业、精密仪器生产业、运输业等都是其特色的主导产业。杜伊斯堡依靠当地的煤铁资源,成为欧洲中部最重要的钢铁工业中心之一,也是世界范围内钢铁产品的主要制造地。是德国一半的生铁和 1/3 的原钢的生产地。并且杜伊斯堡利用天然的内河港及欧洲交通枢纽的优势,发展了支柱产业之一的运输供给业,也为莱茵—鲁尔区的发展作出了自己的贡献。

第二节　多中心都市区的形成：大台北模式

一　大台北模式的界定

　　中国台湾在城市化过程中成功地避免了人口过度集中于大城市中心城区的过度集中现象,在台北市周边地区发展形成了许多中、小城市,不仅有效地利用了台北市的市场规模、信息外溢等聚集经济效应,而且还分散了台北市中心城区的人口,吸引了大量其他地区的农村劳动力,使得大台北地区成为中国台湾农业剩余人口的吸纳池。大台北地区是指台北市和台北县构成的区域。台北市是中国台湾政治、经济、文化中心。面积 272 平方公里,人口 263.4 万人(2001 年年底),占中国台湾人口的 11.8%,人口密度为 9684 人/平方公里。台北县环绕在台北市周围,台北县面积2052.57 平方公里,人口 376.7 万人(2006 年),人口密度 1835 人/平方公里,是全省 16 县中经济最发达、人口最稠密的县份。台北县的开发自18 世纪初自淡水河口地区开始,沿河流域两岸向四周扩展,已成为以台北市为中心的北部经济区的核心地带,下辖 10 市 4 镇 15 乡：板桥市、汐止市、新店市、永和市、中和市、土城市、树林市、三重市、新庄市、芦洲市；瑞芳镇、三峡镇、莺歌镇、淡水镇；万里乡、金山乡、深坑乡、石碇乡、平溪乡、双溪乡、贡寮乡、坪林乡、乌来乡、泰山乡、林口乡、五股乡、八里乡、三芝乡、石门乡。超过 80% 的台北县居民居住在 10 个县辖市当中,其面积大约占台北县的 1/6。

　　表 7-5 是 1991 年台北县主要城市的人口密度。从表中可以看出,板

桥市、三重市、中和市、新庄市和芦洲市的人口密度都在 2 万人/平方公里左右，永和市的人口密度甚至达到 40447 人/平方公里，其他一些市如土城、树林等人口密度也比较高。与之相比较的是，我国的都市区如北京市、天津市等，只有中心城区的人口较为密集，2004 年北京市的中心城区人口密度为 30276 人/平方公里，天津市的中心城区的人口密度为22305 人/平方公里，它们的郊区和郊县则是人口非常稀疏（参见第四章表 4－4）。表 7－5 说明，在大台北都市区，除了具有支配地位的中心城市台北市外，在台北市周边，还形成了许多中、小城市，这使得大台北都市区呈现多中心都市区的生产与人口分布格局。

表 7－5　　　　　　　　1991 年台北县部分城市的人口密度

	面积 （平方公里）	人口 （万）	人口密度 （人/平方公里）		面积 （平方公里）	人口 （万）	人口密度 （人/平方公里）
板桥市	23.2	53.5	23053	中和市	40.2	20.1	20057
三重市	16.3	38.4	23567	新庄市	38.0	19.7	19267
永和市	5.7	23.1	40447	芦洲市	17.3	7.4	23314
土城	29.5	23.4	7924	莺歌镇	8.2	21.1	3904
树林市	33.1	15.8	4761				

注：人口数据来源于中国台湾 1991 年 10 月的人口普查，各城市面积来源于《台湾省县市乡镇地图集》（台北：大兴出版社 2006 年版）。

同是多中心都市区，大台北都市区在结构上与德国莱茵—鲁尔都市区有一个显著的区别，莱茵—鲁尔都市区没有一个规模特别大且处于支配地位的中心城市，而大台北都市区却有台北市作为整个都市区的中心城市。另外一个差别是，大台北都市区的亚中心形成较晚，如板桥市，战后初期，本市人口 23544 人，后因台北县政府设于此，板桥一带又划为轻工业区，人口迅速增加，1965 年，74560 人，1969 年华江大桥通车，增加更快，1971 年超过 10 万人，此后工商业发展，人口增加更快，1976 年年增率最高，增加 40366 人。至 1981 年年末，板桥市已达 403075 人。自战后34 年来增加 37 倍，为台北县人口最多县市。在经济发展中逐渐形成由一个大的中心城市和其周边许多中、小城市组成的多中心都市区，我们把这种多中心都市区形成模式称为台湾模式。

下面我们主要研究大台北都市区亚中心的形成与发展的经验，这对我国单中心城市向多中心都市区的转变等有借鉴意义。

二　大台北都市区亚中心形成与发展的经验

（一）综合性的城市亚中心区域发展规划政策

大台北都市区亚中心发展的一条重要经验，就是亚中心区域发展规划政策的综合性。按照《台北县都市发展计划》，板桥市、三重市、中和市、新庄市、新店市、永和市、树林镇、汐止镇和土城市 9 个市镇为台北县政府着力发展的地区。由表 7-6 可知，政府在土地规划中，明确了住宅区、商业区、工业区、农业区、学校、机关、公园绿地及儿童乐园和运动场用地，一些地区也规划了风景区、保存区、保护区、区域性公园及游乐场用地。这种区域发展规划的综合性，有效地避免了城市功能单一的开发区、居民区的出现，有利于减少新开发区域居民的生活成本、交通成本，极大地增加了新开发区域对其他地区人口的吸引力，为新开发区域的发展、为新开发区域成为大台北地区的亚中心提供了重要保证。

表 7-6　　　　　　　台北县都市计划土地使用分区面积　　　　单位：公顷

都市计划	住宅区	商业区	工业区	区域公园及游乐场	风景区	保存区	河川及排水
板桥市	629.75	52.34	100.72	0.00	0.00	2.82	34.92
三重市	498.23	58.49	208.53	0.00	0.00	1.56	547.26
中和市	485.83	25.01	194.13	0.00	125.82	2.75	22.73
新庄市	492.67	12.10	297.37	0.00	0.00	0.00	27.88
新店市	426.38	8.92	130.01	13.60	474.86	0.00	288.83
永和市	242.57	53.77	0.00	0.00	0.00	0.00	111.16
树林镇	163.74	22.43	78.56	0.00	0.00	0.36	30.01
汐止镇	148.76	15.27	204.45	0.00	0.00	0.00	67.14
土城市	199.23	12.07	184.57	0.00	0.00	0.62	10.38

（二）宽松的人口流动政策

大都市区形成发展的过程，就是人口不断由其他地区向大都市区集中的过程；而农村剩余人口的转移，也是农民从各地农村不断向大都市区迁徙的过程。人既是生产者，也是消费者，同时也是消费资金和市场规模的载体。中国台湾各地人口向台北中心市区的聚集，一方面造成了市区的拥挤，对住房以及交通、教育、环境、公共娱乐设施等社会公共品产生了压力，促使市区人口向郊区迁移；另一方面，农村剩余人口向大台北都市区的郊区和市区迁移也扩大了大都市郊区和市区的市场规模和技术外溢效应，产生聚集经济，既增大了大台北都市区的市区对资本与人口的吸引力，也会增加大台北都市区的郊区对资本和人口的吸引力；人口流动是城市亚中心形成的重要市场力量。例如，板桥市人口，1947 年本县籍占99%，1971 年本县籍占 49.63%，本省他县占 22.90%，其他省籍则占28.41%；1981 年末本县籍占 24.48%，本省他县占 48.80%，其他省籍占16.63%，台北市占 8.49%。1981 年人口比 1947 年增加了 37 倍，由此可见，人口流动是板桥市迅速发展的重要原因之一。

（三）对外来人口尤其是农村转移人口的帮扶政策

对人口流动实施宽松政策的同时，中国台湾对外来人口尤其是农村转移人口实施帮扶政策，是中国台湾对外来人口政策的又一显著特征。这包括对外来人口的社会保障，如健康保险、失业保险，也包括对外来人口的就业培训、就业咨询等，这些帮扶政策促进了农村剩余人口向大都市区及其郊区转移，并使之能够在城市地区定居下来，同时也促进了大台北都市区城市亚中心的形成。

（四）县辖市的行政体制和县辖市的财政独立性

同中国大陆地区市管县的行政体制不同，中国台湾地区实行县辖市的行政体制，县市一级政府在土地政策制定，税收、教育、医疗等公共服务的政策制定和公共投资方面，有着相当的职权。而县市的面积很小，相当于大陆县辖乡镇的土地面积。在税收方面，如表 7-7 所示，分税制使得县辖市在印花税、地价税、土地增值税、房屋税等税种上有很大的自主权，这极大地调动了县辖市政府的积极性和财力，增加了他们发展本地区各项事业的能力，使得他们主动和自觉地发展本地区经济和各项社会事业，这促进了大台北地区郊区中小城市的发展，也是大台北多中心都市区形成发展的重要原因之一。而中国大陆地区实行市管县的体制，大城市除了中心城区以外，还包括一些郊区和郊县。如北京市面积 1.68 万平方公里，近整个台湾地区的一半，除中心城区外，还包括房山、门头沟、通州、平谷等郊区和延庆、密云等郊县。郊区各区的面积实际上相当于中国台湾的一些县的土地面积，郊区各区的区政府的行政职权、税权并不独立。这样，一方面北京市政府可以集中很大的财力举办大的建设工程；另一方面，这种体制的不足在于郊区各区乡镇一级政府就没有很大的财力、主动性和自觉性，发展各区下属各乡镇的各项社会事业，新开发地区就很有可能成为城市的功能性飞地，如单一功能的工业开发区、大学城、度假村、居住区。这些新开发地区由于功能单一，生活、生产服务设施不完善，往往无法吸引个人和厂商，无法形成城市亚中心。

表7-7　　　　　　　　台湾省税捐收入结构表　　　　　单位:%

税种	1985 年	1990 年	1995 年	1996 年	1997 年	1998 年	1999 年
国税	65.63	77.73	74.67	76.92	76.62	78.53	79.93
所得税	21.49	28.40	27.28	30.09	29.09	29.74	33.27
营利事业所得税	10.39	13.87	12.54	13.00	12.08	12.19	14.95
综合所得税	11.10	14.54	14.74	17.09	17.00	17.55	18.22
遗产与赠与税	0.80	0.82	1.83	2.14	2.00	1.90	1.66
关税	18.94	10.30	9.85	9.18	8.52	8.53	7.93
货物税	15.46	10.70	13.39	13.55	12.07	11.22	11.19
营业税	8.68	14.08	18.30	18.99	18.42	18.21	19.37
证券交易税	0.16	13.43	4.02	2.97	6.52	8.93	6.51
期货交易税	—	—	—	—	—	—	—
矿区税	0.00	0.00	0.00	0.00	0.00	0.00	0.00
直辖市税及县市税	34.37	22.27	25.33	23.08	23.38	21.48	20.07
印花税	4.68	0.45	0.58	0.61	0.56	0.53	0.57
使用牌照税	2.29	2.07	2.60	3.18	3.22	3.13	3.32
田赋	0.31	0.00	0.00	0.00	0.00	0.00	0.00
商港建设费	3.99	1.68	—	—	—	—	—
地价税	3.09	2.85	3.27	3.71	3.48	3.38	3.60
土地税	13.05	13.28	16.54	13.85	14.41	12.97	11.41
土地增值税	9.65	10.43	13.27	10.14	10.92	9.59	7.81
房屋税	4.76	3.08	3.06	3.40	3.43	3.27	3.51
娱乐税	0.26	0.06	0.10	0.13	0.11	0.10	0.11
屠宰税	0.74	0.00	—	—	—	—	—
契税	1.40	1.06	1.50	1.50	1.28	1.07	1.01
教育临时捐	3.29	0.58	0.76	0.41	0.38	0.36	0.04

资料来源：根据《 "中华民国" 财政收支统计月报》1999 年 8 月卷编制。

（五）对大都市区的亚中心城市的生产、生活服务设施的投资政策

大都市区的生产、生活服务设施直接关系到在城市亚中心生产、生活的成本，因此也直接关系到城市亚中心对厂商和个人的吸引力。相对于中心城区而言，亚中心的土地、住房价格较低，因此，与亚中心生产成本紧密相关的是交通、通信、信息成本，与生活成本紧密相关的是教育、医疗、商业、交通、休闲成本。

为了减少大台北地区中小城市的生产、生活成本，大台北地区对联系中心城区和中小城市的交通设施、中小城市的医疗、教育、商业、休闲服务设施，进行了统筹考虑和建设。首先，在新开发区域进行土地的分区管制，在土地开发使用上，对商业、住宅、工业、教育、休闲用地进行合理的综合规划，在税收上给予中小城市政府以足够的财力支持。同时上一级政府在土地政策（如允许垂直混合使用、鼓励大规模基地建筑并留设开放空间、都市土地重划）、交通、社会保障、就业培训、教育（省负担1/4，县（市）负担1/2，各县市教科文支出不得低于其预算总额的35%）、医疗方面（如全民健康保险、医疗费用补偿）也给予足够的财力或政策支持。这些都保证了大台北地区中、小城市的发展。

第三节　多中心都市区的形成：巴黎模式

巴黎是在大都市区的中心城市出现过度集中之后，才开始建设新城或卫星城以分散中心城市人口的一个典型都市区，类似的还有伦敦、东京等。我们把这种多中心都市区形成模式统称为巴黎模式。

一　法国巴黎新城——马恩拉瓦莱①

（一）现状

马恩拉瓦莱新城位于巴黎地区北部城市优先发展轴的东端，由来自3个省26个市镇组成，占地约152平方公里，在东西长22公里、南北宽

---

① 关于巴黎新城的阐述主要参考了刘健《基于区域整体的郊区发展——巴黎的区域实践对北京的启示》，东南大学出版社 2004 年版，第 113—137 页[131]。

3—7 公里不等的地域范围内呈线性分布，并被重新组合成 4 个城市分区：巴黎之门、莫比埃谷、比西谷、欧洲谷，其面积和规划人口（2006 年）分别为 21 平方公里、10.66 万人，38 平方公里、8.66 万人，61 平方公里、7.42 万人，32 平方公里、4.05 万人。

巴黎之门是马恩拉瓦莱新城的城市中心，它毗邻巴黎，区内公路、铁路汇集，1999 年该区已有居民近 10 万人，建成住宅超过 4 万套，可提供就业岗位 3.3 万多个。这里第三产业发达，有巴黎地区商业交易活动最为活跃的购物中心之一，又有以 IBM 为代表的世界著名企业的办公楼，是继巴黎和德方斯之后的巴黎地区的第三大城市中心。

莫比埃谷最初目标主要是容纳由于新城城市中心的吸引而产生的人口增长。该区拥有独特的自然环境优势，林地、河流、水面形成遍布全境的绿脉，以环境优雅、舒适而对人口产生吸引力。同时为适应巴黎地区经济社会发展的变化，产业园区、研发中心等新型功能区不断出现。目前，这里拥有巴黎地区最大的产业园之一，建成面积 50 万平方米，接待各类企业机构 2500 家，提供就业岗位 3.7 万多个。另外，该区还建成作为研发中心的迪斯卡特科学城和以商务办公为主的分区中心等。迪斯卡特科学城对提高新城的发展质量，填补巴黎东区没有从事高等教育培训和基础应用研究的专业机构的空白，使得巴黎地区成为具有国际影响力的科研和培训中心等都有重要意义。经过 20 多年的建设已使该科学城初具规模，包括马恩拉瓦莱大学（7000 多名注册学生）、马恩拉瓦莱建筑学院（1200 名注册学生）、法国路桥高等学校、法国地理科学高等学校、法国电子与电子技术工程高等学校（1000 名注册学生）以及法国城市规划学会等在内十多所欧洲著名高校和科研机构，主要从事建造艺术、电子技术和信息技术等方面的科学研究。此外，科学城还设有产业园，有近 200 家企业的研发部门把这里作为产品孵化基地，将科研机构的科研成果迅速转化为产品成果。

比西谷是马恩拉瓦莱新城中最大的一个城市分区，1985 年开始建设，目前仍处于发展的起始阶段。但其表现出良好的发展势头。至 1999 年年底，全区容纳人口近 5 万人，住宅储备 2 万套，可提供就业岗位 2 万多个。比西谷的主要职能是接纳以知识经济生产为特征的新兴企业。

欧洲谷的建设时间短，但是其建设成就和发展势头十分强劲。该区的城市功能最初定位是以第三产业为主的就业中心。1987 年，在有迪斯尼公司参与建设的情况下，法国政府巴黎地区政府把该区的城市功能修订为具有国际影响力的、集旅游娱乐商务居住为一体的城市综合体。1990—2000 年的 10 年间，该区居民数增加一倍，由 5200 人增加到 12000 人；就业岗位从 840 个增加到 12000 个，其中第三产业的比重高达 99.5%；住宅数量增加近 2 倍。同期完成土地市政配套 7 平方公里，开发产业园 208 公顷，建成用于办公、教育和培训的建筑面积达 76 万平方米，商业建筑面积 19 万平方米，形成了 18400 间旅馆客房的接待能力，每年迎接来自世界各地的旅游人口近 1200 万。

（二）成功经验

1. 新城的功能定位合理

巴黎新城的功能定位是以巴黎地区的持续发展为前提，将吸纳新增地区人口作为其主要职能，同时通过对新城市化地区和现状郊区的辐射作用，参与对区域城市空间的结构重组。这样的城市发展定位，从规划设计角度看，就是以相对独立的城市社会单元面目出现，这样就有利于城市在以后建设实践中良性发展。

2. 城市功能健全

马恩拉瓦莱新城集居住、就业和服务功能为一体，功能配置相对丰富和完整，从而使它能在实际建设中成为功能齐全、具有独立性质的新城，在一定程度上实现了居住和就业的就地平衡。

3. 城市景观设计独特

新城在空间设计上强调尊重自然空间、突出环境优势，在建筑设计上强调风格返朴、尺度宜人。如莫比埃谷的住宅区建设。

4. 重点建设城市中心的开发方式

马恩拉瓦莱新城的建设没有采取全面开花的建设方式，而是集中力量重点建设城市中心，从而能在短期内形成规模，尽快发挥集聚和辐射效益，推动城市的发展。如巴黎之门，在建设初期，政府花大力气在城市中心 2 平方公里范围内，兴建了商业、办公、教育、体育等公共设施，包括 8 万平方米的商业面积，可容纳 1 万—1.2 万人的高等教育机构，50 万平方米的办公建筑，3.5 万平方米的体育文化设施等，以及 3500 户住宅和城市公园。

5. 城市建设资金来源的多方化

在 20 世纪 80 年代以前，资金主要来源于中央政府的大量投入，因此国家财政状况在相当程度上决定着新城的进度。80 年代之后，迪斯尼公司的加入，为城市发展提供了坚实的资金保障，有利于城市建设的可持续性和稳定发展。

6. 城市文化

马恩拉瓦莱新城境内有大量的历史文化遗产，包括自然公园，以及被列入国家保护名单的城堡等，赋予新城以独特的人文个性。在新城的建设中，注重保护重要景观和具有重要社会和文化的历史遗产。城市文化的形成，有利于城市人口的聚集。

二　伦敦新城——密尔顿·凯恩斯①

（一）发展历程与现状

位于伦敦附近的密尔顿·凯恩斯（Milton Keynes），以下简称 MK 新城，是 20 世纪规模最大的新城开发项目之一，也是英国最后一批第三代新城。MK 于 1967 年进行规划编制，1971 年开始进行建设，它是在 3 个小镇的基础上发展起来的。原有人口 4 万，2005 年实际人口 21.7 万，总建成区面积 88.8 平方公里。

密尔顿凯恩斯新城距英国的两个最大城市伦敦和伯明翰的距离分别为 1 小时和 1 小时 50 分钟汽车路程，还临近世界著名的大学城牛津和剑桥。牛津有汽车制造厂，剑桥有许多高科技产业和软件开发公司。以 MK 为中心，1 小时车程为半径的范围内，有人口 800 万。因此，MK 新城具有区位优势，有长远的发展潜质。

MK 是在一个平坦的农业地区上进行建设的，规划试图通过景观设计使它成为具有吸引力和标记性的城市。70 年代初开发时决定不建轻轨，当时汽车还是一种主要的交通方式。规划引入了美国洛杉矶的网格式道路布局模式，每个网格 1 平方公里，即每 1 公里有 1 个交叉口，1 个网格就

---

① 关于伦敦新城的阐述，主要参考了王唯山《密尔顿·凯恩斯新城规划建设的经验和启示》，《国外城市规划》2001 年第 2 期[132]；陈劲松主编《新城模式》，机械工业出版社 2006 年版，第 43—58 页[133]。

是 1 个社区。路网中道路两旁种有行道树，根据规划，住宅高度不应高于树高。所有基础设施管道沿路旁，开发管线埋入地下。商业用房包括办公楼一般不高于 6 层。MK 拥有步行道含自行车道网络，系统全长约 30 公里，实现了机非分流。新城中公园用地占 20%，设计成线型的公园串联成片。公园内有排水渠，穿过社区，雨水通过排洪渠汇入湖面再排放至河流，因而 MK 不会出现洪灾，湖面可供休闲娱乐使用。

在 MK 的首期开发中把 3 个原有小镇联系在一起，新城开发和老城改造结合在一起，成为很有效的分期实施办法。新城早期开发的住宅以简单廉价为主，以吸引低收入者购买入住新城（因为初期伦敦等大城市还是较具吸引力的）。在住宅区内部禁停汽车，在外围停车，使住区免受汽车干扰。住宅建设均考虑朝向，住宅供暖一半免费。到 20 世纪 80 年代经济调整时期新城兴建了火车站，建起欧洲第一个美国式的购物中心，使只有20 万人口的 MK 每周吸引 60 万人次来购物，从而达到促进经济发展的目的。在未来的建设中，MK 还要建立新的购物中心、戏院和欧洲最大的人造滑雪场，建设新住宅和举办建筑展览会，采用多种方法来吸引更多的人。

（二）成功经验

1. MK 的总体规划设计合理、具有前瞻性

它不仅仅是新城建设的蓝图，而是致力于建立一个能够随着发展、需求的变化灵活调整的战略框架。在土地使用上，保留待发展用地；在发展目标上注重住宅和就业的平衡；在功能布局上，实行居住和就业的分离。

2. 创造了良好的居住环境和充足的开放空间，为吸引人口和产业的进入提供了便利条件

MK 新城的规划希望把它建成英国版的美国式的有高速公路相连的大都市圈。区域内 22% 的面积被用做公园用地，线型公园和大联合运河（Grand Union）、乌斯河（Ouse）和乌泽尔河（Ouzel）的自然风光相得益彰。

3. 交通条件和地理位置条件优越

MK 与伦敦、伯明翰的距离适中，且临近牛津和剑桥，使得 MK 在吸引大伦敦地区的人口和产业方面有一定优势。牛津和剑桥是世界顶级的学术中心，在过去几年产生了许多与大学有联系的高科技公司。但是如果想

进一步开发可用空间的话，只能选择 MK。因为 MK 新城土地可观，并且合并了开放大学和克兰菲尔德（Cranfield）大学及白金汉（Buckingham）大学，另外该区商业服务机构也非常发达。

4. MK 在积极提供就业机会的同时，保证住宅多样化供给，较好的促进了居住和就业的平衡

2001 年，在 MK 新城有 11.3 万就业人口，占总人口的 54%，大约 2 万人在新城之外工作，2.4 万人从附近区域来新城工作。

5. 生活配套设施完善和城市交通便利

在 MK 新城的建设过程中，注重城市生活服务设施的建设。这些服务设施包括商场、学校、旅馆和公共汽车站等，它们集成的服务中心位于城市主要干道的周边，有步行系统连接，具有便捷的可达性。

6. 有自己的城市中心

MK 中心接近城市的地理中心，包括一个购物中心、文化和娱乐设施、住宅和办公楼以服务于新城和周边地区的居民。

7. 政府提供良好的社会服务，促进了早期居民的迁入以及国外公司的进驻

这些城市软件设施的建设有利于促进城市人口和经济的快速发展，包括为企业员工提供培训、为企业进驻提供优惠政策，为居民生活提供安全便利服务等。

三 日本新城——多摩 ①

（一）发展历程与现状

多摩新城的开发建设最初目标是为了满足东京人口的居住需求，但在 20 世纪 70 年代城市多中心和卫星城协调发展的规划理念指导下，多摩的发展目标调整为建设工作居住平衡的都市。

多摩位于东京新宿副都心的西南方向 19—33 公里处，距离横滨市中心西北约 25 公里处的丘陵地带，东西长 14 公里，南北宽 2—3 公里，包括了东京都多摩市、稻城市、八王子市和町田市的一部分，规划人口

---

① 关于日本新城的阐述，主要参考了陈劲松主编《新城模式》，机械工业出版社 2006 年版，第 131—143 页[133]。

37.3 万人。

多摩新城的建设以居住功能为主，同时兼顾商业和文化功能，目的在于将东京都的单一集中型结构改为多中心结构。根据规划，在多摩的新住宅建设区范围设置了 23 个近郊邻住区。平均每个住区面积为 1 平方公里左右，住宅户数为 3300 个，人口 1.2 万人。每个住宅区是一个独立的单位，原则上有一所初级中学、两所小学、两个幼儿园，设有诊疗所、商店、邮局、图书馆、储蓄所、体育设施和儿童乐园，等等。同时保留自然地形和优美的景观，以及开辟各种绿地。步行专用道要进行绿化，把各个住宅片区同近邻住区中心，幼儿园、学校和公园连接起来。

多摩的城市中心位于多摩火车站区，这里集中建设商店、银行、企业、事务所、政府机关、学校、研究所、公共福利和文化设施等。

多摩城市与东京都中心的交通联系主要有"京王"和"小田急"两家私营电气化铁路。城市道路系统相对完善，有与周边地区联系的新镇干线道路，有连接各个近邻住区的地区干线道路。步行道与车行道采取分离措施。

（二）成功经验

1. 交通便捷和居住环境优雅

与东京都中心城区便捷的交通和多摩城市住宅区环境的优雅是新城初期能够吸引人的两大原因。根据规划，公园和绿地面积占总规划面积的11.3%，住宅面积占47%，尽管绿地的面积比例跟别的国家城市相比是低了点，但是在日本绿化比例还是可以的。京王和小田急两大私营电气化铁路大大方便了多摩和东京都中心之间的交通往来。

2. 住宅区内的生活设施相对完善

生活设施包括教育、医疗、体育文化设施、休闲娱乐设施等，每个住宅区都有一定配备数额。

3. 城市道路交通规划人性化

步行道与车行道采取分离措施，步行道联系各个住宅区，整个城市交通规划合理，有序，并且道路两旁绿化程度也很高。

4. 有自己的城市中心

能起到聚集和辐射效应，利于城市的发展。

（三）不足之处

（1）尽管多摩城市的功能定位是建立工作居住平衡的都市，但是由于东京都中心城区经济磁力很大，政府在推动多摩住宅和人口数量增加的同时，没有采取有效的措施提供更多的就业机会，从而使得居住和就业失衡，城市功能趋于单一化。

（2）与东京都便捷的交通，使得多摩新城的发展产生了依赖性，更多的居民选择工作在东京都，居住在多摩，不利于城市的发展。

（3）住房产品和结构的不合理使得新城失去了对人口的吸引力。在多摩，一半的集合住宅采取拥挤的2房设计、3房设计，且都是5层建筑，没有电梯，对老年人而言，很不方便。简易的住房设计方式不能适合不同的家庭需求。

四　新加坡新城①

（一）发展历程和现状

新加坡新城的建设过程，也就是其卫星城市建设的过程。新城的建设主要是为了解决其城市人口过度集中的问题，因为新加坡国土面积小，人口密度大，而城市的人口密度相对更大。因此，新加坡政府为了解决城市人口过度聚集所造成的住房问题，就在城市核心区外围建设了大量新城，这些新城为中心城区工作的人们提供了住房，同时减轻了老城区的城市压力，诸如环境等。这一发展规划称之为环形计划，它寻求"高密度住房，工业区和城市中心在城市核心区外围的圆形分布，通过高容量高效率的交通网络相互连接"。

从20世纪70年代起，经过30年的建设，在20世纪90年代后期，建成16个新城，占地500—1000公顷之间，可以容纳15万—35万人。除这些住宅特征外，新城常常在市中心建有商业区，被居住区环绕；并且新加坡的居民有大约一半住在离铁路站1公里的范围内，对没住在铁路站步行距离内的人口，公共汽车有专门开往铁路站的支线服务。通过这些数据，可以看出，新城的建设很好地完成了当初的环形计划。

---

① 关于新加坡新城的阐述，主要参考了丁成日、宋彦、GerritKnaap、黄艳《城市规划与空间结构——城市可持续发展战略》，中国建筑工业出版社2005年版，第224—225页[134]。

（二）成功经验

（1）从为内城居民提供另一个居住选择、提高生活质量的方面来看，其新城的建设是成功的。其完善、人性化的公共交通为居民的出行、日常生活提供了极大方便。在新加坡，公共交通的利用程度很高，74%的居民选择通过公共交通线路去上班，从居住地到学校、公园、娱乐中心通常只需搭乘一小段公共交通，步行的时间不超过10分钟。

（2）新城内有一定的娱乐、商业机构，可以提供一定的就业机会。

（三）不足之处

（1）新城的功能比较单一，主要是为核心城区提供住宅，在职能上从属于核心城市，不是独立性质的城市。新城缺乏办公楼和其他就业场所，就业与住房呈现极大的不平衡状态，这样，尽管在一定程度上缓解了老城的居住问题，但是这是以高上下班通勤成本为代价的。

（2）低可持续性。新城的建设的目的主要是解决居住问题，提高生活质量。如果有更新的城市建成，则原有的新城对人口的吸引力将会大大下降，因为该城的生活条件与更新的城市相比，肯定不如，再加上新城不能提供就业机会，缺乏城市聚集优势，这样新城的可持续发展就受到质疑：新城的公共设施随着人口的流失将得不到充分利用，小企业受到消极影响，缺少投资而新城的经济将进一步恶化，新城的前景变得不是很乐观。

第四节　对我国东部三种不同类型都市区的发展建议

一　对台北模式、莱茵—鲁尔模式和巴黎模式的总结性评价

我们通过对台北都市区和莱茵—鲁尔区多中心都市区形成的经验分析，发现二者有着共同点，即在都市区内部，各城市在发展公共服务的政策制定和公共投资决策方面，具有相当的职权和财权，这样从而调动了各地区政府的积极性和财力，增加了它们发展本地区各项事业的能力，使得它们主动地和自觉地发展本地区经济和各项社会事业，这促进了都市区内

部大、中、小城市的并行发展和多中心都市区的建立。另外，各地区的历史文化传承与发展，激发了人们对当地的特有文化的认同感和自豪感，也是该地区对人口与资本具有凝聚力的重要因素。

同台北都市区和莱茵—鲁尔区相比，我国的都市区内部则是实行对中心城市的倾斜性投资政策，政府举全市资金，发展中心城区的各种公共娱乐设施（公园、运动场地等）和公共服务（如交通、治安、图书馆等），人口自然偏向于流入中心城区。而在郊区城市新城或新区往往成了单一的功能性飞地，公共娱乐设施和公共服务严重不完善，自然人口也就稀少。另外，我国都市区倾向于将大城市周边一些县变成郊区，使得这些县历史上遗留下来的特色文化被湮没，当地人们也丧失了对家乡文化的认同感，而倾向于向中心城区聚集。

通过对巴黎、伦敦、东京、新加坡新城或卫星城建设的经验分析，我们有三点认识：（1）在已经过度集中的中心城市周边建设新城，新城一般相对来讲建设时间长，建设难度大，且一般都很小，这主要是因为中心城市具有强大的吸引力。如伦敦附近的密尔顿·凯恩斯新城，1967 年规划，1971 年开始建设，2005 年实际人口只有 21.7 万人。巴黎的马恩拉瓦莱新城，1965 年规划，1969 年成立，1972 年进入实质性的建设阶段，但到 1999 年实际人口仅 24.65 万人。（2）新城容易成为中心城市的睡城，造成就业—住房的不平衡，并引发很高的上下班通勤成本。如东京的多摩新城。此外，丁成日等（2005）在对汉城、开罗、孟买、德里等大城市的卫星城市研究中，也认为这些卫星城市的建设都是失败的。主要问题是卫星城市或者睡城现象严重、就业—住房不平衡、通勤成本过高。（3）新城具有自己的城市中心、具有自己的城市文化和相对综合的城市功能对新城的形成与发展至关重要。

综上，莱茵—鲁尔模式和台北模式，是建设多中心都市区的两种容易成功的模式，而巴黎模式不容易成功，要避免"睡城"现象以及由此引发的就业—住房不平衡和通勤成本过高问题。

二　我国东部三类都市区的划分

按照有无大的中心城市、中心城市有无过度集中问题，我们可以把我国东部都市区划分为如下三种类型。

（一）第一类都市区

是指具有很大的中心城市，且中心城市过度集中问题已经比较严重的都市区。如北京、天津、杭州、南京、广州、青岛、上海、深圳。第一类都市区面临的主要问题是中心城区人口过度集中，郊区中、小城市发育不良，以致房价过高，交通通勤成本过高。这类都市区必须采取巴黎模式，发展卫星城或新城，来分散中心城区的生产和人口。当然，与此同时，这些城市也应该把一些产业转移到中西部合适的城市。

（二）第二类都市区

是指具有较大的中心城市，但中心城市过度集中问题不严重，或者还不存在过度集中问题的都市区。如苏州、无锡、宁波等都市区。这类都市区的中心城市已经具有了过度集中的迹象和苗头，他们应该采取中国台湾模式，调整生产与人口的空间布局，积极发展中心城市周边的中、小城市。

（三）第三类都市区

是指不存在很大的中心城市的都市区，如东莞、湖州、绍兴、常州、温州、佛山等。这类都市区没有一个处于支配地位的中心城市，例如，东莞是由十几个中、小城镇组成。这些都市区没有必要去刻意打造很大的中心城市，采取莱茵—鲁尔模式对这些都市区来讲更容易成功。

三　对第一类都市区新城或卫星城建设的政策建议

从顺义新城的案例分析可知，我国第一类都市区新城或卫星城建设的主要问题有三：（1）新城缺乏明确的中心，城市蔓延非常严重，如顺义马坡组团，用"路宽人少车马稀"来形容非常合适。（2）城市的教育、医疗、交通、娱乐、商业服务等城市功能缺乏、档次低，使得新城"有城无市"，对人口的吸引力低。（3）城市功能缺乏又和城市蔓延相互影响，加重了人们的生活成本，许多新城没有考虑人双腿的步行能力，城市功能规划得过于分散，使得在新城无法步行、无法骑车，也没有公交汽车，只能乘私家车出行。（4）新城往往是城市文化的沙漠，新城居民没有凝聚力和自豪感。（5）新城财政上往往缺乏独立性，因此新城在城市功能的建设上缺乏主动性和积极性。针对这些问题，建议如下：

（一）注重新城城市中心的建设

城市中心的完善可以减轻新城居民对原来的中心城区的依赖，增加新城的凝聚力，对新城的发展有着重要意义。例如，巴黎之门是巴黎马恩拉瓦莱新城的城市中心，这里第三产业发达，有巴黎地区商业交易活动最为活跃的购物中心之一，又有以 IBM 为代表的世界著名企业的办公楼。伦敦附近的密尔顿·凯恩斯新城的城市建起了欧洲第一个美国式的购物中心，使只有 20 万人口的 MK 每周吸引 60 万人次来购物。东京多摩新城的城市中心位于多摩火车站区，这里集中建设商店、银行、企业、事务所、政府机关、学校、研究所、公共福利和文化设施等。

（二）新城建设要紧凑，要符合新城市主义理念，防止城市低密度蔓延

我国是土地十分稀缺的国家，城市蔓延浪费了大量土地。更重要的是城市蔓延，忽视了人的双腿所能承受的空间距离，增加了居民的交通成本。我们要考虑人的尺度，把新城建设成可步行城市，可骑车的城市、可乘公交车的城市，改善我国许多新城区"路宽人少车马稀"的只能开车才能解决行的问题。使新城居民日常生产、生活、购物在步行距离内可以解决，特殊事情骑车或公交车可以解决。

（三）完善城市功能建设

当前，我国新城最缺乏的是医院和学校，尤其是重点中小学，这是许多家庭不愿到新城居住的主要原因，可以通过倾斜性的教育政策来加以解决。此外，要加强新城商业街建设，改善购物的环境和便利性。

（四）加强城市特色文化，增强新城居民的凝聚力和自豪感

顺义历史悠久，但历史文化没有开发和保护，现代文化更没有得到建设和发展，使得顺义成了文化沙漠。新城只有在城市文化建设上下工夫，才能实现长期发展。

（五）放宽人口政策，增加新城人气

新城必须实行同中心城市不同的人口政策，新城完全可以，也应该对农民工实行更加开放的政策，并帮助农民工在新城定居。这可以增加新城的人气，促进新城的各项公共事业发展，而且，从全局的角度讲，可以促进农村劳动力的转移，增强都市区对人口的吸纳作用。

（六）加大新城在财政、人事、行政上的独立性，避免"县改区"的弊端

新城有必要在财政、人事、行政上具有更高的独立性，防止在"县改区"后，新城成为中心城区文化上、人事上、财政上的附庸，丧失文化建设、公共服务功能建设上的主动性和积极性。

四　对第二类都市区亚中心建设的政策建议

第二类都市区过度集中问题尚不明显，在促进中西部农村劳动力转移中，要发挥更重要作用。这些都市区可以采取台北模式，建议如下：

（一）实行更加宽松的人口政策

中心城市周边的中小城市要实现较快发展，有必要吸取台北的经验，放宽人口政策，帮助农民工实现市民化，这可以防止人口在中心城市的过度集中，又可以增强都市区对人口的吸纳功能。

（二）增强中、小城市的独立性，加强中、小城市的特色文化建设

要避免"县改区"行为，"县改区"降低了中、小城市的建设的主动性和积极性，同时也使中小城市的文化特色丧失，使得中、小城市的居民失去了凝聚力和自豪感，影响中、小城市的长期发展。

（三）加强中小城市的综合性功能规划与建设，按照新城市主义的理念建设紧凑的中小城市

实践证明，单一的生产型功能建设，并不能很好地促进中小城市的发展。中、小城市的发展必须吸取台北中小城市的发展经验，加强主要城市功能的综合性规划和建设，完善城市功能。

要按照新城市主义的理念，考虑人双腿步行的能力，建设紧凑新城，并通过紧凑的设计规划，使中小城市有明确的城市中心和副中心。

（四）建立对郊区和郊县中、小城市政府官员的激励机制，促进中、小城市农民工市民化进程

当前我国东部第二类都市区中心城市郊区和郊县的中、小城市，普遍采取和中心城市相同的户籍政策和农民工政策，并且中、小城市政府官员往往不愿意帮助农民工在当地实现市民化。主要原因是帮助农民工市民化可能不符合政府官员的短期利益（参见第七章第三节）。

然而，中心城市郊区和郊县的中、小城市政府帮助农民工市民化，不仅有利于中、小城市的长期发展，而且，可以促进东部中、小城市吸纳中西部农村剩余劳动力，有利于实现东、中、西部区域协调发展。因此，应

建立对东部中、小城市官员的激励机制，促使官员帮助农民工市民化。具体激励机制参见第七章第六节。

五 对第三类都市区内中、小城市建设的政策建议

第三类都市区没有必要刻意去打造一个很大的中心城市，没有很大的中心城市不见得一定是坏事。这类都市区要扬长避短，采取莱茵—鲁尔模式，实现大、中、小城市并行发展。

（一）这类都市区完全可以实行非常宽松的人口政策

人口规模不大，是这类都市区的显著特点。这类都市区应该实行非常宽松的人口政策，主动接纳农民工，帮助他们实现市民化，增加当地人口规模，这是这些都市区长期发展的人力资源基础。从全国来看，这一政策将促进农村剩余劳动力转移，并使这些都市区成为人口吸纳池。

（二）加强城市特色文化和形象建设

一个城市要实现长期发展，城市特色文化和城市形象建设是基础性的。第三类都市区的中小城市要吸取莱茵—鲁尔都市区城市发展的经验，大力进行文化设施建设，树立城市良好形象。如科隆每年的狂欢节提高了科隆的知名度，并吸引了大量游客。再如90万人的科隆有近30家远近闻名的大小剧院，极大地丰富了人们的生活，提高了人们的文化素养，也促进了科隆发达的旅游业和旅馆餐饮业的发展。

（三）完善城市功能

第三类都市区的中、小城市要发展、要上档次，城市功能完善非常重要。教育、医疗、娱乐、休闲、体育、商业、交通等城市功能的完善，可以减轻居民生活成本，提高居民生活质量，增加城市对人才、资金的吸引力。

（四）增强中、小城市的财政独立性

从台北、莱茵—鲁尔区中、小城市的发展经验可知，财政独立性对于中、小城市的发展非常重要。我国城市发展中，城市政府起着主导作用，财政独立性提高，不仅可以增加城市政府发展城市的财力，还可以增加城市政府的发展城市的积极性和责任感。

（五）建立对中、小城市政府官员的激励机制，促进中、小城市农民工市民化进程

为了第三类都市区中、小城市的发展，这些城市必须以更加开放的姿

态，迎接农民工的到来。这不仅可以为城市发展提供大量低成本劳动力，还可以提升城市的人气和消费市场规模。但是，出于上述第二类都市区中心城市郊区、郊县中、小城市政府官员同样的原因，第三类都市区中、小城市政府，也往往不愿意帮助农民工在当地实现市民化。为此，可以采取前述对第二类都市区中心城市郊区、郊县中、小城市政府官员的相同的激励机制，促进农民工市民化，促使第三类都市区成为中西部农村剩余人口的吸纳池。

第八章　中美国家功能集中程度的比较

本书前面的研究发现，我国东部城市过度集中现象已经显现，我国城市化和区域协调发展仅靠东部城市是无法实现的，必须在中西部地区建设能够带动区域经济社会又好又快发展的增长极。前文研究还得到结论，比较优势难以指导我国区域协调发展，必须寻找新的理论视角、建设新的理论框架，来研究和指导我国的区域协调发展的实践。本章从生产与人口分布的视角，提出了国家功能的概念，通过研究国家功能的集中程度、国家功能的合理空间布局，试图为中西部明星城市发展和主导产业的选择提供新的理论视角。

第一节　行业国家功能集中程度的比较

一　行业国家功能、行业国家功能集中度和行业中心的界定

为了研究莱茵—鲁尔都市区各城市在都市区经济体系中发挥的作用，德国学者波拉特沃格尔（1998）在他的论文《莱茵—鲁尔都市区：现实与过程》[110] 中，提到了城市的都市区功能这一概念。所谓都市区功能是指，都市区内一个城市具有向其他城市和地区提供某些产品和服务的功能。为了说明城市的都市区功能强弱大小，他用莱茵—鲁尔都市区中某城市的某个行业的就业人口数量，减去该城市的人口规模与该行业全国平均就业率的乘积，后者表示为该城市生产的该行业就业人口数量，相减的结果就是为该城市以外的其他地区进行生产的就业人口。相减的结果如果是大于零，那么就说明这个城市的这一行业具有都市区功能。用公式表示如下：

$$y_0 = m - n \times (M/N) \qquad\qquad (8-1)$$

其中，m 表示莱茵—鲁尔都市区中某城市的某个行业的就业人口数量，n 表示该城市的人口规模，M 表示全国该行业就业人口，N 表示全国总人口数量，$n \times (M/N)$ 表示按照该行业全国的平均就业水平和这个城市的人口规模，需要多少该行业的就业人口来满足本市的市场需求。如果 $y_0 \geqslant 0$，那么说明该城市在这一行业上具有都市区功能，y_0 越大说明该城市的这一行业的都市区功能越强大。

为研究一个都市区在国家经济体系中发挥的作用，借鉴波拉特沃格尔（1998）都市区功能的概念，我们提出行业国家功能这一概念。行业国家功能是指，如果一国某个都市区的某个行业除了向本都市区提供产品或服务外，还向该国其他地区提供产品或者服务，那么我们就认为该都市区在这个行业具有国家功能。行业国家功能的大小可以通过下面的公式进行计算：

$$y_{ij} = m_{ij} - n_i \times (M_j/N) \qquad\qquad (8-2)$$

其中，m_{ij} 表示 i 都市区的 j 行业的就业人口数量，n_i 表示 i 都市区拥有的总人口数量，M_j 表示在全国 j 行业的就业人口数量，N 是全国的总人口数量，如果 $y_{ij} > 0$，那么就表明 i 都市区在 j 行业上具有国家功能，简称 i 都市区具有 j 行业国家功能。y_{ij} 的值越大，就说明 i 都市区的 j 行业国家功能越强。

令一国某个都市区的某个行业国家功能占该国所有都市区的该行业国家功能总和的比重为 β_{ij}，其计算公式如下：

$$\beta_{ij} = y_{ij} / \sum_i y_{ij} \qquad 其中 y_{ij} > 0 \qquad (8-3)$$

$\sum_i y_{ij}$ 表示一国所有都市区 j 行业国家功能的总和。在本书，就某个都市区而言，我们界定 β_{ij} 是 j 行业在 i 都市区的国家功能集中度，或者称为 i 都市区 j 行业国家功能的集中度。在总体上，j 行业国家功能集中度是 β_{ij} 排在前几位的都市区的 β_{ij} 之和或者排在前一位的都市区的 β_{ij}。

如果 i 都市区 j 行业国家功能的集中度 β_{ij} 在一国所有都市区中最高或次高，我们就称 i 都市区是该国的 j 行业中心以及第一中心或第二中心。

二　数据来源及比较分析结果

（一）数据来源

在行政区域划分上，中国的地级市不仅包括中心市区，还包括市区周围的郊区和市辖县，我国的地级市实际相当于美国的都市区。所以，我们选取了286个中国地级市和就业人口在10万人以上的160个美国都市区作为我们的研究对象。美国和中国的数据来源：美国都市区各行业就业人口数据，来源于美国劳工局网站，美国都市区人口数据来源于美国人口统计局网站[①]。中国城市各行业就业人口数据来源于2007年《中国统计年鉴》和《中国城市统计年鉴》。

（二）比较分析结果

通过行业国家功能和行业国家功能集中度的计算公式，计算出中国城市和美国都市区的行业国家功能集中度。把中国和美国各行业的国家功能集中度最高和次高的都市区挑选出来，分别制成中国各行业的国家功能集中度最高的城市表（见表8－1）和次高的城市表（见表8－2）、美国各行业的国家功能集中度最高的城市表（见表8－3）和次高的城市表（见表8－4）。

表8－1　　　　　　　　中国各行业的国家功能集中度最高的城市

行业	制造业	电力燃气水业	建筑业	运输仓储邮政业	IT行业	批发零售业
城市	深圳市	北京市	北京市	北京市	北京市	北京市
集中度[①]	0.06	0.05	0.07	0.17	0.37	0.16
行业	住宿、餐饮业	金融业	房地行业	租赁商务业	科研地质勘查业	水利环境公设管理业[②]
城市	北京市	北京市	北京市	北京市	北京市	北京市
集中度	0.25	0.13	0.29	0.38	0.29	0.12
行业	居服和其他服务业[③]	教育业	卫生社保和社福业[④]	文体娱乐业	公管和社会组织[⑤]	
城市	北京市	北京市	北京市	北京市	北京市	
集中度	0.23	0.15	0.13	0.27	0.13	

注：（1）表中集中度指行业国家功能集中度，表8－2、表8－3、表8－4亦相同；（2）水利环境公设管理业指水利、环境和公共设施管理业；（3）居服和其他服务业指居民服务和其他服务业；（4）卫生社保和社福业指卫生、社会保障和社会福利业；（5）公管和社会组织指公共管理和社会组织。

---

① 美国劳工局网站是 http：//www.bls.gov/OES，美国人口统计局网站是 www.census.gov。

表 8－2　　　　　　　中国各行业的国家功能集中度次高的城市

行业	制造业	电力燃气水业	建筑业	运输仓储邮政业	IT行业	批发零售业
城市	上海市	上海市	成都市	上海市	广州市	上海市
集中度	0.06	0.04	0.06	0.12	0.07	0.09
行业	住宿、餐饮业	金融业	房地产业	租赁商务服务业	科研地质勘查业	水利环境公设管理业
城市	广州市	上海市	深圳市	上海市	上海市	上海市
集中度	0.09	0.12	0.13	0.12	0.11	0.07
行业	居服和其他服务业	教育业	卫生社保和社福业	文体娱乐业	公管和社会组织	
城市	海口市	上海市	上海市	上海市	深圳市	
集中度	0.13	0.07	0.11	0.07	0.05	

表 8－3　　　　　　　美国各行业国家功能集中度最高的都市区

行业	管理业	商业和金融业	计算机数学科学	建筑工程业	生命、身体和社科行业	社区和社会服务业
都市区	华盛顿—阿灵顿—亚历山德里亚	华盛顿—阿灵顿—亚历山德里亚	华盛顿—阿灵顿—亚历山德里亚	底特律—沃伦—利沃尼亚	华盛顿—阿灵顿—亚历山德里亚	纽约—北新泽西—长岛
集中度	0.11	0.14	0.20	0.15	0.19	0.24
行业	法律行业	教育、培训、图书馆业	艺术设计娱乐体育媒体业	保健医生技术业	保健支持业	保护服务业
都市区	纽约—北新泽西—长岛	纽约—北新泽西—长岛	洛杉矶—长滩—圣安娜	波士顿—剑桥—昆西	纽约—北新泽西—长岛	纽约—北新泽西—长岛
集中度	0.24	0.23	0.27	0.18	0.29	0.28
行业	食物配制和服务业	建筑清洁维护业	个人护理服务业	销售及相关行业	办公室和行政行业	农林渔等行业
都市区	拉斯韦加斯—帕拉代斯	华盛顿—阿灵顿—亚历山德里亚	纽约—北新泽西—长岛	迈阿密—劳德代尔堡—迈阿密滩	纽约—北新泽西—长岛	贝克斯菲尔德都市区
集中度	0.10	0.11	0.17	0.07	0.10	0.20
行业	建设和提炼业	安装维护行业	制造业	交通运输业		
都市区	菲尼克斯—梅萨—斯科茨代尔	达拉斯—沃斯堡—阿灵顿	芝加哥—内珀维尔—乔利埃特	芝加哥—内珀维尔—乔利埃特		
集中度	0.10	0.04	0.09	0.09		

表 8 - 4　　　　　　　美国各行业国家功能集中度次高的都市区

行业	管理业	商业和金融业	计算机数学科学	建筑工程业	生命、身体和社科业	社区和社会服务业
都市区	洛杉矶—长滩—圣安娜	纽约—北新泽西—长岛	波士顿—剑桥—昆西	圣何塞—森尼韦尔—圣克拉拉	波士顿—剑桥—昆西	波士顿—剑桥—昆西
集中度	0.10	0.08	0.09	0.09	0.11	0.09
行业	法律行业	教育培训图书馆业	艺术设计娱乐体育媒体业	保健医生技术业	保健支持业	保护服务业
都市区	华盛顿—阿灵顿—亚历山德里亚	波士顿—剑桥—昆西	纽约—北新泽西—长岛	费城—卡姆登—威尔明顿	费城—卡姆登—威尔明顿	迈阿密—劳德代尔堡—迈阿密滩
集中度	0.23	0.10	0.19	0.07	0.05	0.10
行业	食物配制和服务业	建筑清洁维护业	个人护理服务业	销售及相关业	办公室行政业	农林渔等业
都市区	奥兰多—基西米	拉斯韦加斯—帕拉代斯	拉斯韦加斯—帕拉代斯	波士顿—剑桥—昆西	洛杉矶—长滩—圣安娜	弗雷斯诺
集中度	0.06	0.11	0.12	0.05	0.08	0.18
行业	建设和提炼业	安装维护维修业	制造业	交通运输业		
都市区	休斯顿—舒格兰—贝敦	印第安纳波利斯—卡梅尔	密尔沃基—沃基肖—西艾利斯	孟菲斯		
集中度	0.08	0.04	0.06	0.07		

　　为了更加直观，我们根据表 8 - 1 和表 8 - 3 的结果，制成中美各行业的国家功能集中度最高的都市区及它们的空间分布表（见表 8 - 5）。表 8 - 1、表 8 - 3 和表 8 - 5 显示：

　　（1）《中国城市统计年鉴》中划分的 17 种行业，除了制造业的国家功能集中度最高的都市区是深圳外，其他 16 种行业的国家功能集中度最高的都市区都是北京。在美国劳工局划分的 22 种行业中，国家功能集中度最高的都市区有 11 个。

表 8－5　　　　　中美行业国家功能集中度最高的都市区及其空间分布

中国	深圳	北京	共计2个										
	东部	东部											
美国	华盛顿—阿—亚都市区	底特律—沃—利都市区	纽约—北新—长都市区	洛杉矶—长—圣都市区	波士顿—剑—昆都市区	拉斯韦加斯—帕都市区	迈阿密—劳—迈都市区	贝克斯菲尔德都市区	菲尼克斯—梅—斯都市区	达拉斯—沃—阿都市区	芝加哥—内—乔都市区	共计11个	
	东部	北部	东部	西部	东部	西部	东南部	西部	南部	南部	中部		

注：华盛顿—阿—亚都市区指华盛顿—阿灵顿—亚历山德里亚都市区；底特律—沃—利都市区指底特律—沃伦—利沃尼亚都市区；纽约—北新—长都市区指纽约—北新泽西—长岛都市区；洛杉矶—长—圣都市区指洛杉矶—长滩—圣安娜都市区；波士顿—剑—昆都市区指波士顿—剑桥—昆西都市区；拉斯韦加斯—帕都市区指拉斯韦加斯—帕拉代斯都市区；迈阿密—劳—迈都市区指迈阿密—劳德代尔堡—迈阿密滩都市区；菲尼克斯—梅—斯都市区指菲尼克斯—梅萨—斯科茨代尔都市区；达拉斯—沃—阿都市区指达拉斯—沃斯堡—阿灵顿都市区；芝加哥—内—乔都市区指芝加哥—内珀维尔—乔利埃特都市区

（2）在空间分布方面，中国 17 个行业国家功能集中度最高的两个城市深圳和北京都位于中国东部，而美国 11 个行业国家功能最高的都市区在空间上分布比较均衡，如华盛顿—阿灵顿—亚历山德里亚都市区和纽约—北新泽西—长岛都市区位于美国的东部地区，底特律—沃伦—利沃尼亚都市区位于美国北部地区，菲尼克斯—梅萨—斯科茨代尔都市区和达拉斯—沃斯堡—阿灵顿都市区位于美国南部地区，洛杉矶—长滩—圣安娜都市区位于美国西部地区，而芝加哥—内珀维尔—乔利埃特都市区又位于美国中部地区。

（3）在中国的 17 个行业中，11 个行业的国家功能集中度次高的都市区是上海，广州和深圳各是两个行业的国家功能次高的都市区，成都是建筑业国家功能次高的城市，海口是居民和其他服务业国家功能次高的城市。而美国 22 个行业国家功能次高的都市区分散在 14 个都市区，其中费城—卡姆登—威尔明顿、奥兰多—基西米、休斯敦—舒格兰—贝敦、印第安纳波利斯—卡梅尔、密尔沃基—沃基肖—西艾利斯、孟菲斯、圣何塞—

森尼韦尔—圣克拉拉、弗雷斯诺8个都市区都不是行业国家功能最高的都市区。

（4）从单个行业国家功能集中度的大小来看，中国的 IT 产业在北京的国家功能集中度达到37%，租赁商务服务业在北京的国家功能集中度达到38%，而在美国只有保健支持业的国家功能集中度在纽约—北新泽西—长岛都市区达到最高的29%。

综上，中国的北京、上海承担了过多国家行业中心的功能，而美国各行业的中心相对十分分散，由位于不同地区的大都市区去承担不同的国家行业中心的功能，有利于不同地区实现合理专业分工，避免各行业国家功能在一个都市区过度集中，从而有利于区域协调发展。

第二节　总体国家功能集中程度的比较

一　总体国家功能集中度的界定

一个都市区的总体国家功能集中度是指，该都市区的所有行业国家功能集中度的加权平均，可以用下面的公式表示：

$$\beta_i = \sum_j (X_j \times \beta_{ij}), \text{其中} X_j = \sum_i y_{ij} / \sum_j \sum_i y_{ij} \qquad (8-4)$$

其中，β_{ij}的界定如（8-3）式所示，y_{ij}的界定如（8-2）式所示，β_i表示 i 都市区的总体国家功能集中度。在本书，就单个都市区而言，总体国家功能集中度就是 β_i，就全国整体而言，总体国家功能集中度是指国家功能集中度排在前几位的城市的 β_i 之和，或者排在前一位城市的 β_i。

二　比较分析结果

根据（8-4）式，计算出中国和美国各行业国家功能集中度前五位的都市区的总体国家功能。然后，把中国和美国总体国家功能集中度达到1%以上的城市和都市区挑选出来，得到表8-6。由表8-6我们可以看出：

表 8 - 6　　　　中美总体国家功能集中度达到 1% 以上的城市及都市区

中　国		美　国	
城市	总体国家功能集中度	都市区	总体国家功能集中度
1. 北京市	0.13	1. 纽约—北新泽西—长岛	0.07
2. 上海市	0.07	2. 华盛顿—阿灵顿—亚历山德里亚	0.05
3. 深圳市	0.05	3. 波士顿—剑桥—昆西	0.05
4. 广州市	0.02	4. 洛杉矶—长滩—圣安娜	0.03
		5. 芝加哥—内珀维尔—乔利埃特	0.02
		6. 拉斯韦加斯—帕拉代斯	0.02
		7. 明尼阿波利斯—圣保罗—布卢明顿	0.01
		8. 菲尼克斯—梅萨—斯科茨代尔	0.01
		9. 西雅图—塔科马—贝尔维尤	0.01

　　（1）在中国，总体国家功能集中度达到 1% 以上的都市区只有 4 个城市，分别是北京市、上海市、深圳市、广州市，这 4 个城市承担的国家功能为 27% 。在美国，总体国家功能集中度达到 1% 以上的都市区有 9 个，其承担的国家功能也为 27% 。北京一个都市区承担的国家功能大约是纽约都市区承担的国家功能的 2 倍。中国 4 个都市区承担美国 9 个都市区承担的国家功能。这一方面说明总体国家功能过度集中在北京和少数都市区；另一方面也说明我国承担重要国家功能的城市不够多，考虑到我国人口总量是美国的 4 倍多，这一问题就更为突出。

　　（2）从中国总体国家功能集中度达到 1% 以上的都市区的地理位置来看，中国这 4 个城市都位于东部沿海经济发达地区，而作为对比，美国的这 9 个都市区分布在美国的不同地区，纽约—北新泽西—长岛都市区、华盛顿—阿灵顿—亚历山德里亚都市区和波士顿—剑桥—昆西都市区位于美国东部，洛杉矶—长滩—圣安娜都市区、拉斯韦加斯—帕拉代斯都市区和西雅图—塔科马—贝尔维尤都市区位于美国的西部，芝加哥—内珀维尔—乔利埃特都市区位于美国的中部，明尼阿波利斯—圣保罗—布卢明顿都市区位于美国的北部，菲尼克斯—梅萨—斯科茨代尔都市区位于美国的南部。这在一定程度上说明中国国家功能的空间布局不合理，国家功能在东部地区过度集中，这不利于区域的协调发展。

（3）表8－6中中国总体国家功能集中度排第1位的北京市，其总体国家功能集中度是第2位城市上海的将近两倍。美国9个都市区的总体国家功能集中度差别是渐近的，这也说明中国的国家功能在北京过度集中。

综上所述，《中国城市统计年鉴》中划分的17种行业中，16个行业的第一中心是北京，11个行业的第二中心是上海，承担行业第一中心或第二中心功能的城市共有6个，其中，除了成都是建筑业第二中心外，其他5个城市都在东部地区。在美国22个行业中，有19个都市区承担着行业第一中心或第二中心的功能，而且这19个都市区在美国的东、西、南、北、中部地区分布比较均衡。

上述分析结果可以得出两个结论：（1）中国各行业的国家功能、重要的行业中心和总体国家功能过度集中在北京、上海、深圳、广州，这不利于其他城市的发展，也不利于中西部城市的发展。（2）我国承担重要国家功能的城市不够多，且空间上全部集中在东部。考虑到我国人口总量是美国的4倍多，这一问题就更为突出。

上述的结论为实现区域协调发展提出了新的理论视角，有着很强的政策含义。长期以来，我国把过多的国家功能和行业中心集中到了北京、上海，使得中西部相对来讲越来越落后，而上海、北京等城市的房价也越来越脱离当地大多数居民的购买力。要实现区域协调发展，我们不能只是把上海、北京的落后产业向中西部地区转移，我们更要把一些重要行业的国家功能由北京、上海向中西部城市分散，使更多的中西部城市承担重要的国家功能，使之成为国家的重要行业中心。只有这样，中西部城市才能提高城市竞争力，发展壮大起来，才能起到平衡作用，从而减轻北京、上海的人口压力和房价压力，进而实现区域协调发展。中西部重要城市的主导产业的选择，要以培育国家功能和国家重要行业中心，使其对东部大城市的竞争力起到平衡作用为原则。为此，需要中央政府对中西部重要城市采取倾斜性的产业政策，这将在下一章进一步讨论。

第九章 打造中西部明星城市 和人口吸纳池

在前章理论研究的基础上，本章继续研究中西部增长极的建设问题。首先对城市吸引力的影响因素及明星城市的内涵进行了研究，接着对打造中西部明星城市和人口吸纳池进行了进一步的理论和政策研究。

第一节 城市吸引力的影响因素及 明星城市的内涵

一 城市吸引力影响因素的问卷调查

一个城市要成为明星城市，并保持明星城市的地位，对人才必须具有充分的吸引力。现有研究表明，东部沿海城市如北京、上海、杭州、深圳、广州、苏州等地深受大学生的青睐，其对人才的吸引力是中西部城市不可比拟的（汪歙萍，2005）[101]。

大学生劳动力市场，是我国最重要的劳动力市场，也是我国最具流动性的知识型劳动力市场，他们的就业地选择在很大程度上说明了一个城市的综合竞争力。那么，影响城市对大学生吸引力的因素是什么？中西部城市怎样才能对大学生有足够的吸引力？为了明确这些问题，笔者对华中科技大学本科应届毕业生进行了随机问卷调查。调查收回有效问卷 57 份，调查结果如表 9 - 1 所示。

表 9 - 1　　　　　　　　影响城市吸引力的 10 个因素及排序

影响城市对您吸引力的因素	分值（10 个因素满分为 100 分）	排序
1. 城市给人的总体形象和声誉	13.1	2
2. 城市自然环境与气候的舒适度	12.8	3
3. 城市街道与居住环境的整洁度	8.4	6
4. 政府部门行政服务的效率和态度	8.9	5
5. 城市的经济发展水平与前景	19.6	1
6. 城市居民思想的开放性和先进性	7.4	9
7. 城市居民的诚信度	8.1	8
8. 城市居民的文化素质和涵养	9.7	4
9. 城市人口规模的大小	4.6	10
10. 城市房价	8.3	7

注：表 9 - 1 中分值是所有被调查者打分的平均值。

　　从表 9 - 1 可知，城市吸引力的影响因素按其重要性可以分为以下三类：第一类是最重要因素，包括城市的经济发展水平与前景。第二类是很重要因素，包括城市给人的总体形象和声誉、城市自然环境与气候的舒适度。第三类是重要因素，包括城市居民的文化素质和涵养、政府部门行政服务的效率和态度、城市街道与居住环境的整洁度、城市居民的诚信度、城市房价。

二　明星城市的内涵

　　根据中美国家功能集中程度的比较研究结论，和城市吸引力影响因素的研究结论，我们可以从下列几个方面来理解和界定明星城市的内涵。

　　（一）承担着重要的国家功能，是一个以上国家重要行业的中心，或者总体国家功能集中度超过 1%

　　根据第九章关于国家功能的界定，一个城市的国家功能实际上就是这个城市向其他地区提供某些产品或服务，国家功能集中度就是这个城市向其他地区提供产品和服务的能力。因此，承担重要的国家功能是一个城市经济持续发展的经济基础。如果一个城市不能承担重要的国家功能，那么就说明这个城市不能向其他地区提供有竞争力的产品和服务，这个城市的经济发展水平一定不高，经济发展前景一定不妙。

以美国为例，最为有名的几个城市无不符合这项标准。根据第九章的计算，作为全球金融中心的纽约、电影娱乐业中心的洛杉矶、汽车制造业中心的底特律、美国政府所在地的华盛顿，这些都市区在一种或几种行业的国家功能集中度排名最高或次高，其总体国家功能集中度均超过1%，正是因为它们在国家功能中的突出地位，使它们成为美国乃至世界的明星城市。北京的房价很高，但为什么仍然吸引着广大大学生前往就业、生活，因为北京承担着许多的国家功能，是大多数行业的中心，如文化产业、旅游产业、教育服务业、科技服务业、医疗服务业、体育产业。总共17个行业中，有16个行业的国家功能集中度最高的城市都是北京，北京的吸引力和发展前景当然压倒了其他城市。

（二）良好的总体形象和很高的美誉度

良好的总体形象和很高的美誉度，不仅影响一个城市对人才的吸引力，也影响一个城市产品和服务的竞争力。笔者曾作过如下实验，让一组大学生给原产自上海、武汉、巴黎、郑州的化妆品报一个愿意购买的价格，结果在没有看到实物产品的情况下，被试者给巴黎产的化妆品一个最高的价格，其次是上海，这一实验说明，城市良好的总体形象和很高的美誉度影响一个城市产品的竞争力。

良好的总体形象和很高的美誉度受多种因素影响。根据我们城市竞争力的问卷调查，我们认为，影响一个城市总体形象和美誉度的因素有：城市政府的城市形象建设行动、城市的经济发展水平、城市自然环境与气候的舒适度、城市居民的文化素质和涵养、政府部门行政服务的效率和态度、城市街道与居住环境的整洁度、城市居民的诚信度、城市特色文化建设。

城市的总体形象和美誉度是一个市场营销学概念，许多营销学工具可以应用于城市形象的建设行动中，包括城市定位、城市名片、城市文化、广告宣传等，这说明城市政府在城市形象的建设中具有十分重要的作用。

第二节　采取倾斜性政策打造中西部明星城市的经济理论

一　增长极理论、都市连绵区形成理论和地区形象塑造理论

增长极理论最初由法国经济学家佩鲁提出，后来法国经济学家布德维尔（Boudeville）、美国经济学家弗里奇曼（Frishmann）、瑞典经济学家缪尔达尔（Myrdal）、美国经济学家赫希曼（Hirschman）分别在不同程度上进一步丰富和发展了这一理论。增长极理论认为，一个国家要实现平衡发展只是一种理想，在现实中是不可能的，经济增长通常是从一个或数个"增长中心"逐渐向其他部门或地区传导。因此，应选择特定的地理空间作为增长极，以带动经济发展。

由于增长极数量的增多，增长极之间出现了相互联结的交通线，两个增长极及其中间的交通线就具有了高于增长极的功能，理论上称为发展轴。发展轴同样存在着聚集和扩散效应，而且效应的强度更强，对周边的影响更大。发展轴在不断地丰富之后，力量更强大，最后将成为一条发展地带。发展地带上将形成由大、中、小城市组成的城市带或城市群，称为都市连绵区。

我国区域经济学家孙久文、叶裕民（2003）[135]指出，塑造良好的地区形象，可以有效提高地区的知名度，扩大地区在国内和国际的形象，可以增强地区的内聚力、吸引力和辐射力，可以改善地区的投资环境。地区知名度高，可以起到招揽人才、引进资金、吸引游人的作用，并对地区在国际大市场的活动，有着不可估量的影响。区内公众对本区形象的认识和理解，产生对区域的热爱和自豪感。只有这样他们才能够以最大的热情投入到地区的经济建设中来。同样，良好的地区形象，能够增强对区外公众的吸引力。这种吸引力首先是对区外公众的一种感情上的吸引，然后通过精神与物质的转化，形成对区外物质流的吸引，最后转变成对本地区经济发展的促进力量。

城市是现代经济的载体，通过打造中西部明星城市来促进中西部经济

的发展，是增长极理论、都市连绵区形成理论和地区形象塑造理论的自然延伸。从增长极理论的视角来看，中西部的落后主要表现为城市的落后。同北京、上海、深圳等东部城市相比，中西部城市不仅经济发展滞后，城市科技创新能力薄弱，城市的总体形象也欠佳，这正是中西部城市难以吸引人才和资金的重要因素。可以说，中西部的落后主要是中西部增长极的落后，主要是中西部缺乏明星城市的结果。打造中西部明星城市是促进中西部发展、改变中西部形象的有效举措。中西部明星城市将成为中西部区域发展的龙头和形象大使，提高中西部产品的竞争力；中西部明星城市将成为吸引人才和资金的重要阵地，不断提高中西部的科技创新能力，使产业结构优化升级。

武汉、长沙、郑州地处中部腹地，交通便利，人口密集，历来是兵家必争之地。西安是西北重镇，地处关中平原，是西北地区的咽喉，也是连接西北和西南地区的枢纽。武汉、长沙、郑州、西安四个城市，地理位置非常重要，自然条件十分优越，有着良好的工业基础。采取倾斜性政策，把武汉、长沙、郑州、西安打造为中西部可以同上海、北京抗衡的明星城市，我国的经济格局将发生巨大的变化。我国的区域经济发展将变东部单极辐射为东、中、西部多极辐射，有助于长株潭城市群、武汉城市圈、中原城市群、关中城市群的形成和发展，有助于泛长江、泛珠江、泛渤海和陇海兰新等经济带的协调发展，有助于培育中西部的自我发展能力，实现东、中、西部协调发展。

二　过度集中理论

现有关于城市发展问题的理论研究，倾向于认为市场是有效的。例如，有学者认为，一个城市无论人口规模及人口密度是高还是低，只要它还持续增长，就说明该城市的聚集效应大于城市病所带来的经济成本。本书在第三章系统地提出了过度集中理论，认为在城市发展规模上市场机制不一定是有效的。

本书第三章关于过度集中的理论指出，人人都渴望事业成功并变得富裕，大多数人都觉得大城市的发展和成功的机会多，但到大城市工作的人只有少数能获得成功，这就是成功幻觉。根据成功机会预期进行就业地决策将引发成功幻觉。在就业形势十分严峻的环境下，面对渴望的就业机会，人们对通勤时间、通勤费用和住房成本的容忍性提高了，这就是对交通和住房成本的不敏感性。成功幻觉和对交通与住房成本的不敏感性，是产生生产与人口在大城市过度集中的两种市场机制。同非过度集中的情形相比，过度集中将导致大多数人口的实际收入和福利下降，但少数成功者和土地所有者受益，贫富差距拉大。此外，生产与人口的过度集中也会导致虚假繁荣，即GDP快速上升，但大量社会劳动被交通成本和住房成本所消耗，大多数人的实际收入和福利受到损失。

过度集中理论还分析了大城市政府交通住房政策、投资政策的政策效果，指出在存在大量待就业人员而又不分散投资的条件下，大城市政府出台降低交通和住房成本的单一政策，将促使生产和人口进一步集中，交通和住房成本进一步上升，而厂商和工人的福利没有改善，即单一的改善交通和住房的政策具有无效性。但单一的降低交通和住房成本的政策可能导致虚假繁荣，即名义GDP上升，而大量社会产出被上升的交通成本和住房成本所消耗，除土地所有者外，绝大多数人的实际收入和福利没有改变。同样，在存在大量待就业人口的条件下，政府对大城市的倾斜性投资政策以及单一的改善大城市环境舒适度的公共投资政策，都将促使生产和人口在大城市的过度集中，除土地所有者外，绝大多数人的实际收入和福利没有改变。

第三章的过度集中理论还通过对我国劳动力市场特征的分析，指出农民工工资与城市生活成本的非相关性、应届大学毕业生对城市病的不敏感性以及大城市居民中劳动人口很大的迁移成本，使大城市工人在很大程度上，丧失了向厂商索取较高名义工资以补偿其较高生活成本的能力，厂商因此享受着大城市较高聚集经济带来的高效率，却不用对工人较高的生活成本进行完全补偿，这必然引发生产和人口在大城市的过度集中。

综上所述，根据过度集中理论，有必要采取倾斜性政策，打造中西部明星城市，以起到对东部大城市如北京、上海、深圳的平衡作用。否则，中西部的人才和资金将继续向生产和人口已经十分集中的北京、上海、深圳等东部大城市聚集。这将使得北京、上海、深圳等地房价继续远离普通居民的购买力，而中西部城市和农村继续落后。实际上，法国政府就出台过禁止向巴黎进行制造业投资，打造7个平衡大城市以阻止巴黎过度增长的政策（参见本章第三节第一部分，法国建设平衡大城市的经验）。

三　生产转移的黏性理论

所谓生产梯度推移黏性（the Stickiness of Grades Process），是指在产业梯度转移过程中，由于历史的、现实的和潜在的诸多因素，导致梯度推移不能循序进行的现象。

魏敏、李国平（2005）[136]研究指出，出现梯度推移黏性的原因在于：（1）初始投资地的人缘地缘关系，即企业转移生产将失去原先在本地已经获取的固定客户和关系网络。（2）除非处于非常好的商业区位，或者企业的资产专用性不是很强，否则企业转移生产后，其厂房、机器、设备等资产中的大部分都将成为沉没成本。（3）企业的转移会使它不能够享受当地业已形成的生产协作网络所带来的便利。这种便利从某种意义上说是一种产业聚集经济，比如浙江某些县市的打火机产业、皮鞋产业动辄占据全国甚至全世界的大部分份额，这些同行除了彼此之间的激烈竞争外，也存在全面的经济技术协作，即在物资交换、资金融通、共同开发资源、合资兴办企业，以及人才、信息交流等广泛领域进行全面合作。（4）基础设施问题。西部地区的基础设施建设长期远远落后于东部地区，使企业的生产经营成本大大增加，阻碍了企业西进。（5）西部地区市场化程度低，市场容量小。小的市场容量意味着较低的利润空间，降低了东部企业转移生产的动机。（6）投资信息传导机制。西部地区面向外资的社会化服务体系尚不健全，潜在投资者很难获得国家产业政策的投资信息，对投资项目的保险系数和回报率还不清楚，甚至投资也不知往哪儿投。（7）政府政策与行为。西部地区政府行政效率低下，贪污腐败现象较东部严重，地方保护主义盛行，阻止了生产向西部的转移。

陈计旺（2007）研究指出，产业转移黏性还来自于：（1）劳动力密集产业通常被认为是发生梯度推移的主要选择，而在中国，从西部到东部的人口流动几乎是自由的，劳动力的无限供给使得东部地区劳动力密集产业的劳动成本并未出现显著的上扬，因此，劳动力成本因素未能对劳动力密集产业的梯度推移产生足够推力。（2）东部发达地区参与国际分工对产业转移的抑制作用。参与国际分工，意味着为东部地区的劳动密集型产业提供了广阔的可供开拓的市场空间，其结果将延长东部地区劳动密集型产业的生命周期，使其在产业结构、产品结构升级过程中，并未把失去比较优势的产业向欠发达的中西部地区转移。（3）东部发达地区政府对经济增长率和财政收入的追求使产业转移难以顺利推进，低价甚至违规提供土地和宽松的环境政策，使本该向外转移的产业得以继续生存。即使需要向外转移，也采取措施鼓励其转移至管辖区内。比如江苏鼓励苏南企业到苏北地区投资，广东采取措施鼓励珠江三角洲丧失比较优势的产业向省内其他地区转移。（4）中央某些政策的实施，客观上阻滞了东部产业的西移。十分典型的例子是"西气东输"、"西电东送"、"北煤南运"等工程，大大缓解了东部地区的能源问题和产业成本上升的压力，为一些资源密集型、劳动密集型产业留在当地继续发展提供了空间。

生产转移的黏性理论的政策含义是，如果我们等待市场机制引导东部产业向中西部转移，是困难而迟缓的，要实现区域协调发展，有必要采取倾斜性政策，以抵消生产转移的市场黏性，鼓励资金和人才向中西部转移。

四　起飞准备阶段理论

起飞准备阶段理论来源于罗斯托 1960 年所著的《经济增长的阶段》[19]一书，书中他从世界经济发展历史的角度，把人类社会划分为传统社会阶段、起飞准备阶段、起飞阶段、向成熟推进或持续增长阶段和高额群众消费阶段五个阶段。1971 年，罗斯托又补充了第六个阶段即追求生活质量阶段。起飞准备阶段指农业已有一定的增长，可以提供较多的食品以养活城市人口，为工业的发展提供了更广泛的市场，并把农业的剩余收入的很大一部分供现代部门之用，投资率已有了很大提高，能经常的、大量的和明显的超过人口增长水平，交通运输事业也有了一定的发展。罗斯托研究指出一个国家要实现经济起飞，必须具备三个主要条件：

第一，要有较高的资本积累率。"增长必须以利润不断重新投资为条件"，要实现经济起飞，必须大规模地增加储蓄，提高资本积累率和生产性投资率，使其在国民收入中的比重占到 10% 以上，为经济增长创造必要的物质基础。

第二，要建立能带动经济增长的主导部门。在经济起飞的初期，需要发展的产业部门很多，而资金又是十分有限的，要实现经济起飞，就应当选择发展重点，实行"部门不平衡发展战略"，将有限的资金用于具有带动作用的主导产业上，建立起"主导产业部门"，通过"主导产业部门"的发展带动整个经济的增长。所谓主导产业部门是指那些不仅自身采用高新技术，发展很快，而且能扩散现代技术，带动其他部门快速发展的产业部门。

第三，要进行社会、政治和经济制度的变革。经济起飞要有与之相适应的经济体制、社会结构、政治制度、法律体制、意识形态，因而必须进行这些方面的变革，使之适应经济起飞的要求并促进经济起飞的顺利实现。

根据起飞准备阶段理论，有必要采取倾斜性政策，打造中西部明星城市，以抗衡北京、上海、深圳等东部城市对人才和资金的吸引力，增强中西部城市对资金和优秀科技人才的吸引力，提高生产性投资率，推动高新科技产业的发展。

第三节　在相对落后地区打造明星城市的国内外经验

一　法国建设平衡大城市的经验

法国曾是区域发展极不平衡的国家，北部和东部地区相对发达，中部、西部以及山区地带则相对落后。其中位于北部的首都巴黎及其所在的巴黎区又远较其他地区发达。相比伦敦、柏林等其他欧洲国家的首都，巴黎异乎寻常地独占着法国的经济、政治、社会和文化。人们把首都与全国其他地区间极不平衡的现象形容为"巴黎和法国荒原"　（皮梯埃，1971）[137]。

据1968年的统计，仅占全国2.2%土地的巴黎区，却占有全国人口的18%，几乎占全部城市人口的30%，比起全国第2位的里昂城市区来，巴黎城市区的人口是它的6倍多。更严重的是该区对法国合格劳动力的独占程度，它占有全国21%的熟练产业工人，39%的专业和管理人员，48%的合格工程师以及72%的研究人员。如此多的合格劳动力来到这里是因为巴黎集中了能提供高薪水的具有先进技术的工业，该区占有全国飞机制造业产量的 56%，私人车辆产量的 80%，精密工业品产量的 68%，无线电和电视机生产的 75%，由此可知它在工业上所占的优势有多大。全国所有公务人员中有 25% 在巴黎工作，这一事实反映了政府机构的集中。商业和政府机构的集中意味着公私经济部门中，决定权都压倒一切地集中在首都巴黎。同样处于绝对优势地位的还包括它的高等教育机构，高水平的文学和艺术活动，统治舆论的广播电视媒体等。总之，巴黎所拥有的权利、财富和文化活动的集中性，超过了它所占的人口比例，它在国民生活中所处的首要地位也非其他欧洲工业化国家所能比拟（汤普森，1970）[138]。

为了发展地方的中、小城市和乡镇，缓解大城市人口集中和工业集中的压力，法国政府从 20 世纪 50 年代，特别是 60 年代初开始实施领土整治计划和工业分散政策。重建和城市规划部于 1950 年在《全国领土整治计划》中提出"阻挡住把全国一切有生力量带往大城市的潮流，在所有那些资源尚未充分利用以及纵然有雄厚潜力而趋于荒芜的地区重新开发生命的源泉"（格拉维埃，1972）[139]。为了实现这个目标，法国政府从制度、人力、财力上采取了各种措施①。

第一，加强一批除巴黎以外的外省大城市，主要是加强地区首府的地位，使之从巴黎的依附中摆脱出来，并在抵制巴黎地区的强大吸引力时起到平衡作用。政府严格选择了少数几个城市，这些城市有一定的规模和基础，在工业、第三产业、科学、教育、文化方面已有足够程度的发展，因此它们有可能在地区社会经济相对自主的发展中起到推进作用，甚至能在本地区代替巴黎的吸引力。这些被选中的城市有 8 个：里昂—圣艾蒂安—格勒诺布尔、马赛—埃克斯、图卢兹、里尔—鲁贝—图尔库安、波尔多、南特—圣—纳采尔、南希—麦茨—蒂翁维尔以及斯特拉斯堡。

第二，鼓励工业分散、发展落后地区。首先，为缓解人口密集的大工业地区的压力，政府明令禁止在巴黎、里昂、马赛三大地区以及东部、北部工业区新建和扩建工厂，不执行者课以重罚和给予处分。1960 年 8 月颁布的一项法令规定，如要在巴黎地区建立工厂，必须要获得特许。政府鼓励巴黎等大城市的第三产业，如银行、保险公司向全国各省和新发展的

①　关于法国采取的措施内容主要参考了王章辉、黄柯可《欧美农村劳动力的转移与城市化》，社会科学文献出版社 1999 年版，第 206—209 页[140]。

工业区增设金融机构，奖励文化单位如学校、科研机构、剧团从大城市迁往落后地区。1967 年设立机构"地方化奖金"，鼓励中央机构向外省迁移，经过努力，全国电信研究中心迁到拉尼翁，国立航空大学和全国航天研究中心搬到图卢兹，军械电子中心转到雷恩，外事管理服务部门移至南特，军队给养部门迁至拉罗谢尔，国家印刷局搬到杜埃，邮票印刷局迁到佩里戈。其次，为帮助经济不发达的落后地区，政府重点在西部、西南部、中部的落后地区，在有自然资源的地区、传统工业衰落地区以及"新工业区"，奖励地方企业在当地扩建和新建工厂，发展金融事业。巴黎的有些工厂下放到了地方，如雷诺汽车的某些工厂下放到北部地区、上诺曼底、洛瓦尔地区；雪铁龙汽车的某些厂下放到布列塔尼。在某些有丰富劳动力和廉价土地的地区建新兴工业，如在布列塔尼东南部和中部建电子工厂，在上诺曼底的勒阿弗尔市、洛瓦尔地区的东吉市建立大型石油化工公司。

政策的贯彻特别是巴黎地区分散政策的实施取得了一定效果。从巴黎迁往外省的工厂在 1955—1964 年有 1800 家，外迁工人 50 多万。国家批准在巴黎地区建厂的面积逐年减少，各省新建工厂面积在 1954—1973 年间增加 10 倍，1969—1973 年，外省平均每年新建工厂 700 家，新就业工人 6 万人[①]。东部和西部地区工业和第三产业就业人员的增长超过巴黎地区，如 1962—1968 年间，前两个地区的工业就业者分别增加了 4.8% 和 16.8%，巴黎地区则下降了 1.1%；前两个地区的第三产业就业者分别增加了 16.9% 和 15%，巴黎地区只增长了 14.7%。加强外省大城市地位的做法取得了一定成果，1962—1968 年，所有这些城市的人口增长都比其他城市快，如马赛为 14.9%，图卢兹 20.3%，格勒诺布尔 26.6%，蒙彼利埃 37.7%，而其他城市平均增长仅为 13%。此外，巴黎原来同 20 个有 20 万以上居民的城市人口总和相等，但是这一时期的巴黎人口仅增长了 8.1%，低于后者的 12.8%[②]。巴黎、里昂、马赛以外的大城市，如波尔

① 全国西欧经济研究会：《西欧经济论文选》，第 312 页；转引自王章辉、黄柯可《欧美农村劳动力的转移与城市化》，社会科学文献出版社 1999 年版，第 210 页。

② 帕洛迪：《法国社会的经济》，第 224—225 页；转引自王章辉、黄柯可《欧美农村劳动力的转移与城市化》，社会科学文献出版社 1999 年版，第 210 页。

多、图卢兹、里尔、斯特拉斯堡、南特、尼斯、土伦和格勒诺布尔等在国民经济中的地位得到了加强。

西南部重镇图卢兹的崛起无疑得益于政府的上述政策。图卢兹市距巴黎700多公里，2005年统计人口为43.7万，是南部——比利牛斯大区的首府，面积118平方公里，目前已经发展为法国第四大城市。如前文所述，自从国立航空大学和全国航天研究中心迁入，这里已经逐渐发展为法国乃至全欧洲的宇宙和航空中心。全世界唯一同美国波音相抗衡的飞机巨头空中客车总部就设在这里。自1970年空客成立以来，就不断地蚕食波音的市场，如今空中客车已经是全球第一大飞机制造公司（福布斯网站，2006）①，而图卢兹也因空中客车而享誉世界。可以想见，如果不是当初法国政府力主将最尖端的行业——飞机制造从巴黎迁到地处贫穷的南部——比利牛斯区的图卢兹，图卢兹的发展将不会这样迅速，要知道，目前有600家航空航天相关工业的企业落户在这里，为这座城市提供了3万个工作岗位，是该市第一大支柱产业。如今法国最著名的三所航空学校——国立航空航天高等学院、国立民用航空高等学院和法国国立高等航空制造工程师学院均设于此，图卢兹云集了航空、航天工业以及机载电子设备系统的最优秀企业、最尖端技术和人才，图卢兹已经发展成名副其实的航天城。

二　休斯敦②

休斯敦位于得克萨斯州东南部，是仅次于纽约、洛杉矶和芝加哥的全美第四大城市，同时它也是美国南部的第一大城市。作为美国的石油工业中心和航空航天中心，休斯敦地区集中了5000多家与能源相关的公司。该地区初级石化产品生产能力占全国的45%。全美48%的乙烯和66%的环氧树脂都产自这一地区。休斯敦石化产品年出口额接近28亿美元。《财富》杂志500强中有22家企业的总部设在休斯敦，仅比纽约少两家。

---

① 《空客如何赢了波音？》引自福布斯网站（http：//www.fubusi.com/2006/2－7/090436344.html）。

② 关于休斯敦发展经验的阐述主要参考了韩忠于2001年撰写的硕士论文《从地区性中心城市到国际性大都市——20世纪休斯敦城市化探析》[141]和大庆市发改委门户网站《美国资源型城市可持续发展考察报告》（www.dqfgw.gov.cn）[142]。

作为一个依靠石油工业起家的城市，如今休斯敦在保持其石油业传统优势的同时，其宇航业、医药业、高等教育等现代服务业已获得了世界性的声誉和地位，休斯敦的发展经验对我国中西部城市有着重要的借鉴意义。

（一）石油工业中心的地位是城市发展的加速器和支柱

虽然"在石油发现之前，休斯敦的规模和金融、交通、商业物资的集中就使它成为得克萨斯地区的门户"，但真正让休斯敦迅速实现工业化并使它在与新奥尔良、圣安东尼奥、达拉斯等南部大城市的竞争中脱颖而出的还是始于1901年休斯敦附近的石油发现。

1901年位于休斯敦附近的斯宾德尔托普发现了石油，吸引了全国的石油公司蜂拥而至，后来享誉全球的能源巨头——德士古石油和海湾石油就是同在这一年成立的。石油开采带动了石油相关行业的发展，1916—1929年期间，大量的石油精炼厂和石油相关工业的设施纷纷在休斯敦地区建立。休斯敦在此期间的石油工业大发展也得益于美国日益膨胀的石油需求，1908年福特公司的"T"型汽车问世后，到1930年全美小汽车的保有量超过2000万辆。汽车用油从1919年的27亿加仑增至1930年的157亿加仑。

1930年，得克萨斯东部再次发现大油田，到30年代中期，休斯敦市方圆600英里内就生产了全世界一半的石油，大萧条前夕，从事石油业的工人占全市雇用工人总数的30%，大萧条结束时，这一比例急升至62%左右。

第二次世界大战期间，出于战争需要，联邦政府大力资助当地的石油化工业，汉布尔石油精炼公司（1919年被当今世界第一石油公司埃克森（EXXON）的前身——新泽西标准石油公司收购）及壳牌石油公司生产了航空燃料和炸药用甲苯。通用轮胎公司、固特异公司和辛克莱尔石油公司生产了丁二烯并进一步将其转换成丁苯橡胶，当时天然橡胶生产大国马来西亚已经为日本所侵占，人工合成的丁苯橡胶大大缓解了美军对橡胶的需求。"战争期间，联邦对休斯敦化学工业的投资共达6亿美元，战后初期达3亿美元"。经历了第二次世界大战，休斯敦作为石油工业中心的地位得到巩固，并且成为新兴的石化工业中心和技术服务中心。20世纪上半叶，休斯敦人口增长很快。20年代休斯敦市人口翻了一番，30年代超过达拉斯和圣安东尼奥，成为得克萨斯州最大的城市。

（二）人工运河的修建和港口的建设极大改善了休斯敦的交通和运输条件

1901 年的石油发现则使联邦政府下定决心资助休斯敦修建深水运河，以方便石油输出。1902 年，联邦拨款 100 万美元给休斯敦，在休斯敦地方发展同盟的积极游说之下，1910 年，国会再拨款 125 万美元加深运河。1913 年，休斯敦市议会批准建立了一个人工港口，1914 年，第一艘深水轮船通航休斯敦运河，长期困扰休斯敦的海上交通问题迎刃而解。

休斯敦运河及港口运输条件的不断改进，极大吸引了新兴的石油业和相关工业在运河区投资设厂。1930 年，沿运河区汇集了一批石油精炼厂家，"一个巨大的精炼和制造业复合体向墨西哥湾延伸"。在大萧条来临之时，休斯敦已经成为墨西哥湾沿岸最重要的港口城市。目前港口码头直接给休斯敦提供了 8.9 万个工作岗位，同时间接提供了与港口相关的 5.3 万个工作岗位，港口给得州则带来了 28.7 万个工作岗位，如果按照一个岗位供养三个人计算的话，得州至少有 80 万人依赖于休斯敦港口。

（三）在联邦政府支持下，发展高科技产业和现代服务业

1. 美国国家航空航天局（NASA）约翰逊航天中心落户休斯敦

1961 年，联邦政府在 20 多个候选城市中选定休斯敦为 NASA 宇宙飞船控制中心（约翰逊航天中心）所在地。为增加对 NASA 的吸引力，汉布尔公司慷慨承诺将其在休斯敦东南 3 万英亩土地中的 1000 英亩捐赠给莱斯大学，莱斯大学再将其转给约翰逊航天中心使用。航天中心的落户使休斯敦不断获得联邦的国防开支。1977 年，休斯敦 30 个研发实验室中，大多数与 NASA 项目有关，研发经费达 3.39 亿美元。到 80 年代，航天中心雇用了 1 万人，2/3 是非联邦雇员，仅联邦就为休斯敦支付了 5 亿美元的开支。80 年代中期，航天中心投资 80 亿美元进行空间站项目，休斯敦大学击败了加州理工学院和 MIT，与 NASA 联合为国防部开发一种新型计算机语言。在 NASA 的带动下，孵化出一大批小型高科技公司。其中，一些公司为 NASA 从事太空中电极变化和晶体生长的研究，并着力开发这种技术的商业用途。一家公司研制了第一个商用太空车，数家公司运用远程卫星技术从事商业活动。1998 年，约翰逊航天中心的科研经费达到 22.3 亿美元，而同期当地两所最好的大学——休斯敦大学和莱斯大学的科研经费合计也只有 0.9 亿美元。NASA 如此巨大的科研投入，无疑对休市的经

济发展起到了巨大的推动作用。

　　2. 面向未来，发展现代服务业

　　医药业是休斯敦除宇航业外另一高科技支柱产业。休斯敦的得州医学中心是美国和世界上最大的医学中心之一。该中心占地 2.84 平方公里，由 42 个医疗机构组成，其中包括 2 家医学院、4 家护士学校，共有床位6500 张，各种工作人员 5.1 万人，每年预算 40 亿美元。该中心在癌症和心脏病研究方面最为著名。并由于成功进行了世界首例心脏移植手术而享有世界声誉。截至目前，到该中心就诊的病人超过 600 万人次，其中专程从国外来此寻诊的国际病人有 2 万位。在 20 世纪 80 年代早期，医学中心对休斯敦的经济影响年均达 15 亿美元。

　　休斯敦是美国主要的金融中心之一。大休斯敦地区汇集了 629 家商业银行，220 家信贷机构，659 家抵押业务机构以及 905 家证券交易机构。全世界最大的 50 家银行中有近 40 家在此设立分行或代表处。

　　休斯敦是全球重要的交通物流中心。陆上交通十分便利，有 14 条铁路主干线向外辐射，是美国最繁忙的铁路货运中心之一。高速公路四通八达，两条州际公路干线在这里交汇。休斯敦的三个机场组成美国第四大机场系统。布什国际机场是美南地区最繁忙的机场之一，24 家客运公司和11 家货运公司在这里经营业务，客运航线连通 110 个国内站点和五大洲22 个国家的 50 个国际站点。休斯敦港是美国进出口贸易第一大港，是美国对外贸易的一个重要门户，港口总吞吐量居全美第 2 位。

　　休斯敦教育科研十分发达。全市共拥有 60 所大学、学院和研究机构，在校学生 23 万余人。最大的大学是休斯敦大学，最有名的是莱斯大学，被誉为南方的哈佛。成年人中有 1/4 受过 4 年以上的高等教育，劳动力资源素质较高。休斯敦也是海洋科学研究中心。美国 70 多家海洋研究机构有一半在这里设立总部，另一半在这里设有办事处。

　　休斯敦的文化生活丰富多彩。它是全美为数不多的拥有自己的芭蕾舞团（休芭组建于 1955 年，系全美五大芭蕾舞团之一）、歌剧院（全美五大歌剧院之一）、交响乐团和话剧院（艾利话剧院创建于 1947 年，1996年曾获托尼最佳地方剧院奖）并全年进行演出的城市之一。休斯敦市剧院观众席总数仅次于纽约，居全美第二。市博物馆区每年吸引参观者达上百万人。在体育方面，休斯敦火箭队（篮球）、太空人队（棒球）、得克萨斯人队（橄榄球）名扬全美。大休斯敦地区有54家广播电台，16家电视台。

三　札幌的发展经验

札幌远离日本本土，位于自然条件恶劣的北海道，明治初期几乎是不毛之地，经过近一个世纪的开发，尤其是1965—1975年的10年间，札幌取得了斐然的成长和发展，人口增加了一倍，实现了从所谓行政式城市向经济、文化等具有各方面功能的转变，成为日本屈指可数的综合性功能城市①。今天的札幌以人口计是日本的第五大城市，也是国际知名的观光城市，举世闻名的札幌雪祭和札幌啤酒节吸引了大量游客。札幌还曾在1972年举办过第11届冬季奥林匹克运动会，大大提升了城市的软硬实力。日本在经济落后的北海道地区把札幌打造成明星城市的经验十分值得我们借鉴。

（一）打造明星城市，高等教育先行

发达的高等教育可以吸引全国各地的青年学子，而这些学生——日后的高素质劳动力经过大学四年的生活，毕业后出于感情因素和对城市的习惯，往往有更大的可能性留在本地工作，所以好的大学和教育不但可以培养人才，还可以吸引人才和聚集人才。高等教育也是左右投资者信心的重要因素，相较而言，由于教育发达的城市可以提供更加高质、丰裕的人才和低廉的研发费用，企业更愿意在这里投资。

札幌是日本北部的教育中心，拥有各种大学及短期大学共39所。这些学校培养了大批人才，为札幌的发展作出了重要贡献，成立于1876年的北海道大学便是其中的佼佼者。北海道大学的前身是明治初期为开发北海道而设立的札幌农学校。首任校长为美国马萨诸塞州农科大学校长克拉克博士。1907年该校改名为东北帝国大学农科分校，1918年成为第五个帝国大学——北海道帝国大学（至第二次世界大战结束时，日本本土仅仅存在过7所帝国大学，由此可见北海道大学地位之尊崇）。第二次世界大战结束后，该校改制为新型大学，并开始使用"北海道大学"的校名

---

① 清华大学经济管理学院编译：《日本北海道综合开发计划和政策法规》，中国计划出版社2002年版，第127页[143]。

至今。1952 年，时任东京大学校长矢内原忠雄这样评价："明治初年，日本的大学教育中有两个中心。一个是东京大学，另一个就是札幌农学校。这两个学校打下了日本教育的国家主义和民主主义两大思想的基础。""日本教育，至少是国立教育的两个源泉来自东京和札幌。"①

札幌农学校的建立为北海道的农业发展提供了极大的智力支持。目前北海道耕地面积为 119 万平方公顷，占全国的 1/4，其主要农产品产量占了全国的较大比重。其中，土豆产量占 79%，甜菜产量占 100%，小麦产量占 52%，鲜奶产量占 43%。可以说今日的北海道已经是当之无愧的日本第一农业生产基地②。

（二）扬长避短，培育札幌的国家功能

札幌市是北海道的经济中心，也是日本重要的旅游中心。札幌市乃至北海道的发展起步较晚，因此札幌的制造业较东京、大阪这些老牌城市缺乏竞争力。但札幌拥有大片的森林和高山，风景秀丽，独特的北国风光更是日本一绝。因此市政府大力发展旅游业，并将其打造为札幌市的龙头产业。

在札幌，冰天雪地的气候没有成为城市的软肋，反而经过政府的有效开发而成为旅游的卖点。一年一度的札幌雪祭（类似于我国的冰雪节）享誉全世界，这项活动每年吸引近 200 万名游客前来观光。大通公园、薄野、真驹遍布来自全球艺术家制作的冰雪雕像，曼谷的宫殿、迪斯尼的睡公主城堡、荷兰的风车、悉尼的歌剧院……各种造型的雪雕数不胜数。雪祭期间，号称日本最大的市内公园——大通公园将变成嘉年华会场，游乐项目、精美小吃应有尽有。最引人入胜的要数国际雪像比赛，来自各国的代表队进行堆塑雪像的比赛。除了要求时间外，比赛还要求雕塑的雪像能具有各国的风格和特点（高关中，2001）[144]。

札幌啤酒节（Sapporo Beer Garden）是札幌旅游业的另一金字招牌，它于每年 7—8 月举办，届时数以万计的人们从各地纷纷涌来，即使札幌

---

① 引自中国教育在线网站（http：//www. eol. cn/school ＿ 3355/20070821/t20070821 ＿ 250055. shtml），《日本北海道大学》。

② 清华大学经济管理学院编译：《日本北海道综合开发计划和政策法规》，中国计划出版社 2002 年版，第 1 页[143]。

本地的市民也会来凑凑热闹。会场设置在大通公园内，札幌的啤酒公司及全国各大啤酒厂商都会借此机会搭起啤酒棚，贩卖和宣传自己的品牌。

虽然札幌的冬天比较严寒，但夏天却非常凉爽，其气候并不如人们想象的糟糕。根据 2006 年 8 月的调查显示，人们退休后最想定居的城市就是札幌，第 2 位至第 5 位分别为冲绳、兵库、长野、神奈川①。原因是札幌就宜居而言是东京、大阪这些大都市无法比拟的，这里山清水秀、森林遍布、风光绮丽，既是都市又靠近自然，是退休后的理想居住地。现在每年移居札幌的老年人很多，因为札幌的医院、娱乐设施、大型商店都很完备。另外，与神户等地震频发的城市相比，札幌还是一个自然灾害风险低的城市，札幌的房价也相对便宜，所有这些因素都对人口的迁入形成了巨大的吸引力，促进了城市的繁荣。

（三）重视历史文化的保护和现代文化的开发

虽然与京都、奈良、东京这些千年古都相比，区区百年历史的札幌并没有多少著名的古迹和文物，但市政府却对仅有的一些文化遗产进行了严格的保护，使这些遗迹吸引了大批的游客，并提升了城市的文化内涵。

札幌市比较著名的历史遗迹包括札幌钟楼、北海道厅旧红砖厅舍等。其中北海道厅旧红砖厅舍是北海道过去的治理机关——北海道厅的办公场所，为北海道的象征，位于札幌市中心，是一座用红砖建造的欧式建筑，现已是被国家指定的重要保护文物。建筑内设有北海道立文书馆、北海道历史画廊，展示着有关北海道开发历史的文物及资料，同时也设有北方四岛（前日本领土，现由俄罗斯占领）的资料馆，陈列日本统治北方四岛时期的相关文物和日本士兵保护领土时的战争照片及战时用品。

除了对历史古迹的严格保护外，札幌市还非常重视对现代文化的开发，札幌啤酒博物馆就是其中的典型代表。设立于 1876 年的札幌酿酒场是全日本历史最为悠久的啤酒厂家，是伴随着北海道的开拓成长起来的，后来酿造场的酿制车间被改造成为啤酒博物馆，并于 2004 年 12 月对外开放。札幌啤酒博物馆透过各种各样展品及影像介绍了啤酒厂从开拓时代至今所经历的演变及其与北海道开发史的关系。博物馆每年接待的游客都扶摇直上，超百万人。札幌啤酒博物馆已成为当地经济发展的历史见证和北

---

① 引自 http://www.gomaga.jp/ranking/0801/。

海道知名的观光景点。

（四）冬奥会促进了城市建设，提高了城市知名度和美誉度

承办奥运会可以提升城市和国家形象。札幌作为第 11 届冬奥会的承办城市，虽然未能从中取得巨大的经济利润，但是借由奥运会呈现给世人一个崭新、繁荣的北方之都，使札幌进入世界名城的目的达到了，这种对城市品牌价值的提升是无法单纯以经济数据来衡量的。

第 11 届冬奥会除了给札幌提供一个全面展现实力、宣传城市品牌的机会外，更对当地的城市建设和基础设施的完善起到了极大的推动作用。为顺利举办奥运会，札幌以及其近郊新设了 14 处竞技设施，其中包括举行开幕式和闭幕式的滑冰场，位于真驹内西岗地区的奥运村，1971 年 12 月还开通了高速电车。因为滑雪场地需要，在离室内不远的手稻山、大仓山、宫的森等地区均设置了会场。滑雪比赛的主要场地设在手稻山，这里修建了不少滑雪场和运输设施，里面还有雪橇滑降比赛场地，这是日本第一个正式的滑道场。为连接这些比赛场地，札幌前后修建了总计 20 条路线，总长 58 公里的道路。此外当局还修建了连接主会场真驹内和札幌市中心的长达 12 公里的南北地铁。地铁的投入使用带来了地下街的繁荣，札幌的街道开始立体化。札幌市经济局局长福井知克说："如果不是因为举办冬奥会，札幌的城市建设至少要滞后 50 年。奥运会给札幌带来了基础建设的腾飞，今天我们使用的地铁、自来水管道、排水管道、城市道路，大多还要归功于那个时代。奥运会还孕育了札幌的旅游业。正是从那时开始，札幌有意识地招揽外国游客，采取了很多措施，为现在奠定了良好的基础。"[145]①

四　巴西利亚的发展经验

巴西首都巴西利亚（Brasilia）始建于 1956 年。当时，以发展主义著称的总统儒塞利诺·库比契克力图带动内陆地区发展及加强对各州的控制，遂耗费巨资，仅用 41 个月的时间就在海拔 1200 米、一片荒凉的中部

---

① 阎旭亮：《奥运会让札幌变了样》，引自《世界新闻报》（http://gb.cri.cn/12764/2007/11/14/2945@1841641.htm）。

高原建成了一座现代化的新城市①。

巴西将首都由滨海城市里约热内卢内迁至中部固然有为国家安全计的考虑，但更重要的是，借助首都作为政治、行政管理中心的作用，以它的繁荣和发达，辐射和带动周边地区，使原来比较落后的中西部地区得以实现迅速和均衡的发展。从今天来看，库比契克总统的设想已经基本得以实现。1960 年 4 月 21 日新都落成时，巴西利亚仅仅是一个人口 10 万的小城，工农业均不发达，迁都后，大大刺激了中西部地区的经济，尤其是农业经济的发展。如今，巴西利亚已经发展成为拥有 10 多个卫星城，人口达 200 万的现代化城市。巴西利亚城市建设及其相应的公路、铁路、电力等基础设施方面的大量投资，对周边地区产生了极大的经济辐射力，并很快在巴西利亚四周建成了汽车、机械制造等重工业基地，目前巴西利亚已经发展成为中西部地区经济的中心和新的增长极（周宝砚、杨宁，2007）[146]。

巴西利亚是一座年轻的城市，城里不见古迹遗址，也没有大都市的繁华与喧闹，但其经过全面设计规划，充满现代理念的城市格局、构思新颖别致的建筑以及寓意丰富的艺术雕塑，使这座新都蜚声世界。1987 年 12 月 7 日，巴西利亚被联合国教科文组织确定为“人类文化遗产”，成为众多璀璨辉煌的世界人类文化遗产中最年轻的一个②。短短半个世纪，巴西利亚就在政治、经济、文化领域取得如此骄人的成绩，如果没有作为新首都的地位和政府的政策倾斜，是不可能达成的。目前很多国家的首都，都存在国家功能过度集中的情形，如东京、北京、首尔、伦敦、巴黎等，这些城市同时肩负着国家政治、经济、文化、教育中心的功能，一方面使城市不堪重负；另一方面使其他城市失去了平等竞争的机会，使这些国家的资源过度集中，难以实现平衡发展。事实上，巴西的上一个首都——里约热内卢就是国家功能过度集中的一个典型。巴西历史上第一个首都是萨尔瓦多，1763 年迁都于风景秀丽的港口城市里约热内卢，200 年来，由于不加控制，过度开发，使这座城市急剧发展，不仅是巴西的政治、行政管理

---

①　引自新华网（http：//news. xinhuanet. com/ziliao/2004 – 05/17/content_ 1474059. htm）。

②　引自新华网（http：//news. xinhuanet. com/ziliao/2004 – 05/17/content_ 1474059. htm），《巴西利亚——最年轻的人类文化遗产》。

中心，而且成为巴西的经济和文化中心，工厂林立，城市规模不断扩大，人口剧增，经济和文化活动不断增加，交通拥挤、能源紧张、环境恶化，使里约热内卢不胜其负，难以履行首都作为政治中心这一最核心的职能，正是为了使里约热内卢彻底摆脱上述压力，开发中西部内陆地区，巴西政府才决定将首都迁至巴西利亚，使内陆和沿海的经济得以均衡发展。

为了贯彻把首都建成政治中心和旅游城市的指导方针，同时也为了避免重蹈过度开发首都的覆辙，巴西利亚采取了以下措施来达到长期甚至永久地使首都在优美的环境和良好的秩序下履行其政治、行政管理中心职能的目的（参见任丽洁等，1994）[147]。

第一，建立卫星城市。为了控制人口和城市规模，巴西利亚在兴建之初就同步建设了8座首都的卫星城市。这些卫星城市距离市区都不太远，每座卫星城都按其功能分别布局和建设，如侧重居住、侧重工业等。总的来说，卫星城建设要设施配套齐全，商业发达，住房舒适，往返市区便利，且房租、水电费都要比市区便宜，环境要比市区更加幽雅，居民都乐意住在卫星城市。巴西利亚最大的一座卫星城市叫"塞依兰迪亚"，居民达50万，比市区人口还多。这样卫星城疏散了首都人口，解决了首都由于人口密集而带来的一系列难题。

第二，控制工业建设，减少经济活动。为使首都摆脱其他压力，顺利履行政治、行政管理的中心职能，除控制人口增长外，巴西利亚严格禁止在市区兴建各类重工业工厂和污染较重的轻工业工厂，经济活动也只以建筑业、公共管理和服务业为主。修建立交桥和地铁，这就避免了由于经济活动过多过滥而造成的交通堵塞、用水和能源危机，减少了噪音、烟尘、废气、废水对城市环境的侵害和污染。

第三，大力开展绿化，布局精美建筑。为达到保护城市环境的目的，巴西利亚规定政府各部门及居民必须负责周围一定面积的立体绿化，增植草坪，栽种树木，政府每年拨出大笔专款用于首都的绿化和兴建旅游景

---

① 参见长城企业战略研究所和中关村科技园区管理委员会《中关村与世界一流园区基准和目标比较研究》课题组《世界十八园区扫描》，《新经济导刊》2006年第16期。长城战略咨询：《班加罗尔——印度软件之都》，新浪财经（gov. finance. sina. com. cn/zsyz200609 - 21/89514. html）。

点。巴西利亚善于充分利用建筑艺术来提升城市的文化内涵，在市内巧妙设计、精心施工了一批精美绝伦的建筑群，被誉为"世界建筑博览会"。如议会办公大楼，远望如两根擎天玉柱、中间以天桥相连，形如大写的"H"，象征维护人权、人道（human）之意；众议院大厦形如一座向无穷天际开放的阶梯会场，暗喻"广开言路"，在这里人们可以发表各种言论供政府决策。曲桥连通的外交部大楼浮于碧波上，象征着外交部连通世界各大洲，这些独特的建筑群落作为建筑珍品当之无愧地成为巴西利亚的旅游胜景，令观光者叹为观止。

巴西迁都巴西利亚以及关于首都的规划和建设为世界各国提供了借鉴的经验。1987年阿根廷国会一度通过了将首都从布宜诺斯艾利斯迁至别德马的决议（后因经济危机而被无限期搁置）。即使没有迁都的国家也纷纷效仿巴西，逐步把首都过分集中的各种功能进行适当分离，以使首都摆脱人口激增、交通拥挤、资源紧张、过度污染等多方面的困扰，更好地履行国家政治中心的职能。

五　班加罗尔

班加罗尔是印度南部卡纳塔克邦的首府，班加罗尔软件科技园区成立于1992年，核心区面积1.5平方公里。在印度政府和卡纳塔克邦地方政府的大力支持下，经过10年左右的发展，如今班加罗尔地区已发展成为印度软件之都，成为全球第五大信息科技中心之一。班加罗尔在印度软件业中占据核心地位。2004—2005财年，印度软件出口128亿美元，其中卡邦出口达62.7亿美元，占了一半，而卡邦的软件出口以班加罗尔为主。可以说，班加罗尔的软件出口占了整个印度的半壁江山①。2006年，美国计算机巨擘IBM居然破天荒地把每年一度的华尔街法人说明会放在班加罗尔召开（吴修辰，2007）[148]，充分说明了IBM对印度市场的重视和这座城市在全球IT产业中的崇高地位。

（一）面向未来，空缺定位，建设国家信息产业中心

班加罗尔的成功首先在于它进行了准确而科学的城市定位——以信息

---

① 参见《中关村与世界一流园区基准和目标比较研究》课题组《班加罗尔——印度软件之都》，《新经济导刊》2006年第16期。

技术产业为核心产业，并坚定不移地贯彻下去。信息技术产业的最大特点是其发展的相对独立性，它对经济环境的要求并不十分苛刻。因为信息技术产业以智力投入为主要要素投入，对资本和其他资源的依赖不是太大（林元旦、郭中原，2001）[149]，非常适合暂时不甚发达的城市作为发展的主打产业，利用信息产业的后发优势效应，带动其他产业的发展，实现产业结构的升级。班加罗尔抓住了计算机工业飞速发展以及向互联网时代转换的大好机遇，把国际经济发展中出现的机会和本国经济发展战略有机地结合起来，实现了软件产业的超常发展，成为一个主要依靠信息产业和技术出口导向带动经济增长的新兴城市，其他发展中国家高科技城市争相模仿的样板。班加罗尔软件业以软件加工为主，并将产品大量出口。它把自己定位为国外市场服务的软件制造商。这种软件外包服务从实质上说，是使用了外部契约方来代理或扩展内部资源，从而起到降低成本，增加企业价值的作用，可使企业将力量集中到核心业务上来。虽然在短期缺乏自主知识产权的产品，但班加罗尔带动整个印度每年约25%的软件出口额增幅还是相当可观的（莫蕾钰，2004）[150]。

（二）政府的倾斜性政策支持

1. 倾斜性财政政策

在班加罗尔IT产业的形成、发展和繁荣过程中，印度中央和当地政府发挥了举足轻重的作用。为了提高软件产业的国际竞争力，印度政府鼓励企业按照国际标准生产软件产品，建立了权威的质量认证系统，并设立了软件实验基地。印度政府对软件行业实行零关税、零流通税和零服务税；对印度人独资的IT公司，可在创业头10年不用缴税，外资或合资的IT公司只用缴纳非常低的所得税。为了提高进口计算机质量，引进国外的先进技术，政府放宽了对计算机进口的限制，允许进口计算机的企业的资产限额从2亿卢比降至100万卢比（莫蕾钰，2004）[150]。而卡纳塔克邦政府的政策更具针对性，如制定的《软件技术园区（SPT）计划》的主要内容有：一站式政府办公制度，允许外资全资进入，2010年前免征公司所得税，提供数据通信链接服务，提供办理出口许可证的便利等；而对于硬件生产的规定则是计算机硬件、外围设备和其他重要产品几乎完全免税，10年内免缴销售税（夏海力、廖瑛，2006）[151]；实施政府采购和促进消费政策，强制性要求政府部门必须购买国产IT产品，公民个人购买计算机和软件可部分抵免个人所得税。上述措施都刺激了班加罗尔软件业的快速、健康发展。

政府还在研发经费筹集和企业融资渠道上给予了诸多政策优惠：增加国家对科研经费的财政开支，鼓励科研机构与企业联合创新开发，促进科研成果商业化、产业化；鼓励银行以低利率向软件业发放贷款；以印度工业开发银行、印度技术开发与信息有限公司、印度风险资本与技术金融有限公司等专门金融机构为中心，对高新技术的商品化、产业化进行系统的金融扶持；制定配套的优惠政策，大力吸收海外印度科学家（主要是美籍印裔科学家）、印侨以及跨国风险投资公司的风险资金，投入信息技术、软件技术等高新技术产业。

2. 倾斜性基础设施和配套设施投资政策

良好的基础设施既是高科技企业正常运营的关键，也是高科技企业选址的重要因素。班加罗尔航空、铁路、公路交通十分便捷，卫星通信设备齐全，对外联系非常方便。从 50 年代开始，印度负责火箭和卫星空间研究的国防研究发展组织、印度科学院、国家航空实验室、印度斯坦飞机制造公司等一批国字头的高科技研究机构或企业在班加罗尔安营扎寨，形成了以空间技术、电器和通信设备、飞机制造、机床、汽车等产业为龙头的一批产业群，逐步奠定了班市雄厚的科研基础，成为印度有名的"科学城"。班加罗尔与高新技术产业配套的高效的行政机构、完善的科技服务体系是其发展成为高科技城市的保障。班加罗尔自筹资金增建了发电厂，扩建了电信设施，使得高科技园区拥有完整的水电供应系统和通信条件，为信息产业的发展提供了完备的硬件支持。此外班加罗尔还聚集着大量的中介服务机构，为高科技企业提供专业化的会议服务、通信及住宿服务的商务中心等，所有这些均为高新技术产业的发展创造了良好的软硬件环境（胡珑瑛、叶元煦，2002）[152]。

（三）重视教育事业、科研机构与人才队伍建设

班加罗尔拥有大量高质量的人才。印度软件科技园（Software Technology Parks of India，STPI）高校云集，是印度平均受教育程度最高的地区之一。班加罗尔云集了印度管理学院、国家高级研究学院和印度信息技术学院等许多名牌大学（夏海力、廖瑛，2006）。这些高校每年可为社会

输送 3 万名工程技术人才，其中 1/3 是信息技术人员①。此外，同世界上其他软件业发达的美国、瑞士、加拿大、爱尔兰等比起来，印度的软件工作人员的工资水平也是最低的。

班加罗尔的人才培养主要有三条途径：一是公立学校培养；二是民办或私营的各类商业性软件人才培训机构；三是软件企业自己建立培训机构，形成了产业化的 IT 职业教育。

海外留学人员在印度软件产业发展中起到不可忽视的作用。从 20 世纪 60 年代开始，印度政府十分鼓励输送高素质人才到美国等发达国家留学，海外印裔人口有近 2000 万人，其中有 3000 余人属于各科技领域的顶尖人才，大多分布在欧美国家，主要集中在美国。印度因此培养和储备了大量的科学技术人才，同时，这也为在印度和美国之间建立科技产业的"桥梁"奠定了基础。

高科技人才不仅推动了班加罗尔信息技术的发展，同时也吸引了全球各大跨国公司的研发机构纷纷进驻。2004 年年初，美国通用公司在班加罗尔投资 2100 万美元，建立了该公司在海外的第一个研发中心。法国动力设备制造商阿尔斯通公司紧随其后，目前正在当地建立一个与信息技术有关的研究所。美国 IBM 公司投资 1 亿美元设置电脑开发实验室等。这些大量的、高科技含量的教育和科研机构为班加罗尔的发展提供了持续的动力（夏海力、廖瑛，2006）[151]。

第四节　打造中西部明星城市和人口吸纳池的政策建议

一　理论与实践背景

（一）单靠市场机制我国东部城市的过度集中问题将更为严重

根据过度集中理论和我国生产趋势的实证分析，单靠市场机制发挥作

① 参见长城企业战略研究所和中关村科技园区管理委员会《中关村与世界一流园区基准和目标比较研究》课题组《世界十八园区扫描》，《新经济导刊》2006 年第 16 期；长城战略咨询：《班加罗尔——印度软件之都》，新浪财经：gov. finance. sina. com. cn/zsyz200609 – 21/89514. html。

用，我国东部城市如上海、北京、深圳、广州等城市过度集中问题将更加严重，市场机制无法实现区域协调发展，也无法使中西部城市对人才和资金的吸引力超过东部城市。

（二）比较优势理论难以指导我国区域主导产业的选择

选择好中西部城市的主导产业，是打造中西部明星城市的关键。然而，现有的区域经济理论在如何选择城市的主导产业上面临严重的困境①。关于区域主导产业选择的现有理论基础主要是比较优势或比较成本理论，但在一国内部劳动力是流动的，而自然资源对经济增长的贡献也在不断下降，因此，在一国内部对各区域经济发展而言，比较优势的作用在不断降低，而竞争优势的作用不断加强。

正是由于缺乏正确的理论指导，各区域在主导产业选择上实际处于十分混乱的状态。这表现在省区之间、城市之间，在主导产业的选择上竞争远大于合作，致使区域间重复建设、产业雷同、资源浪费现象十分严重。而且，在这场优势主导产业的区域竞争中，东部城市北京、上海、广州、深圳、苏州等总是胜利者，中西部城市总是失败者。例如，长期以来，东部城市吸引了绝大多数 FDI、从海外回国的优秀人才，以及国内优秀人才。

（三）生产转移黏性：东部的劳动力密集型产业向中西部转移并不容易

在我国东部沿海地区，劳动密集型产业如服装业、电子业、鞋帽业、纺织业、皮革业，具有很强的外部规模经济，这些行业往往以产业集群的形态分布于东部沿海地区的城镇密集地区。在我国当前劳动力供给弹性很大且农民工流动比较便利的情况下，要想把主要集中于东部沿海地区的这类产业移向中西部地区无疑存在巨大的障碍。有研究发现，纺织业应作为

---

① 关于主导产业选择的基准主要是赫希曼基准、罗斯托基准和筱原基准，这些基准主要用于发展中国家主导产业的选择。我国学者在这些国家主导产业的选择基准的基础上，提出了区域主导产业选择的基准，具体有产业关联基准、收入弹性基准、增长率基准、劳动就业基准、技术进步基准、比较优势基准（参见叶安宁，2007[153]；关爱萍等 2002[154]；王稼琼等，1999[155]）。从这些基准可以看出，除了比较优势基准外，其他基准对一国内部各区域的产业选择来讲是相同的。因此，目前，真正指导区域主导产业选择的理论还是比较优势理论，而这个理论难以有效指导区域主导产业的选择。

杭州市的主导产业, 予以重点发展 (周建华等, 2007)[18]。此外, 东部的劳动力密集型产业向中西部转移还面临其他的生产转移黏性, 如东部发达地区参与国际分工对产业转移的抑制作用 (陈计旺, 2007)[156]。

综上, 要实现区域协调发展, 必须采取倾斜性政策, 打造中西部明星城市, 提高中西部城市对资金和人才的竞争力, 使之可以和东部大城市起到抗衡作用。

二　政策建议

(一) 分散东部城市的国家功能, 将中西部重要城市建设成国家重要行业中心

明星城市的经济基础是承担着重要的国家功能, 一般是国家某行业的中心, 例如, 休斯敦是美国的石油工业中心和航天航空工业与研究中心, 图卢兹是法国的航天航空工业与研究中心、欧洲飞机制造中心, 班加罗尔是印度的软件产业中心, 巴西利亚是巴西的政治中心, 札幌是日本的农业和旅游业中心。

根据第九章的计算, 我国统计部门的 17 个行业分类中, 16 个行业的第一中心是北京 (另一个是深圳)、11 个行业的第二中心是上海。国家功能在东部地区的高度集中, 不仅造成了东部城市的过度集中, 影响东部城市的可持续发展, 而且, 抑制了中西部的城市发展。

国家应该借鉴法国建设 8 个平衡大城市的经验, 如禁止或限制东部城市某些领域的投资, 鼓励中西部某些领域的投资, 鼓励东部某些产业和国家部门向中西部城市转移。通过采取倾斜性政策, 分散东部城市的国家功能, 将中西部重要城市建设成国家某行业中心。例如西安航天航空业基础好, 可以建设成国家的航空航天和飞机制造中心, 这需要中央政府的扶持, 又需要限制东部城市发展这些产业。否则, 在现阶段, 单靠市场机制西安是竞争不过上海的, 而且从短期利益看, 在上海可能更有利。但从区域协调发展的角度和避免上海过度集中的角度看, 在西安建设国家航空航天和飞机制造中心更有利于西部地区长期的发展, 更符合我国长期的利益。

此外, 武汉可否建设成汽车制造中心、长沙可否建设成为国家的文化娱乐中心, 这需要进一步的研究。但是一旦中西部城市成为国家某些行业

的中心，就可以提升这些城市的总体形象和美誉度，促进中西部的经济发展和我国区域协调发展。

（二）面向未来、空缺定位，选择朝阳产业为中西部城市的主导产业

在中西部重要城市主导产业的选择上，不能寄希望于东部城市的产业转移，这样不可能实现区域协调发展。根据第九章的中美国家功能空间分布的研究结论和休斯敦、札幌、图卢兹的发展经验，中西部重要城市在主导产业的选择上，要面向未来，空缺定位，选择朝阳产业尤其是高科技产业和市场前景广阔的服务业为主导产业。

在当前的历史条件下，无疑在朝阳产业国家中心地位的竞争上，中西部城市是竞争不过东部城市的，单靠市场机制，中西部城市的朝阳产业很难发展壮大并成为国家的产业中心。这就需要中央政府采取倾斜性政策，支持中西部重要城市成为国家某些朝阳产业的中心，而且是第一中心。对此，东部城市既要善于又要敢于放弃对一些朝阳产业国家行业中心的竞争。这些朝阳产业包括文化产业、创意产业、娱乐产业、汽车产业、贸易产业、光电子产业，等等，需要进一步研究。

（三）按照紧凑新城的新城市主义理念建设多中心都市区，防止局部过度集中

当前，我国中西部重要城市武汉、长沙、西安、郑州等城市，局部过度集中问题已经显现，具体表现是交通拥挤、房价超过居民的购买力。因此，能否建设好卫星城市，关系到这些城市能否吸引资金和优秀的人才。

同我国大多数城市一样，中西部重要城市武汉、长沙、西安、郑州以及成都的卫星城或城市新区建设，存在严重城市蔓延问题和城市功能不完善问题。所谓城市蔓延问题是指这些城市新区或卫星城，土地利用率低，各单位之间过于分散，居住区和工作区过于分散，造成了"路宽人少车马稀"的城市景观。而且，由于土地利用率过低，单位之间过于分散，步行、骑车很累，而又因为人少，公交车也很少，致使在城市新区工作和生活无法通过步行、骑车，或乘公交车来解决行的问题。所谓城市功能不完善，是指新城或卫星城没有城市中心（这与城市蔓延有关），新城功能单一，或者只有生产功能，或者只有大学功能，而城市的休闲、娱乐、购物、教育、医疗、文化传播等功能十分欠缺。

综上，中西部城市要按照紧凑新城的新城市主义的理念，建设卫星城

市和新城。注重新城的综合城市功能的培育，考虑人双腿的步行能力，提高土地容积率，减少在卫星城和新城的生活成本，增加卫星城和新城对资金和优秀人才的吸引力。对此，可以参照第八章关于我国东部三种不同类型都市区的发展建议。

（四）放宽人口流动政策，鼓励农民工在卫星城和新城安家落户

2008 年，武汉市政府对郊区实行了新的户口迁入政策，允许拥有"合法固定住所"和稳定收入来源的农民工迁入户口。但是，如前文所述，在没有政府的帮助下，绝大多数农民工根本买不起商品房，因此，住房和新的户口政策实质上仍然是农民工实现市民化的主要障碍。

中西部重要城市政府应该看到，农民工的大量聚集对卫星城和新城的城市基础设施建设有着巨大推动作用，同时农民工的大量聚集可以减少卫星城和新城的劳动力成本，增加新城对资金的吸引力。这一点从深圳、苏州、东莞等中小城市的发展中可以证明。

中西部城市在建设卫星城和新城方面要借鉴台北县的经验，不仅要放宽人口限制，而且要采取激励措施，鼓励农民工在卫星城和新城安家落户。这不仅可以推动卫星城的人气和城市功能的完善，而且可以吸纳农村剩余人口，使中西部重要城市承担起农村人口吸纳池的国家功能，从根本上促进区域协调发展。

（五）注重城市总体形象和美誉度的建设宣传工作

本章第一节的城市吸引力调查表明，城市总体形象和美誉度，是影响城市吸引力的第二重要因素，仅次于城市的经济发展水平与前景对城市吸引力的影响。调查还表明中西部城市的总体形象和美誉度同东部城市相比有较大的差距。

城市总体形象与美誉度建设，一要加强城市软硬件的建设，二要利用营销学的知识，加强宣传教育工作。我们的调查表明，城市的总体形象和美誉度受下列 6 项因素的影响：（1）城市自然环境与气候的舒适度；（2）城市街道与居住环境的整洁度；（3）政府部门行政服务的效率和态度；（4）城市居民思想的开放性和先进性；（5）城市居民的诚信度；（6）城市居民的文化素质和涵养。这些因素中，城市街道与居住环境的整洁度既是硬件又是软件，城市自然环境与气候的舒适度是居民个人感觉和偏好因素，其余 4 个因素都是软件。这说明，主观能动性在城市总体形

象和美誉度建设中可以发挥巨大作用。

笔者曾在西安学习 3 年，在没去西安前，我对西安的印象是气候恶劣、黄沙弥漫、居民性格豪爽、体形粗壮、皮肤粗糙，这种印象主要来自反映西北生活的电影和小说。然而，在西安学习几年后，我的这种印象完全改变了。西安雨水十分充沛，不亚于武汉；物价低，生活舒适方便；西安话有特别的韵味，很好听；西安少女的皮肤和体形不亚于其他任何东部城市。这一案例说明，宣传对一个城市的总体形象具有巨大的作用。实际上，一方水土养一方人，各地城市的自然气候有着不同的优点和缺点。通过宣传，这些优点和缺点就可以放大，并对城市的总体形象具有重要影响。

为了提升城市美誉度，中西部城市要借鉴札幌的经验，一方面，针对自然气候要扬长避短，如乌鲁木齐气候寒冷可以多建设地下商业街和地铁，开展夏日游活动；另一方面，要加强宣传工作，通过电影、小说、专题报道、画报以及运动会、旅游节、歌会、时装节、选美比赛、电影节等事件营销城市。

城市街道和居住环境的整洁度通过城市规划和政府、居民的共同努力，可以改善。至于其他因素，纯粹是软件，只要思想宣传工作到位，让城市每一个居民真正认识到，城市总体形象和美誉度关系到城市对资金和人才的吸引力，关系到城市经济发展和每个居民的切身利益，城市居民就会逐渐自觉地加入到城市美誉度建设中来，逐渐改变软件因素，提升城市形象。

（六）增加大学外省招生，增强东、中、西部青年人的相互了解与学习

由于地方政府更多地承担了属地内大学的经费，各省大学更多地在省内招生。从区域协调发展的角度来看，这种做法弊大于利。各省大学主要在省内招生，不利于各省的优秀青年相互了解，相互学习，取长补短；不利于各省的优秀青年广交朋友，而各省优秀青年的这种同学加朋友的关系，不仅方便青年人了解各省的风土人情，开阔了视野，而且也会因为这种朋友关系，使得青年人对外省产生某种情感联系，所有这些都有利于人才的跨省流动，有利于区域协调发展。

（七）打造中西部明星城市，高等教育要先行

良好的高等教育对于打造明星城市至少有以下几个方面的作用：

1. 在青年学子中建立对城市的情感联系，提高城市总体形象和美誉度

上一所好大学是所有青年学子的梦想。青年学子早在中学时代，甚至孩童时代，就会对非常好的城市充满向往，希望到这个城市的一流大学去看一看。一旦青年学子到某个城市的一流大学学习几年，他就会逐渐对这个城市产生了解、熟悉，进而产生感情。在选择工作地点时，其他条件相同，青年学子往往会选择有感情联系的城市。因此，良好的高等教育不仅增加了城市对优秀人才的吸引力，也有助于在青年学子中建立良好的形象和情感联系，提高城市美誉度。

2. 培育城市良好的文化氛围和科技氛围

一流的大学是新文化、新思想和新科技的发源地，是学术与文化精英的聚集地。一流的大学对城市文化和城市科技企业的形成与发展具有广泛深刻的影响。国内外许多科技产业中心都紧邻一流大学。例如，美国的"硅谷"区内拥有 8 所大学、9 所社区大学和 3 所技工学校，其中斯坦福大学和加州大学伯克利分校是世界一流大学。由于著名的麻省理工学院具有鼓励学校科研人员创办高技术公司的优秀传统，所以，20 世纪 60 年代以来，麻省理工学院教工创办了大批高技术公司沿着 128 号高速公路呈线状分布，形成了仅次于硅谷的"128 号公路"科技工业园。北卡罗来纳三角科学园位于北卡罗来纳州达勒姆、罗利和查佩尔希尔三个城镇所构成的三角地带的中部，在地理位置上恰构成一个三角形，故称为三角科学园。这三个城镇也是全美一流大学杜克大学、北卡罗来纳大学、北卡罗来纳州立大学的所在地。此外，英国的剑桥科技园是依托著名的剑桥大学发展起来的，而我国的中关村科技园区内有北大、清华等中国最好的大学。

一流大学培养的学术和企业精英以及大量的优秀毕业生在发展城市经济的同时，他们工作方式、生活方式构成了一个城市文化的主流，而一流大学培养的文化精英通过文化产品的创造，是城市文化的直接塑造者和传播者。

3. 减少居民的教育成本，降低劳动力成本，增强对资本和人才的吸引力

随着科技的发展、社会的进步，工作后的继续教育对许多企业和个人的发展越来越重要。城市拥有一流大学，使居民边工作边学习成为可能，这减少了居民的继续教育成本。继续教育成本的减少，有助于城市不断地

提高劳动力的科技素质和业务素质，进而提高劳动力的劳动效率，对工人而言，这意味着更高的收入；对厂商而言，这意味着劳动力成本的降低。因此，拥有一流的大学可以增强城市对资本和人才的吸引力。

为开发北海道，日本于1876年（明治九年）在当时还很落后的札幌设立了札幌农学校，聘请美国马萨诸塞州农科大学校长克拉克博士为首任校长，并使札幌农学校成为明治初年日本大学教育的两个中心之一。1918年札幌农学校成为日本第5个帝国大学"北海道帝国大学"。高等教育的发展对札幌成为日本明星城市发挥着重要作用。

当前，我国重点建设北大、清华两所大学，希望其成为世界一流大学，而国家对其他大学扶持力度小，并要求地方政府承担更多的经费支持的责任。从区域协调发展的角度看，这种做法弊大于利。两所大学都集中在北京，成为加重北京过度集中的一个因素。东部地区地方政府财力雄厚，对属地内的大学能够支持更多的资金，而中西部政府财政困难，无力支持属地内的大学，这种教育政策实际上成为对东部大学的倾斜性财政支持政策。其结果，东部大学的发展速度超过了中西部大学。我们看到西安交大、兰州大学、四川大学、武汉大学等以前非常有名气的大学，在全国大学的地位在持续下降。如果没有倾斜性政策，可以预言这些大学的地位还会继续下降。相比而言，美国的一流大学空间分布却非常均衡，东部有麻省理工大学、哈佛大学，南部有杜克大学，西部有斯坦福大学、加州大学，北部有芝加哥大学、密歇根大学。

为了区域协调发展，国家应该采取超常规的办法，在长沙、武汉、西安、郑州，甚至新疆的乌鲁木齐、成都等中西部重要城市建设世界一流大学，既促进这些城市的经济发展，也提高这些城市的美誉度。

第十章 结论

第一节 本书的主要发现和结论

下面从六个方面阐述本书研究的主要发现和结论。

一 生产和人口分布演变规律的研究及过度集中理论的提出

一国在其起飞和走向成熟阶段的经济快速增长和城市化过程中，生产和人口的空间分布将发生巨大的演变，这一演变具有"宏观上持续聚集、微观上先集中后分散"的规律性，而且，在此演变过程中，生产和人口在少数大城市的过度集中现象具有易发性和普遍性。过度集中一方面造成少数大城市房价过高、交通拥挤、上下班通勤时间过长、城市环境恶化；另一方面，造成其他地区经济发展相对停滞，因此，过度集中严重阻碍了区域协调发展。

通过对生产和人口过度集中问题进行深入的理论研究，提出了过度集中理论，其主要观点如下：

（1）在城市发展的规模上，市场机制并不是有效的。成功幻觉和对交通与住房成本的不敏感性，是产生生产与人口在大城市过度集中的两种市场机制。这两种机制导致的过度集中将使大多数人口的实际收入和福利下降，但少数成功者和土地所有者受益，贫富差距拉大。此外，生产与人口的过度集中也可能会导致虚假繁荣，即名义 GDP 快速上升，但大量社会劳动被交通成本和住房成本所消耗，大多数人的实际收入和福利受到损失。

（2）在解决过度集中问题上，单一的交通住房等政策，具有无效性。

在存在大量待就业人员，而又不控制投资和人口流动的条件下，大城市政府出台降低交通和住房成本、提高投资补贴、改善城市环境舒适度等政策，都将促使生产与人口的进一步集中，交通和住房成本的进一步上升，大多数人口的实际收入和福利没有改变。生产与人口的过度集中可能会导致虚假繁荣，即名义 GDP 快速上升，但大量社会劳动被交通成本和住房成本所消耗，大多数人的实际收入和福利停滞不前或上升缓慢。

（3）市场机制和政府政策一起发挥作用，将加剧过度集中问题。

（4）我国大学生劳动力市场和农民工劳动力市场，具有成功幻觉和对交通与住房成本的不敏感的特征，这些特征和我国大城市政府的单一的交通住房等政策一起发挥作用，使得我国大城市中心城区生产和人口过度集中现象已经显现，少数城市已经比较严重。

二 我国生产和人口分布的现状、问题和趋势研究

从宏观而言，我国生产与人口分布的主要问题是，一方面，我国生产在东部核心区的集中程度已经很高；另一方面，我国人口在东部核心区周边的中小城市的集中程度却很低。从中观而言，我国大都市区生产与人口分布存在的问题有：（1）大都市区内中心城市的中心城区人口过度集中；（2）中心城市的市区缺乏明确的边界，"摊大饼"无休止扩张趋势明显；（3）大都市区的郊区和郊县缺乏人口集中的城市亚中心。从微观而言，我国大都市区的新城或新区，普遍存在城市蔓延、缺乏明确新城市中心问题，这严重影响了新城的发展，是造成人口在中心城区过度集中的一个重要原因。

我国东部及东部核心区占全国投资及生产的比重进一步上升的趋势，已经得到初步遏制。但我国的大部分投资仍然集中在东部地区，我国东部地区仍将创造更多的就业机会，东部地区仍将是吸纳农村剩余劳动力、大学毕业生及其他新增城市就业人口的主要地区。

针对上述问题，一方面，我们要鼓励面向中西部的投资，避免生产在东部核心发达地区的局部过度集中；另一方面，要鼓励中西部人口向东部核心区流动，尤其是向东部大都市区的郊区和郊县的中、小城市流动。为此，要明确大都市区中心城市市区的边界，积极发展都市区郊区的中、小城市。在大城市的新城或新区的建设中，注重培育新城的城市中心，增加

新城对资本和人口的吸引力，促使东部大城市向多中心都市区转变，使其成为中西部农村剩余人口的吸纳池，促进区域协调发展。

从各省区内部来看，在今后一个时期，除少数东部省区外，我国大多数省区生产有进一步向各省首要城市集中的趋势。为减少各省内部的地区差距，有必要促进各省内部的人口流动，一些生产集中度已经很高的省区，应采取经济措施，分散投资，避免生产和人口的过度集中。

三　关于农村剩余劳动力存在形式的研究

农村剩余劳动力有两种存在形式：一种是存在于单个农户家庭内部的剩余劳动力；另一种是以"剩余家庭"形式存在的家庭外部的剩余劳动力。第六章通过对江西新余姚圩万全村、湖北汉川中洲农场和二河镇部分村庄的农户调查，发现家庭内部的剩余劳动力已经很少，但对于整个乡村而言，还存在大量的以"剩余家庭"形式存在的家庭外部剩余劳动力。如果能把这些"剩余家庭"转移出去，使剩下的农户实现土地规模经营，农业净收入的总值同分散经营相比并不会下降。

同家庭内部的剩余劳动力相比，以"剩余家庭"形式存在的家庭外部剩余劳动力外出打工的成本非常高。如子女上学成本、住房成本、子女抚养成本，等等，这些成本对于家庭内部的单个劳动力转移基本可以不考虑。这是导致 2004 年开始 2008 年第三季度结束的"民工荒"的重要原因。

年轻的农民工，随着年龄的增加，结婚、生子，他们组建的家庭就可能成为农村新的"剩余家庭"，他们也因此由家庭内部的剩余劳动力转变为家庭外部的剩余劳动力，从而增加他们外出打工的成本。为了促进我国农村剩余劳动力的转移，我们既要防止新的农村"剩余家庭"的产生，还要尽力减少老的农村"剩余家庭"。而要做到这一点，首先是要使现在已经在城市打工的农民工（尤其是夫妻双方都在城市打工的农民工）实现市民化。可以采取如下措施：（1）对于夫妻双方都在外打工的农民工，打工地政府要帮助他们解决好子女上学、住房保障等问题，防止他们回流农村，使农村"剩余家庭"数量扩大。（2）发展大城市周边的中、小城镇，既利用大城市的聚集经济，又能促进农村"剩余家庭"就近转移，使农村"剩余家庭"的转移成本如住房成本和情感成本降低。（3）帮助未婚的年轻农民工结婚后把家安在打工的城镇，避免农村出现新增"剩余家庭"。

四　农民工市民化研究

农民转化为农民工的这一过程以"城市打工、农村消费"为主要特征，可以称为两栖式城市化，两栖式城市对我国区域协调发展的主要作用，是没有像拉美等一些国家那样，在我国大城市形成大面积的贫民窟，同时提高了农户家庭的总收入，改善了农村居民的住房、生产和生活条件。但是，两栖式城市化对我国区域协调发展有十大不良影响，包括生产在东部地区的过度集中、城乡社会治安问题、地区差距、过早引起了"民工荒"等。并且，随着城市化进程的深入，两栖式城市在进一步提高农户家庭收入方面的有益作用正在减少，而其弊端却有加重的趋势。这意味着我国必须加快实施农民工市民化工作。

通过对深圳、苏州等地区不同等级城市农民工市民化的成本进行分析，对农民工市民化过程中解决住房问题的国际经验进行总结，主要发现及结论如下：

（1）不同婚姻状况、不同年龄的农民工市民化成本和市民化意愿，有很大的差别。不同地区不同等级城市农民工市民化成本也有很大差别。

（2）大城市郊区和郊县的中、小城市具有农民工市民化的资源条件。

（3）在没有政府帮助下，绝大多数农民工在工作的城市买不起住房，无法满足"合法固定住所"的户籍迁移条件。但是，相当一部分有稳定收入来源的农民工有经济能力租房居住，在大城市郊区和郊县的中、小城镇工作的农民工租房居住的支付能力更强。从国际经验看，农民工的住房困难是各国城市化过程中普遍存在且无法回避的问题，一些成功实现城市化的国家政府，都采取了十分积极的政策措施帮助进城农民解决住房问题。

我国农民工市民化过程中存在的主要问题如下：

（1）由于我国实行的是市管县的行政体制，大都市区的中心城市和其郊区的中、小城镇往往实行统一的农民工市民化政策，这严重阻碍了在大城市郊区和郊县中、小城镇的农民工市民化，尽管他们市民化的成本要比中心城市农民工市民化的成本低得多。

（2）大城市及其郊区、郊县的中、小城市的政府官员，缺乏农民工市民化的内在激励，在农民工市民化问题上，态度比较消极。

具体建议如下：

（1）对于上海、北京两个城市的中心城区，可维持现行政策。对其郊区的中、小城市，如通州、顺义，当地政府要承担起夫妻双方都在当地工作的农民工的住房保障责任，可以通过廉租房建设促进这些农民工市民化，尤其是新婚夫妻都在当地工作的农民工，他们市民化成本相对较低、市民化的倾向较高，并且他们的市民化将激起未婚的年轻农民工的希望。对夫妻一方在当地工作的农民工维持现行政策。

（2）对于广州、深圳、杭州、南京等东部一线城市的中心城区，对那些新婚且夫妻双方都在当地工作，并有稳定收入来源的农民工，政府要承担起住房保障的责任，可以纳入当地的廉租房系统，允许其迁入户口，以降低其返乡率。对于其他农民工维持现行政策。对于这些城市郊区的中、小城镇，政府要加强小产权房管理，将其纳入合法商品房管理系统，通过廉租房、经济适用房、住房补贴、住房贷款等多种形式，帮助夫妻双方都在当地工作，并有稳定收入来源的农民工解决住房问题，并允许这些家庭迁入户口。对于夫妻仅一方在当地工作的农民工维持现行政策。

（3）对于苏州、宁波、湖州、绍兴等东部二线城市的中心城区，政府对那些夫妻双方都在当地工作，并有稳定收入来源的农民工要承担起住房保障责任，可以纳入当地的廉租房系统，并允许这些家庭迁入户口。对于夫妻仅一方在当地工作的农民工维持现行政策。对于这些城市郊区的中、小城镇，如苏州临湖镇、采莲村，当地政府完全拥有足够的土地资源解决农民工的住房问题，关键是要转变观念。要允许有稳定收入来源的农民工迁入户口，政府承担起住房保障的责任。

（4）对于那些农民工市民化工作富有成效的地方政府，中央政府要予以表彰和鼓励。对于农民工市民化工作突出的中、小城镇，可以通过城镇行政级别、财政转移支付、工业用地指标和土地转让指标都与新增农民工户口迁入数量挂钩的激励机制，鼓励大、中、小城市政府积极推进农民工市民化工作。

五 培育东部多中心都市区和农村剩余人口吸纳池的研究

根据我国大都市区生产与人口分布的空间结构,将我国东部大都市区分成三类。第一类都市区是指具有很大的中心城市,且中心城市过度集中问题已经比较严重的都市区。比如,北京、天津、杭州、南京、广州、青岛、上海、深圳。第一类都市区面临的主要问题是中心城区人口过度集中,郊区中、小城市发育不良,以致房价过高,交通通勤成本过高。这类都市区可采用巴黎模式实现由单中心都市区向多中心都市区的转变。具体建议是:(1)注重郊区新城的城市中心的建设;(2)新城建设要紧凑,要符合新城市主义理念,防止城市低密度蔓延;(3)完善城市功能建设;(4)加强新城特色文化,增强新城居民的凝聚力和自豪感;(5)放宽人口政策,增加新城人气;(6)加大新城在财政、人事、行政上的独立性,避免"县改区"的弊端。

第二类都市区是指具有较大的中心城市,但中心城市过度集中问题不严重,或者还不存在过度集中问题的都市区,如苏州、无锡、宁波等都市区。这类都市区的中心城市已经具有了过度集中的迹象和苗头,它们应该采取中国台湾模式,调整生产与人口的空间布局,积极发展中心城市周边郊区和郊县的中、小城市。具体建议是:(1)中心城市周边郊区和郊县的中、小城市实行更加宽松的人口政策;(2)增强郊区和郊县中、小城市的财政独立性,加强中、小城市的特色文化建设;(3)加强中小城市的综合性功能规划与建设,按照新城市主义的理念建设紧凑的中小城市;(4)建立对郊区和郊县中、小城市政府官员的激励机制,促进中、小城市农民工市民化进程。

第三类都市区是指不存在很大的中心城市的都市区,如东莞、湖州、绍兴、常州、温州、佛山等。这类都市区没有一个处于支配地位的中心城市,例如东莞是由十几个中、小城镇组成。没有很大的中心城市不见得一定是坏事,第三类都市区要扬长避短,采取莱茵—鲁尔模式,实现大、中、小城市并行发展战略。具体建议是:(1)实行非常宽松的人口政策;(2)都市区内各中、小城市加强城市特色文化和形象建设;(3)各中、小城市要完善城市功能建设;(4)增强中、小城市的财政独立性;(5)建立对中、小城市政府官员的激励机制,促进中、小城市农民工市民化进程。

六　打造中西部明星城市和农村剩余人口吸纳池的研究

通过中美国家功能集中程度的比较分析，发现《中国城市统计年鉴》中划分的 17 种行业中，16 个行业的第一中心是北京，11 个行业的第二中心是上海，承担行业第一中心或第二中心功能的城市共有 6 个，其中，除了成都是建筑业第二中心外，其他 5 个城市都在东部地区。在美国 22 个行业中，有 19 个都市区承担着行业第一中心或第二中心的功能，而且这 19 个都市区在美国的东、西、南、北、中部地区分布比较均衡。

在中国，总体国家功能集中度达到 1% 以上的都市区只有 4 个城市，分别是北京市、上海市、深圳市、广州市，这 4 个城市承担的国家功能为 27%。在美国，总体国家功能集中度达到 1% 以上的都市区有 9 个，其承担的国家功能也为 27%，而且，这 9 个都市区在美国的东、西、南、北、中部地区分布比较均衡。

上述分析结果可以得出两个结论：（1）中国各行业的国家功能、重要的行业中心和总体国家功能过度集中在北京、上海、深圳、广州，这不利于其他城市的发展，也不利于中西部城市的发展。（2）我国承担重要国家功能的城市不够多，且空间上全部集中在东部。

通过国家功能集中度、国家行业中心和明星城市等概念，本书提出了区域协调发展和中西部主导产业选择的新的分析框架和理论视角，指出明星城市有两个基本内涵，一是承担重要的国家功能或者是一个以上国家重要的行业中心，二是具有良好的总体形象和很高的美誉度。中西部重要城市的主导产业的选择，要以培育重要的国家行业中心和明星城市，使其对东部大城市的竞争力起到平衡作用为原则。要实现区域协调发展，必须采取倾斜性政策，打造中西部明星城市，提高中西部城市对资金和人才的竞争力，使之可以和东部大城市起到抗衡作用。因为根据过度集中理论和我国生产趋势的实证分析，单靠市场机制发挥作用，我国东部城市如上海、北京、深圳、广州等城市过度集中问题将更加严重。市场机制无法实现区域协调发展，也无法使中西部城市对人才和资金的吸引力与东部大城市相抗衡。

打造中西部明星城市和农村剩余人口吸纳池的具体建议是：（1）分散东部城市的国家功能，面向未来、空缺定位，选择朝阳产业为中西部城市的主导产业，将中西部重要城市建设成国家重要的行业中心；（2）东部城市既要善于，又要敢于放弃对一些朝阳产业国家行业中心的竞争；（3）按照紧凑新城的新城市主义理念建设新城或卫星城，促进多中心都市区的形成，防止局部过度集中；（4）放宽人口流动政策，鼓励农民工在卫星城和新城安家落户，帮助农民工实现市民化，吸纳农村剩余人口；（5）注重城市总体形象和美誉度的建设宣传工作；（6）增加大学外省招生，增进东、中、西部青年人的相互了解与学习；（7）打造中西部明星城市，高等教育要先行。

第二节　有待进一步研究的方向

中西部重要城市主导产业的选择，是区域协调发展的一个关键问题，传统比较优势理论和区位商指标，难以指导我国中西部重要城市的主导产业的选择。通过国家功能集中度、国家行业中心和明星城市等概念，本书提出了中西部主导产业选择的新的分析框架和理论视角，认为中西部重要城市的主导产业的选择，要以培育重要的国家行业中心，使其对东部大城市的竞争力起到平衡作用为原则。但是，如何根据这一框架，研究我国未来市场的发展演变，具体分析中西部每个重要城市的实际情况，使得中西部重要城市如武汉、长沙、西安、郑州、成都等，都能选择并发展好合适的主导产业，成为国家重要的行业中心，这是有待进一步研究的方向。

参 考 文 献

［1］ F. Cai, D. Wang, Y. Du, Regional Disparity and Economic Growth in China: The Impact of Labor Market Distortions ［J］. *China Economic Review*, 2002, 13 (2－3): 197－212.

［2］ D. Lu, Rural－Urban Income Disparity: Impact of Growth, Allocative Efficiency and Local Growth Welfare ［J］. *China Econ. Rev*, 2002, 13: 419－429.

［3］ 姚枝仲、周素芳:《劳动力流动与地区差距》,《世界经济》2006 年第 4 期。

［4］岳修虎:《促进区域协调发展的建议》,《中国经贸导刊》2005 年第 21 期。

［5］张善余、高向东:《特大城市人口分布特点及变动趋势研究——以东京为例》,《世界地理研究》2002 年第 1 期。

［6］ Huruya Hiroka, 2000, "The Development of Tokyo's Rail Network", *Japan Railway & Transport Review*, 23, pp. 22－30.

［7］ Takayoshi Kusago, 2007, "Rethinking of Economic Growth and Life Satisfaction in Post－wwii in Japan－a fresh Approach", *Social indicators Research*, 81: 79－102.

［8］《南方都市报》2006 年 11 月 15 日《韩国建设部长官秋秉直因房价过高辞职》, 转引自 http: //bj. house. sina. com. cn/news/2006－11－15/1200159443. html。

［9］ V. Henderson, 2002, "Urbanization in Developing Countries", *The World Bank Research Observer*, Spring, 17, 89－111.

［10］韩琦:《拉丁美洲城市发展和城市化问题》,《拉丁美洲研究》

1999 年第 2 期。

[11] P. Krugman, *Rethinking International Trade* [M], Cambridge, Mass.: MIT Press, 1990, p. 6.

[12] 金碚:《关于中国区域经济的若干理论问题》,载陈栋生、王崇举、廖元和主编《区域协调发展论》,经济科学出版社 2005 年版,第 30 页。

[13] 张敦富、覃成林:《中国区域经济差异与协调发展》,中国轻工业出版社 2001 年版。

[14] 刘树成、张晓晶:《中国经济持续高增长的特点和地区间经济差异的缩小》,《经济研究》2007 年第 10 期。

[15] 肖金成:《省域中心与边缘地区的经济发展差距》,载陈栋生、王崇举、廖元和主编《区域协调发展论》,经济科学出版社 2005 年版,第 56—63 页。

[16] 陈振光、宋平:《城市化进程中的区域发展与协调》,《国外城市规划》2002 年第 5 期。

[17] 贾晓峰、张晓丽:《论江苏主导产业战略性选择及发展研究》,《审计与经济研究》2006 年第 1 期。

[18] 周建华、黄设等、衬旭阳:《论杭州工业主导产业的选择与培育》,《统计研究》2007 年第 10 期。

[19] 罗斯托:《经济增长的阶段:非共产党宣言》,中国社会科学出版社 2001 年版。

[20] Krugman, 1991, Increasing Returns and Economic Geography [J]. *Journal of political Economy* 9 (3), pp. 483 – 499.

[21] M. Fujita, and P. Krugman, When is the Economy Monocentric? von Thünen and Chamberlin Unified [J]. *Regional Science and Urban Economics* 1995, 25: 595 – 528.

[22] J. Williamson, 1965, Regional Inequality and the Process of National Development, Economic Development and Cultural Change, 13 (4), pp. 3 – 45.

[23] N. Hansen, 1990, Impacts of Small and Intermediate – sized Cities on Population Distribution: Issues and Responses, Regional Development Dia-

logue, 11, 60 – 76.

[24] E. S. Mills, R. Price, Metropolitan Suburbanization and Central City Problem [J] . *Journal of Urban Economics* Jan. 1984, 15 (1): 1 – 17.

[25] M. Straszheim, The Theory of Urban Residential Local, In Mills, E. S. (ed.): *Handbook of Regional and Urban Economics*, Vol. 2. Amsterdam: North Holland – Elsevier Publisher, 1987, pp. 717 – 757.

[26] W. Oates, W. Howrey, W. Baumol, The Analysis of Public Policy in Urban Models [J] . *Journal of Political Economy* Jan. Feb. 1971, 79: 142 – 153.

[27] D. Bradford, H. Kelejian, An Econometric Model of the Flight to the Suburbs [J] . *Journal of Political Economy* May/June1973, 81 (3): 566 – 589.

[28] P. Mieszkowski and Edwin S. Mills, The Causes of Metropolitan Suburbanization [J] . *Journal of Economic Perspectives* , Summer1993, 7 (3): 135 – 147.

[29] M. Fujita, H. Ogawa, Multiple Equilibra and Structural Transition of Monocentric Urban Configuration [J] . *Regional Science and Urban Economics*, 1982, 12: 161 – 196.

[30] V. Henderson, A. Mitra, The New Urban Landscape: Developers and Edge Cities [J] . *Regional Science and Urban Economics*, Dec. 1996, 26 (6): 613 – 643.

[31] M. Fujita, J. F. Thisse, Zenou, Yves, On the Endogenous Formation of Secondary Employment Centers in a City [J] . *Journal of Urban Economics*, 1997, 11: 337 – 357.

[32] 沃尔特·克里斯塔勒:《德国南部中心地理原理》, 商务印书馆 1998 年版。

[33] Gottmann, Jean, 1957, Megalopolis: Or the Urbanization of the Northeast Seaboard, *Economic Geography*, Vol. 33, pp. 31 – 40.

[34] V. Henderson, 2003, "The Urbanization Process and Economic Growth: The So – what Question", *Journal of Economic Growth*, 8, 47 – 71.

[35] A. Ades, E. Glaeser, 1995, "Trade and Circuses: Explaining

Urban Giants", *Quarterly Journal of Economic*, 110, 195 – 227.

［36］ J. C. Davis, J. V. Henderson, 2003, "Evidence on the Political Economy of the Urbanization Process", *Journal of Urban Economics*, 53, 98 – 125.

［37］ P. Krugman, R. L. Elizondo, 1996, "Trade Policy and the Third World Metropolis", *Journal of Development Economics*, 49, 137 – 150.

［38］ V. Henderson, 2002, "Urbanization in Developing Countries", *The World Bank Research Observer*, Spring, 17, 89 – 111.

［39］ V. Henderson, 2003, "The Urbanization Process and Economic Growth: The So – what Question", *Journal of Economic Growth*, 8, 47 – 71.

［40］ A. Ades, E. Glaeser, 1995, "Trade and Circuses: Explaining Urban Giants", *Quarterly Journal of Economic*, 110, 195 – 227.

［41］ V. Henderson, 2002, "Urbanization in Developing Countries", *The World Bank Research Observer*, Spring, 17, 89 – 111.

［42］黄亚平:《城市空间理论与空间分析》,东南大学出版社 2002 年版。

［43］ R. Moe, 1995, in Dwight Young. Alternative to Sprawl, Cambridge, MA: Lincoln Institute of Land Policy.

［44］张庭伟:《控制城市用地蔓延:一个全球的问题》,《城市规划》1999 年第 8 期。

［45］ Burchell et al. , 1998, The Costs of Sprawl Revisited, Washington D. C. : National Academy Press.

［46］谷凯:《北美的城市蔓延与规划对策及其启示》,《城市规划》2002 年第 12 期。

［47］ R. Ewing, 1997, Is Los Angeles – style Sprawl Desirable? *Journal of the American Planning Association*, 63 ［1］: 95 – 126.

［48］马强、徐循初:《"精明增长"策略与我国的城市空间扩展》,《城市规划汇刊》2004 年第 3 期。

［49］方创琳、祈巍峰:《紧凑城市与测度研究进度及思考》,《城市规划案例》2007 年第 4 期。

［50］吴林海、刘荣增:《从"边缘城市主义"到"新城市主义":价

值理性的回归与启示》,《科学技术与辩论法》2002 年第 3 期。

[51] 吴林海、刘荣增:《从 "边缘城市主义" 到 "新城市主义":价值理性的回归与启示》,《科学技术与辩法》2002 年第 3 期。

[52] P. Gordon and H. W. Richardson, 1997, Are Compact Cities a Desirable Planning Goal? *Journal of the American Planning Association*, 63 (1) pp. 95 – 106.

[53] N. Michael, 2005, The Compact City Fallacy, *Journal of Planning Education and Research*, 25, pp. 11 – 26.

[54] 方创琳、祁巍峰:《紧凑城市与测度研究进度及思考》,《城市规划案例》2007 年第 4 期。

[55] Geoff Anderson, 1998, Smart Growth Overview, Executive Summary of Why Smart Growth: A Primer by Internation City/county Management Association: http://www. smartgrowth. Org/about/overview. asp.

[56] Victoria Transport Policy Institute, 2003, Smart Growth: More Efficient Land Use Management, http://: www. vtpi. Org/tdm/tdm38. htm.

[57] 沈清基:《新城市主义的生态思想及其分析》,《城市规划》2001 年第 11 期。

[58] 马强、徐循初:《"精明增长" 策略与我国的城市空间扩展》,《城市规划汇刊》2004 年第 3 期。

[59] 刘国平、蒋宝恩主编:《世界各国经济概况》,经济科学出版社2001 年版, 第 149 页。

[60] 刘德生等合编:《世界地理》,高等教育出版社 1988 年版, 第88—89 页。

[61] 韩琦:《拉丁美洲城市发展和城市化问题》,《拉丁美洲研究》1999 年第 2 期。

[62] 张家唐:《拉美的城市化与 "城市病"》,《河北大学学报》(哲学社会科学版) 2003 年第 3 期。

[63] 巴西国家统计局网站 (http://www. ibge. gov. br/english/)。

[64] 李瑞林、李正升:《巴西城市化模式的分析及启示》,《城市问题》2006 年第 132 期。

[65] 新华网 2008 年 3 月 17 日 (http://news. xinhuanet. com/news-

center/2008 – 03/17/content _ 7806970. htm）。

    ［66］漆畅青、何帆：《亚洲国家城市化的发展及其面临的挑战》，《世界经济与政治》2004 年第 11 期。

    ［67］章英华：《台湾都市的内部结构》，（台北）巨流图书公司 1995 年版。

    ［68］章英华：《台湾都市的内部结构》，（台北）巨流图书公司 1995 年版。

    ［69］章英华：《台湾都市的内部结构》，（台北）巨流图书公司 1995 年版。

    ［70］M. J. Kenneth, N. Alfred and L. Larry, 2005, Population Trends in Metropolitan and Nonmetropolitan America：Selective Deconcentration and the Rural Rebound, *Population Research and Policy Review*, 24, pp. 527 – 542.

    ［71］M. J. Kenneth, N. Alfred and L. Larry, 2005, Population Trends in Metropolitan and Nonmetropolitan America：Selective Deconcentration and the Rural Rebound, *Population Research and Policy Review*, 24, pp. 527 – 542.

    ［72］M. J. Kenneth, N. Alfred and L. Larry, 2005, Population Trends in Metropolitan and Nonmetropolitan America：Selective Deconcentration and the Rural Rebound, *Population Research and Policy Review*, 24, pp. 527 – 542.

    ［73］丁成日、宋彦、Gerrit Knaap、黄艳等：《城市规划与空间结构》，中国建筑工业出版社 2005 年版，第 210 页。

    ［74］吴范玉、高亮：《多中心城市布局与轨道交通的探讨》，《中国铁路》2001 年第 10 期。

    ［75］范红忠：《市场、政府的力量与多中心城市的形成》，《改革》2004 年第 6 期。

    ［76］周起业等：《区域经济学》，中国人民大学出版社 1989 年版，第 389—392 页。

    ［77］M. Fujita, *Urban Economic Theory：Land Use and City Size* ［M］. New York：Cambridge University Press, 1989, p. 169.

    ［78］V. Henderson, 2002, "Urbanization in Developing Countries", *The World Bank Research Observer*, Spring, 17, 89 – 111.

    ［79］M. P. Rousseau, 1995, Les Parisiens Sont Surproductifs ［J］.

Etudes Fonciéres, 68: pp. 13 – 18.

[80] X. P. Zheng, Determinants of Agglomeration Economies and Dis-economies: Empirical Evidence From Tokyo [J], *Socio – economic Planning Sciences*, 2001, 35: 131 – 144.

[81] J. C. Davis, J. V. Henderson, 2003, "Evidence on the Political E-conomy of the Urbanization Process", *Journal of Urban Economics*, 53, 98 – 125.

[82] 国务院研究室:《中国农民工问题研究总报告》,《改革》2006年第 5 期。

[83] 周起业等:《区域经济学》, 中国人民大学出版社 1989 年版, 第 389—392 页。

[84] 周起业等:《区域经济学》, 中国人民大学出版社 1989 年版, 第 389—392 页。

[85] 周黎安:《中国地方官员的晋升锦标赛模式研究》,《经济研究》2007 年第 7 期。

[86] R. Jennifer, 1982, "Wages, Rents, and the Quality of Life", *The Journal of Political Economy*, 90 (6): 1257 – 1278.

[87] D. Black J. V. Henderson, 1999, "The Theory of Urban Growth", *The Journal of political Economy*, 107 (2): 252 – 283.

[88] R. E. Lucas, Life Earnings and Rural – urban Migration, JPE [J]. 2004, Vol. 112, No. 1: 29 – 57.

[89] M. P. Todaro, A Model of Labor Migration and Urban Unemployment in Less Development Countries, *AER* [J]. 1969, 59 (March): 421 – 447.

[90] A. Ades, E. Glaeser, 1995, "Trade and Circuses: Explaining Urban Giants", *Quarterly Journal of Economic*, 110, 195 – 227.

[91] R. Jennifer, 1982, "Wages, Rents, and the Quality of Life", *The Journal of Political Economy*, 90 (6): 1257 – 1278.

[92] D. Black, J. V. Henderson, 1999, "The Theory of Urban Growth", *The Journal of political Economy*, 107 (2): 252 – 283.

[93] N. Aydogana and T. P. Lyon, Spatial Proximity and Complementari-ties in the Trading of Tacit Knowledge [J]. *International Journal of Industrial*

Organization, 2004, 22: 1115 – 1135.

［94］丁成日:《土地政策和城市住房发展》,《城市发展研究》2002年第 2 期。

［95］易宪容:《高房价正在吞噬社会的灵魂》(http://www. financeun. com/news/2008331/1325094255. shtml)。

［96］V. Henderson, 2003, "The Urbanization Process and Economic Growth: The So – what Question", *Journal of Economic Growth*, 8, 47 – 71.

［97］M. P. Todaro, A Model of Labor Migration and Urban Unemployment in Less Development Countries, *AER* ［J］. 1969, 59 (March): 421 – 447.

［98］R. E. Lucas, Life Earnings and Rural – urban Migration, JPE ［J］, 2004, Vol. 112, No. 1: 29 – 57.

［99］曾湘泉:《变革中的就业环境与中国大学生就业》,《经济研究》2004 年第 6 期。

［100］陈晓强:《苏南地区大学生创就业若干问题的调查与分析》,《广西青年干部学院学报》2005 年第 4 期。

［101］汪歆萍:《上海大学生就业取向调查与对策研究》,《教育发展研究》2005 年第 4 期。

［102］宋德勇:《改革开放以来中国经济发展的地区差距状况》,《数量经济技术经济研究》1998 年第 3 期。

［103］王铮、葛昭攀:《中国区域经济发展的多重均衡态与转变前兆》,《中国社会科学》2002 年第 4 期。

［104］刘树成、张晓晶:《中国经济持续高增长的特点和地区间经济差异的缩小》,《经济研究》2007 年第 10 期。

［105］李国平、范红忠:《生产集中、人口分布与地区经济差异》,《经济研究》2003 年第 11 期。

［106］M. Terrasi, 1999, Convergence and Divergence Across Italian Region, *The Annals of Regional Science*, 33 (3), pp. 486 – 510.

［107］G. I. P. Ottaviano, D. Puga, 1998 Agglomeration in the Global Economy: A Survey of the New Economic Geography, *World Economy* ［J］. 21 (6): 707—731.

［108］G. Alperovich, Eonomic Development and Population Concentration

［J］. Economic Development and Cultural Change，1992，41：63 - 74.

　　［109］D. Puga，1999，The Rise and Fall of Regional Inequality ［M］. *European Economic Review*，43：303 - 334.

　　［110］H. H. Blotevogel，1998，The Rhine - Ruhr Metropolitan Region：Reality and Discourse ［J］. *European Planning Studies*，Vol. 6，Issue4，pp. 396 - 398.

　　［111］P. Gans，2000，Urban Population Change in Large Cities in Germany，1980 - 1994 ［J］. *Urban Studies*，9，pp. 1497 - 1512.

　　［112］钟甫宁、何军：《中国农村劳动力转移的压力究竟有多大》，《农业经济问题》2004 年第 5 期。

　　［113］蔡昉：《破解农村剩余劳动力之谜》，《中国人口科学》2007 年第 2 期。

　　［114］蔡昉、王美艳：《农村劳动力剩余及其相关事实的重新考察——一个反设事实法的应用》，《中国农村经济》2007 年第 10 期。

　　［115］樊纲：《民工荒是一个短期暂时性问题》，新浪财经（http：// news. beelink. com. cn/ 20050910/1928546. shtml）。

　　［116］J. Y. Lin，1992，"Rural Reform and Agricultural Growth in China"，*American Economic Review*，Vol. 82，No. 1，pp. 34 - 51.

　　［117］S. G. Fan，1991，"Effects of Technological Change and Institutional Reform on Production Growth in Chinese Agriculture"，*American Journal of Agricultural Economics*，Vol. 73，No. 2，pp. 266 - 275.

　　［118］G. H. Wan E. J. Chen，2001，"Effects of Land Fragmentation and Returns to Scale in Chinese Farming Sector"，*Applied Economics*，Vol. 33，No. 2，pp. 183 - 194.

　　［119］Nguyen，Tin，Chen Enjiang and Findlay Christopher，1996，"Land Fragmentation and Farm Productivity in China in the 1990s"，*China Economic Review*，Vol. 7，No. 2，pp. 169 - 180.

　　［120］李功奎、钟甫宁：《农地细碎化、劳动力利用和农民收入——基于江苏省经济欠发达地区的实证研究》，《中国农村经济》2006 年第 4 期。

　　［121］段成荣、周福林：《我国留守儿童状况研究》，《人口研究》

2005 年第 1 期。

[122] 王玉琼、马新丽、王田合：《留守儿童，问题儿童?》，《中国统计》2005 年第 1 期。

[123] 仰和芝、张德乾：《农村"留守丈夫"留守原因及生存状态的调查分析》，《安徽农业科学》2006 年第 7 期。

[124] 王章辉、黄柯可主编：《欧美农村劳动力的转移与城市化》，社会科学文献出版社 1999 年版，第 249—250 页。

[125] 张国胜、王征：《农民工市民化的城市住房政策研究：基于国别经验的比较》，《中国软科学》2007 年第 12 期。

[126] 中国市长协会编：《德国城市建设与管理》，中国城市出版社 1998 年版，第 75—78 页。

[127] 徐强：《英国城市研究》，上海交通大学出版社 1995 年版，第 142—170 页。

[128] 杜建人编著：《日本城市研究》，上海交通大学出版社 1996 年版，第 116—139 页。

[129] Wiessner, Reinhard, 1999, Urban Development in East Germany - specific Features of Urban Transformation Processes [J]. *Geo Journal*, 1, pp. 43 - 51.

[130] Cohen Barney, 2004, Urban Growth in Developing Countries: A Review of Current Trends and a Caution Regarding Existing Forecasts [J]. *World Development*, 1, pp. 23 - 51.

[131] 刘健：《基于区域整体的郊区发展——巴黎的区域实践对北京的启示》，东南大学出版社 2004 年版，第 113—137 页。

[132] 王唯山：《密尔顿·凯恩斯新城规划建设的经验和启示》，《国外城市规划》2001 年第 2 期。

[133] 陈劲松主编：《新城模式》，机械工业出版社 2006 年版，第 43—58 页。

[134] 丁成日、宋彦、Gerrit Knaap、黄艳：《城市规划与空间结构——城市可持续发展战略》，中国建筑工业出版社 2005 年版，第 224—225 页。

[135] 孙久文、叶裕民：《区域经济学教程》，中国人民大学出版社

2003 年版，第 343—350 页。

[136] 魏敏、李国平：《基于区域经济差异的梯度推移粘性研究》，《经济地理》2005 年第 1 期。

[137] 皮梯埃：《农村人口外流和法国国内迁移》，转引自王章辉、黄柯可《欧美农村劳动力的转移与城市化》，社会科学文献出版社 1999 年版，第 97 页。

[138] 汤普森：《法国区域经济地理》，上海译文出版社 1970 年版，第 9 页。

[139] 格拉维埃：《巴黎和法国荒原》，转引自王章辉、黄柯可《欧美农村劳动力的转移与城市化》，社会科学文献出版社 1999 年版，第 205 页。

[140] 王章辉、黄柯可：《欧美农村劳动力的转移与城市化》，社会科学文献出版社 1999 年版，第 206—209 页。

[141] 韩忠：《从地区性中心城市到国际性大都市——20 世纪休斯敦城市化探析》，硕士学位论文。

[142] 《美国资源型城市可持续发展考察报告》，大庆市发改委门户网站（www. dqfgw. gov. cn）。

[143] 清华大学经济管理学院编译：《日本北海道综合开发计划和政策法规》，中国计划出版社 2002 年版，第 127 页。

[144] 高关中：《日本风土大观》，当代世界出版社 2001 年版。

[145] 阎旭亮：《奥运会让札幌变了样》，引自《世界新闻报》（http：//gb. cri. cn/12764/2007/11/14/2945@ 1841641. htm）。

[146] 周宝砚、杨宁：《试论巴西开发落后地区的政府干预举措》，《北方经济》2007 年第 13 期。

[147] 任丽洁、张仁、邵兰霞：《从巴西迁都巴西利亚谈首都规划与建设》，《松辽学刊》（自然科学版）1994 年第 4 期。

[148] 吴修辰：《印度创业者的精神城市——班加罗尔财富神话》，《全球商业经典》2007 年第 8 期。

[149] 林元旦、郭中原：《印度硅谷——班加罗尔成功的奥秘》，《中国行政管理》2001 年第 8 期。

[150] 莫蕾钰：《印度班加罗尔的成功要素分析》，《中国高新区》

2004 年第 8 期。

[151] 夏海力、廖瑛:《印度班加罗尔的经验对苏州市提升科技竞争力的启示》,《科技管理研究》2006 年第 3 期。

[152] 胡珑瑛、叶元煦:《高技术产业集群的动因分析》,《技术经济》2002 年第 8 期。

[153] 叶安宁:《主导产业选择基准研究》,博士学位论文,厦门大学,2007 年,第 8—14 页。

[154] 关爱萍、王渝:《区域主导产业选择基准研究》,《统计研究》2002 年第 12 期。

[155] 王稼琼、李卫东:《城市主导产业选择的基准和方法再分析》,《数量经济与技术经济研究》1999 年第 5 期。

[156] 陈计旺:《影响东部地区产业转移的主要因素分析》,《生产力研究》2007 年第 5 期。

致　谢

本书是在笔者主持的国家社科基金项目结项报告的基础上进一步修改完善而成的。衷心感谢国家社科基金结项报告的匿名评审专家，衷心感谢我校文科处组织的对申请出版资助的著作进行匿名评审的专家，他们富有建设性的修改建议对笔者修改完善本书起到了非常重要的作用。当然，所有文责由笔者承担。

衷心感谢美国林肯土地政策研究院、美国马里兰大学城市理性增长国家中心的研究员丁成日教授，巴黎 Pantheon–Assas 大学的泽诺（Zenou）教授。在美国林肯土地政策研究院举办的第五届城市经济与政策高级培训班上，丁成日教授和泽诺教授向笔者传授了许多城市经济学知识，这些知识对于完成本书有很大的帮助。

衷心感谢社会科学出版社的卢小生老师。本书顺利出版，离不开他的热情帮助和卓越的编辑工作。

衷心感谢暨南大学经济学院陈安平副教授和彭国华副教授、华中科技大学经济学院徐长生教授、王少平教授、张建华教授、汪小勤教授、欧阳红兵副教授、杨继生副教授、邱慧芳副教授、罗勇博士和学院其他同事的热心帮助；尤其是陈安平副教授、欧阳红兵副教授、杨继生副教授、邱慧芳副教授、罗勇博士，他们不仅提供资料、数据，还经常参加笔者组织的研讨会，并就某些问题展开激烈的讨论，这些讨论对笔者具有特别的启发。

衷心感谢湖北汉川中洲农场双福大队的党总支副书记范红建。他是笔者在湖北汉川农户调查的农业技术顾问，是调查取得成功的重要保证。

衷心感谢项目组的各位同仁，他们为本书的完成提供了许多帮助。衷心感谢给予笔者帮助的华中科技大学经济学院的研究生和本科生，他们是研究生王徐广、何清、宋正凯、苏磊、康霓、郑智斌、岳国宝，本科生许声福、王月、刘群、杨露、沈启宣、张邵江、刘洁、张华祥，他们参与调研、资料收集和整理工作，他们的许多工作具有创造性。

范红忠

2010 年 3 月 28 日于武汉